聚焦"课程思政" 探索"新文科建设"

# 创新与融合

## 人文与传播学院教学论文集

李　蓉　程丽蓉 主编

浙江工商大学出版社
ZHEJIANG GONGSHANG UNIVERSITY PRESS
·杭州·

图书在版编目（CIP）数据

创新与融合：人文与传播学院教学论文集 / 李蓉，程丽蓉主编 . — 杭州：浙江工商大学出版社，2022.9
ISBN 978-7-5178-4634-5

Ⅰ . ①创… Ⅱ . ①李… ②程… Ⅲ . ①高等学校—思想政治教育—教学研究—中国—文集 Ⅳ . ① G641-53

中国版本图书馆 CIP 数据核字（2022）第 068625 号

**创新与融合——人文与传播学院教学论文集**
CHUANGXIN YU RONGHE——RENWEN YU CHUANBO XUEYUAN JIAOXUE LUNWEN JI
李　蓉　　程丽蓉　主编

| | |
|---|---|
| **策划编辑** | 任晓燕 |
| **责任编辑** | 熊静文 |
| **责任校对** | 夏湘娣 |
| **封面设计** | 望宸文化 |
| **责任印制** | 包建辉 |
| **出版发行** | 浙江工商大学出版社 |
| | （杭州市教工路 198 号　邮政编码 310012） |
| | （E-mail：zjgsupress@163.com） |
| | （网址：http://www.zjgsupress.com） |
| | 电话：0571-88904980，88831806（传真） |
| **排　　版** | C 点冰橘子 |
| **印　　刷** | 杭州全能工艺美术印刷有限公司 |
| **开　　本** | 710 mm × 1000 mm　1/16 |
| **印　　张** | 18.75 |
| **字　　数** | 277 千 |
| **版 印 次** | 2022 年 9 月第 1 版　2022 年 9 月第 1 次印刷 |
| **书　　号** | ISBN 978-7-5178-4634-5 |
| **定　　价** | 98.00 元 |

## 本书编委会

主 编　李　蓉　程丽蓉

编 委 （按姓氏笔画排序）

王阳光　王燕萍　厉国刚　刘　征　李　骏

杨齐福　吴　欣　沈　珉　周志平　郭剑敏

# 序

　　"桃李不言，下自成蹊。"2004年浙江工商大学人文学院正式成立，距今已近二十载；2010年正式更名为人文与传播学院，至今已十年有余；2014年，学院第一本教学论文集《拓荒与耕耘——人文与传播学院教学教育论文集》付梓，距今已逾七年。

　　二十年的筚路蓝缕、十年的拓荒耕耘、七年的厚积沉淀，终于迎来了喷薄欲出的朝阳。2020年汉语言文学专业获批国家级一流本科专业，2021年新闻学专业获批国家级一流本科专业。在固本与革新的浪潮推动下，人文学科迎来了前所未有的辉煌，同时也面临着前所未有的挑战和机遇。在百舸争流之中，我们要保证发展速度与质量，又要在激荡中始终保持初心与恒心，唯有"终日乾乾，夕惕若厉"。

　　如果说大学是有生命的，那么教学活动的开展就是塑造着一个个特色鲜明的大学灵魂。教学是人才培养的根基，更是科研创新的动力。一个学院的发展，当然需要硬件设备等，但其内核在于学科，灵魂在于理念。"厚人文底蕴、重创新应用"，内涵式发展是我们一直秉持的教育教学理念。正是基于对这一理念的坚守与追求，教师们与时俱进，更新教学理念，积极进行教学改革研究探索，创新人才培养模式，实现了"以教促研、以研促改、以改促变、以变促新"的良性循环，深度契合了我院创新性人才培养的目标定位，教师们的教育教学能力得到大幅提升。令人最为感动的是，在这喧嚣的尘世中，学院同人始终执着地做着教学、科研和培养人才的工作，默默耕耘，兢兢业业，矢志不渝。这正是学院发展的动力源泉，是卓越大学建设的品格修炼和灵魂锻造。

2021 年，在建党百年和建校一百一十周年之际，我们特整理编撰了这本教学论文集，书中的内容为近几年来教师们在课程思政和新文科教学实践与课题研究过程中的经验总结、教学设计以及教学反思等。作为我院教学实践与教学改革的阶段性成果，本书旨在汇聚教师们的智慧结晶和教学成果，以备后鉴。我们也希望通过本书的出版与外界架起一座沟通之桥，以期得到广大同行的批评与指正。

"苔花如米小，也学牡丹开。"这些文章中的有些观点和理念或需进一步深化，却是教师们潜心研究、不断实践、笔耕不辍的写照。期望在今后更长远的教学实践过程中，本书中的观点理论能得到更进一步的完善，正所谓"纸上得来终觉浅，绝知此事要躬行"。在此，我们要感谢学院的每一位老师，学院的成长和发展离不开大家的支持。

感谢为本书的出版提供帮助与劳作的诸位领导、教师和学生。人文与传播学院为此书提供了出版资助，在此谨表谢忱。学院教学秘书徐军老师、顾志伟老师和各位系主任、浙江工商大学出版社任晓燕主任、本书责任编辑熊静文，在本书出版过程中都付出了辛勤劳动，在此一并致谢。

是以为序！

本书编写组<br>2022 年 5 月

# 目　录

# 第一编：课程思政篇

# 基于原典阅读的"立德树人"课程教学改革实践 [①]

渠晓云 [②]

**摘 要**：中国传统文化典籍不仅蕴含着深刻的哲思，而且对于大学生面对人生可能出现的困扰和困境亦有重要的指导意义。大学生除了学习本专业的知识外，应该多在老师的指导下进行原典阅读。"《庄子》与人生"是面向全校大学生不分专业开设的通识课，已经开设了四年，一直在思考与改进。

**关键词**：原典阅读；《庄子》；立德树人

中国传统文化典籍不仅蕴含着深刻的哲思，而且对于大学生面对人生可能出现的困扰和困境亦有重要的指导意义。大学生除了学习本专业的知识外，应该多在老师的指导下进行原典阅读。这一点近几年很多高校颇为重视，阅读原典成为高校通识课的重要组成部分。"《庄子》与人生"是我面向全校大学生不分专业开设的通识课，从大一到大三均有。课程开设了四年，我一直在思考与改进。本文主要思考如下几个问题：第一，作为传统经典阅读，《庄子》想传达什么？主要特色是什么？第二，大学生会思考反省些什么？第三，讲授与反思的效果如何？这三个问题的核心，都围绕着教育的根本任务——"立德树人"。

---

① 本文系 2020 年省级平台校级教学改革研究项目"《庄子》与人生"（项目编号 1140XJ0520147-06）的研究成果。

② 渠晓云，浙江工商大学人文与传播学院副教授，博士，研究方向为先秦汉魏晋南北朝文学。

## 一、"《庄子》与人生"课程的两个特色

庄子是我的精神导师，我希望把庄子介绍给更多的人，让他们也能像我一样得到庄子的指引，这是开设此课的初衷。故在讲课中和一般对《庄子》的学理研究不同，我更多地注重人生的领悟。由于《庄子》文本的艰深，本课程除了对文本的一字一句精读外，为了更好地帮助学生理解，主要有两个方面的特色：一是结合自己的人生体悟；二是结合古今中外的其他文本。

结合自己的人生体悟，又包括三方面：

第一，对自我有反观和反省。反省对于人来说，非常重要。只有意识到自己的问题或缺陷，才能真正有所改变。比如《庄子·秋水》："秋水时至，百川灌河；泾流之大，两涘渚崖之间，不辨牛马。于是焉，河伯欣然自喜，以天下之美为尽在己。"[1]河伯洋洋自得，沾沾自喜。但在见到北海之后，不见水端，于是"旋其面目"。旋，就是转变。河伯开始转变，开始反省。面对宏大的境界，才能知道自己的缺陷和局限；只有知道自己的缺陷，才会渴望实现自我的突破。人受诸多限制，诸如空间、时间、文化背景等，只有认识到自我的缺陷，才有可能进一步提升自我。

第二，对大自然的变化有审美与领会。《庄子·知北游》："天地有大美而不言，四时有明法而不议，万物有成理而不说。"[2]对路上、校园中、小区中四季的变化，清风明月、草木虫鸟带来的美和感触，我会记录下来。比如在讲到《庄子·齐物论》中的地籁时，我引入了某次听到特别风声后的创作——《浣溪沙·忆去秋游陶隐岭作》："犹记秋林意正央，友人结伴共徜徉。山中古道远绵长。峦色苍茫枫似火，岭中萧瑟响如滂。陶公今日在何方？"在讲课中，结合自己对大自然的感悟，更能拉近文学与生活的距离，也能拉近自然与学生的距离，让学生懂得人要去亲近自然，去听大自然的声音。

第三，透过孩子之眼看世界。庄子有赤子之心，拥有孩子般奇妙的想象。就这一点，很多人在成长的过程中渐渐失去了。庄子有强烈的好奇心，

---

① 郭庆藩：《庄子集释》第3册，北京：中华书局，1961年，第561页。
② 郭庆藩：《庄子集释》第3册，北京：中华书局，1961年，第735页。

经常观察自然万物，他有敏锐的心灵能体会到万物有成理。比如《庄子·人间世》中颜回问"什么是心斋"，仲尼曰："若一志，无听之以耳而听之以心；无听之以心而听之以气。听止于耳，心止于符。气也者，虚而待物者也。唯道集虚。虚者，心斋也。"①庄子讲到有三种听：第一种听是用耳听，用耳常听到的是表面；第二种听是用心听，可听到言外之意；第三种听是用气听。什么是用气听呢？"用气听"难以理解，也不好解释。我结合孩子成长中的事例来帮助学生理解。比如孩子爱看电视上放的歌剧，歌剧都是用意大利语演唱，他完全不懂，但他喜欢看，喜欢听。这就是用气去听。成年人去听什么，总是有目的性的。而孩子没有，他没有期待听到什么深刻的意义之类，仅仅是听而已。这反倒接近心斋之后心灵虚空的状态，不会预设一定要听到什么。

结合古今中外的其他文本帮助理解《庄子》，可以让大学生加入自己更多的阅读经验，融会贯通，从而有更深入的体会。这主要有三个方面：

第一，结合儒道经典著作《老子》《论语》《孟子》等来理解。比如讲到《庄子·逍遥游》中的"神人无功"时，结合《老子》的"无为"思想来谈。"无功"来自《老子》"无为而无不为"。《老子》第四十八章："为学日益，为道日损。损之又损，以至于无为。无为而无不为。"②所以，无功不是不做事情，而是顺其自然去做：一方面，在做之时，没有功利目的，说我一定要做出什么成就之类的；另一方面，在做成之后，不自恃己功，或居功自傲，而认为一切皆是水到渠成的结果。再如《庄子·逍遥游》中庄子说惠子有"蓬之心"③。蓬之心，被蓬草堵塞了的心。这和孟子的观点一致。《孟子·尽心下》中孟子谓高子曰："山径之蹊，间介然用之而成路。为间不用，则茅塞之矣。今茅塞子之心矣。"④儒道两家都主张，最理想的心灵要空虚，不要让那些蓬草茅草填充。

---

① 郭庆藩：《庄子集释》第 1 册，北京：中华书局，1961 年，第 147 页。
② 高明：《帛书老子校注》，北京：中华书局，1996 年，第 53—54 页。
③ 郭庆藩：《庄子集释》第 1 册，北京：中华书局，1961 年，第 37 页。
④ 赵岐注：《景宋蜀刻本孟子赵注》，桂林：广西师范大学出版社，2018 年，第 468 页。

第二，结合中国古代和现当代作品来理解。比如《庄子·齐物论》中讲道："终身役役而不见其成功，苶然疲役而不知其所归，可不哀邪？"[1]庄子在此提出了思考。人在此生的漫游中将归向哪里？人的目的究竟是什么？问题的背后，即只有反其道而行之，才能保持真我，不为形役。联系学生都熟悉的大诗人陶渊明，陶渊明选择"守拙归园田"[2]，只为了守着最初的真实的自己。又如《庄子·养生主》中公文轩见到一只脚的右师而惊问是天然还是人为，右师回答："以是知其天也，非人也。"[3]此章庄子意在让人思考如何面对人生中的伤残与屈辱，如何对待伤残的人生。联系学生在高中时读过的作品——在壮年时失去双腿的作家史铁生的《我与地坛》进行解读，会让学生对从前学过的作品有更深刻的领悟。

第三，结合外国儿童经典文学来理解。在讲到《庄子·逍遥游》中的"朝菌不知晦朔，蟪蛄不知春秋，此小年也"时，结合美国作家 E.B. 怀特的小说《夏洛的网》。蜘蛛夏洛，为了让小猪威尔伯活过冬天，看到下雪，而费尽心思。小猪努力要突破时间限制。又比如提到前文说的心斋"用心听"时，举了圣–埃克苏佩里《小王子》的例子。小王子在自己的星球上有一朵玫瑰，每天被这朵玫瑰折磨得心烦意乱，于是决定出去看看其他星球上的人。他在地球上看到了一只小狐狸，小狐狸跟他说："只有用心才能看清。实质性的东西，用眼睛是看不见的。"同样可以说："只有用心听才能听清。真正想表达的，用耳朵是听不见的。"这些小说是中小学生必读经典，学生大多读过，联系这些作品时可以让他们体会到很多作品都有相似的道理。

## 二、思考与反省的问题

除了课堂的讲授外，通过布置思考题，教会学生自我反省。比如在讲完《庄子·齐物论》"南郭子綦隐几"章之后，布置一个思考题："回想近来让你困扰的一件事，从亲历此事开始到结束有多久？影响你心情的时间有多

---

① 郭庆藩：《庄子集释》第 1 册，北京：中华书局，1961 年，第 56 页。
② 逯钦立校注：《陶渊明集》，北京：中华书局，1979 年，第 40 页。
③ 郭庆藩：《庄子集释》第 1 册，北京：中华书局，1961 年，第 124 页。

长？如果下一次遇到类似的事情，可以试着体会：风已吹过，事情已过，应终止对此事的执着念头。试着写下能放下此事的关键所在。"

下面以 2021 学年第二学期学生的思考与反省为例。学生来自不同的年级，所面临的问题不同，但基本可以概括为两方面：一是与人相关的，包括针对自己的思考，以及与其他人的矛盾。针对自己的思考，又基本有两类：大一新生对新环境的焦虑，对自己现状的不满；大二大三学生对考研、工作等未来出路的焦虑。与他人的矛盾，又包括与朋友、同学的矛盾。二是与事相关的，包括综合测评加分的事、比赛与学习的矛盾等。

多数同学反思了自己的负面情绪，并做出了相应的心态调整和人生规划。这样思考与反省的结果，具有两方面的价值。其一，学生用写的方式思考，记录下困扰自己当下的事情，以及之后自己想到的解决办法。这是反省，实际是与自己的心灵对话，也是自我认识的过程。如果能常常如此，定会发现一个与之前不一样的自己，从而真正认识自己。第二，专门用一次课，让学生分享困惑与解决办法。这样做的话，一些学生对于自己尚未解决或想通的某些问题，可以在有类似困惑、问题的同学那里找到答案。这是相互启发和学习的过程。

## 三、课程收获

通过课堂的讲解和作业中的反思，一学期下来学生主要有什么收获？是否达到了开设这门课的预期目的？有的学生做了课堂口头分享，有的学生写了书面文字，收获概括如下：

第一，可以静心，缓解焦虑。不少同学谈到，在快节奏的时代上"《庄子》与人生"课，无论是庄子本身，还是老师课堂的语调节奏，都让他们有慢下来的感觉，让焦虑的身心得以放松。如法学 2004 班何佳慧同学说："其实在大学生活中，感觉自己很多时候都处于一个比较浮躁的状态，但每次周四下午的'《庄子》与人生'课，仿佛就是一个让自己沉静下来的机会，能够好好地体会庄子。至于在这堂课上收获了什么，于我而言最大的仍然是庄子与世间万物和谐共存的一种状态，没有压迫的感觉。"金融 1903 班巴勒享古丽·苏力旦拜同学说："在喧嚣繁忙的学习生活中保持一颗平静的心是何等重要。能坐下来静静地听老师讲庄子、讲自己、讲一个个小故事，很享受，有触动内心的时候，时而也会觉得茅塞顿开。故事很短，甚至有些荒诞，以前读庄子的一些文章看不透思不明，但是现在我也能理解那份荒谬……我想越是焦躁的时代越要把心静下来，找回我自己，活得洒脱一些。而这门课，恰恰给了我这样一个机会重新审视自己，找回自己。感恩千年之前有位叫庄子的先生，给我带来的些许心灵震撼。"数学 2003 班喻思琦说："通过这一学期的课程，我逐渐学会了静下心来。当我面对一大堆作业时，我不会焦虑，而是坦然面对，一个一个来，慢慢做，追求品质；当我面对一些难题时，我不会心慌，而是尽力完善；当我看到别人都去争取某一个比赛的名次时，我不会焦灼，因为我很清楚自己当下想要的是什么。"

第二，学会欣赏大自然。有个同学在课堂上分享她对大自然感受的改变。她从前很讨厌下雨，一下雨就觉得心情烦躁，必须戴上耳机盖掉雨声。学过《庄子》后，有一天下雨，她试着倾听雨声，发现雨声原来如此好听。英语 1803 班周雅芝同学说："对我最大的改变是使我更加关注自然，用心地感受阳光、鸟鸣、风吹过带来的树叶的律动等等。"法学 1901 班吴诗睿同学说："不太开心的时候，去校园里走走，看到阳光，看到油菜花，看到满目的绿色，便会觉得自己还是很幸福的。"学会了欣赏身边的大自然，他们往后的人生会多么丰富。

第三，学会思考反省生命与人生。"《庄子》与人生"课引发了很多学生对生命与人生的思考。法学 2004 班金欣彤同学说："带着关于物欲的问题而来，最后发现庄子的'性真'论对我启发最大。性善不如性真，性真才是善的极致……'原来人可以这么活？'这是我听课时常常发出的感慨，而更令人惊诧，甚至于羞愧的是，这样的活法才是自然的，我们的活法才是不自然的。这使我对自己的生命状态有了更多的反思。"法学 1903 班陈云鹤同学说："在繁华喧嚣的时代，物质过于丰盛的同时容易引发精神上的贫瘠，尤其是在急功近利的浮躁风气蔓延时，人们痴醉于'小投入、高回报、快节奏'的生产生活，在享受物质利益带来的快乐时，也将自己围困在'娱乐至死'的荒诞戏剧中……我们是否太久没有去行'无用之事'？永远只为眼前苟且奔忙的人不知是活在'快乐的疲惫'中，还是活在'疲惫的快乐'中？我想，庄子的智慧对如今社会仍具有不可或缺的现实价值，不如试着追寻'无待'，崇尚'无己'，进而臻至'逍遥'的境界，放下鸡毛蒜皮的琐事也许能帮助我们找寻精神上的自由与解脱。"

第四，开拓了观看世界的新视野。财会 2003 班章洁同学说："上完这门课后我确实对现实中的一些事情有了另外的看法，用另一个角度去看，少一点得失心，说不定你会变得明朗起来。像庄子那样去提高自己的精神世界，一切自有定数。看淡人生，以一种平静恬淡的态度去对待人生。"法学 1902 班孙璇同学说："庄子于池塘前问鱼，途中问骷髅，梦中与翩翩飞舞的蝴蝶对话，他的道穿过了茫茫的光阴，用一个独属于他的奇妙视角，对自然和世界做了解答。而他是如何解答的？在他的指引下我又该如何作答？当老师将所体味的庄子广博而宏大的胸怀与自己的生活融合，做真挚的展示之后，我也试图用自己的人生体会去接近我的真相，在'事上炼'的过程中不至于被事情消磨。"软件 1902 班罗嘉杰同学说："怎样才算是逍遥？此前的我，对自由一直有些误解，认为自由是物质自由与精神自由的统一。但庄子的理论为我打开了一扇新的大门。庄子的自由是不依托于物质的，放飞精神的自由才是他真正的自由。虽然我无法达到这样的境界，但我对人生的看法却多了一些改变，现在回头看，我是否过多地被物质所束缚了呢？"

第五，学会在生活中实践庄子的某些思想。通过对"《庄子》与人生"课的学习，学生不仅改变了看问题的角度，而且能在生活中实践。经济 1903 班景佳丽同学说："在课上我学到了无为也是有为，在自己力所能及的范围内做好自己心仪的事情，不必过分追名逐利，这样方能守得本心，不会焦虑烦躁，内心不快，而又能将事情做到最好的效果。"数学 1901 班王荣彬同学说："在人生困顿的时候，或是感觉到人生劳累的时候，通过学习庄子的思想观念，让心灵有一份难得的安静与沁凉……在生活中，通过对庄子的学习，有时在追求某些东西时，会想到追求其是否有必要，难道我一定需要这东西吗？很多时候会思考为什么要这么做，慢慢学会了克制。"工商 2007 班王恒飞同学说："通过这个课程的学习，尤其是对《庄子·齐物论》的学习，我学会了一种思想——顺遂自然。世间万物都有自身规律，事情的发展也有内在原因，所有的一切都是最好的安排。不挑剔，不抱怨，不丧气，人生在世，有这些足矣。"

《庄子》是一部深刻难懂的著作，一学期只能精读三四篇。但通过"《庄子》与人生"这门课的教学，我们至少能在学生心中种下一颗种子，在他们日后面对人或事的时候，可以启发他们换一种角度、换一种心境看待问题。那么，人生的矛盾和困境都可以顺势而解。

# 基于学生团队差异性的通识选修课的课程思政教学实践与探索

## ——以"文物与中国文化"课程为例①

商月怀②

**摘　要：**学生团队差异性学情是通识选修课开展课程思政教学的重要挑战之一。针对学生团队差异性开展课程思政教学，需要再造课程内容、创新课堂管理、强调学生收获、注重能力评价。"文物与中国文化"课程从学生团队差异性出发，通过学生课外自主学习、课内探究的教学形式，以小组项目制训练学生协作学习能力，用分类目标考核学生学习效果，切实把传统文化融入课程项目学习体验、能力训练中，努力打造课程的高阶性和挑战度，注重选课学生的学习获得以及教师教学效能感。

**关键词：**学生团队差异性；通识选修课；课程思政

通识课是大学课程体系中的重要组成部分，特别是通识选修课还是国内很多高校实施通识教育或素质教育的主要课程。课程目标直接回答"培养什么人"的问题③，是培养大学生的世界观、人生观和价值观，独立思考能力和

① 本文系浙江工商大学 2019 年校级线上线下混合式教学改革项目"文物与中国文化"（项目编号 1140XJ2919131）的研究成果。
② 商月怀，浙江工商大学人文与传播学院副教授，从事教学教育管理和创新创业教育工作。
③ 梅赐琪：《遵循三大规律的通识教育课程思政模式创新——以清华大学"写作与沟通"课为例》，《思想理论教育导刊》2021 年第 3 期，第 99—104 页。

批判精神，提高大学生的文化涵养、审美情趣、团队精神、人文修养和科学素质的重要课程。

## 一、通识选修课程的学生团队差异性问题

课程是人才培养的核心要素，课程质量直接决定人才培养质量。[①]专业课程以外的通识选修课，是本科课程建设中最薄弱的环节，也是当前实施课程思政建设的盲点之一，成了很多高校"水课"的重灾区。究其原因，除了课程体系、课程内容、课程目标、教学管理等有别于专业课程以外，教学中还存在一个重要的学情事实：通识选修课是面向全校学生开设的公选课，换句话说，忽视了教学过程中一个重要变量——学生团队差异性问题。学生团队差异性属于课程学情分析的重要内容，对课程目标、教学内容、教学方法、学生考核以及教师教学效能感都有重要的影响。通识选修课面向全校不同专业的学生，开展课程思政建设既要结合课程特点，又要考虑学生团队差异性[②]。

什么是学生差异性？学生差异性具有一定的主体身份性，很多教学研究文献在学情分析中刻意回避它，但从差异性教学、差异化教学、差异教学的研究文献来看，学生（个体或团队）差异性存在是差异性教学研究的前提[③]。其实在教育史上，主体差异性一直是教育关注的母题之一。主体差异性可分为个体差异性和团队差异性；又表现为教育起点上的主体差异、教育过程中的主体差异以及教育目标上的主体差异。教育起点上的主体差异是教育史普遍认可的差异，无论是孔子的因材施教教育思想，还是西方昆体良的个性教育思想，均认同受教育主体存在差异性。教育过程中的主体差异体现为主体的学习行为和各种考评结果，成绩往往被视作主体的天赋、动机、努力以及教师教学技能的显性表征。教育目标上的主体差异与上述两种差异相比，在

---

① 《教育部关于一流本科课程建设的实施意见》，2019 年 10 月 30 日，http://www.moe.gov.cn/srcsite/A08/s7056/201910/t20191031_406269.html。

② 《教育部关于印发〈高等学校课程思政建设指导纲要〉的通知》，2020 年 6 月 1 日，http://www.moe.gov.cn/srcsite/A08/s7056/202006/t20200603_462437.html。

③ 张静、姚建欣、丁林：《学习进阶视角下混合式教学模式的构建与实验——以"大学物理"课程为例》，《现代教育技术》2020 年第 10 期，第 65—70 页。

教育史上争议最多。有教育家认为教育目标是固定一致的，不能实现教育目标的原因是教育起点上的差异和教育过程中的差异；也有教育家认为教育目标从来不会一致，因为每个受教育者实现的或可能达到的教育目标是不一样的，世界上根本不存在完全一样的教育目标；还有教育家认为教育目标不是个体的教育目标，教育目标是社会的教育目标[①]。我们认为，教育主体的差异性是普遍存在的，受教育者达到教学设定的最低教育目标即视作教育目的实现，这个最低教育目标是历史的、客观的和社会的。

通识选修课面向全体学生开放，教学中要面对的学情主要表现为选课学生团队差异性。那么学生团队差异性如何界定？学生差异性的本质是学习动机、努力程度以及学习能力差异；而学生团队差异性，则是学生以相似学习经历表现出来的共性团队间的差异。学生差异性表现为个体性和天赋性，而团体性差异反映了社会性及其局限。因此，积极应对教学中学生团队差异性学情，对通识选修课开展好课程思政教学具有现实意义。界定学生团队差异性，必须以社会性表征作为差异分类的标准，如将学生主修的专业、年级、教育经历以及教育层次等作为聚类分析的依据。这些差异性表征要尽量减少身份、性别标准而力求体现学生的能力基础。

无论是采用传统课堂讲授模式，还是采用线上、线下混合式教学模式，通识选修课中的学生团队差异性普遍存在。产生这种现象的原因在于"任意选修"这个行为，在同一所学校，学生团队差异性的外在表征主要是主修专业和年级的差异；而面向社会的线上课程，选课学生团队差异性的外在表征更加多元，准确识别学生团队差异性从而开展因材施教差异化教学的难度更大。固然，我们不能随意夸大学生团队差异性因素，但也不能忽略这个客观学情事实。通识选修课程终究有学科依归，学生则存在专业、年级、学习经历的差异，学生对课程学科内容的了解程度、学习兴趣、学习能力、学习目标也是千差万别的。学生团队差异性不只是增加了教学对象的复杂性，更提高了课程思政的教学难度。

---

① 曾继耘：《主体观的变迁与差异教学思想的嬗变——论差异教学思想的历史源流与现代启示》，《教育理论与实践》2008年第4期，第52—56页。

如何在通识选修课程里更好地融入课程思政？通识选修课如何实现价值塑造、知识传授和能力训练的统一？面对学生团队差异性学情，我们确实有必要深入探讨和实践。

## 二、基于学生团队差异性的"文物与中国文化"课程思政教学模式再造

因材施教，只有分析透、把握准、目标明，才能有的放矢地"施教"。解决通识选修课学生团队差异性问题，最终落脚点还是要抓好差异教学，具体通过拓展课堂时空、优化课程内容、强化教学过程、改革考核方式来实施。"文物与中国文化"课程以中华优秀传统文化教育为主线，基于学习成果导向教育（OBE）理念，通过课前学生团队差异性识别测试，依据高阶性、创新性和挑战性的课程要求，针对不同学生团体反向设计课程教学内容，并根据教学进度针对性建立评价和持续改进机制①。具体的教学模式建构逻辑如图1。

设计基于学生团队差异性的"文物与中国文化"课程思政教学时，突出

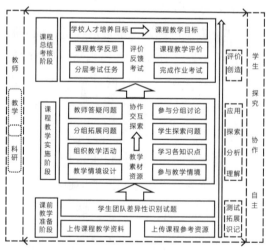

图1 "文物与中国文化"课程思政教学设计

---

① 王怀波、李冀红、杨现民：《高校混合式教学中深浅层学习者行为差异研究》，《电化教育研究》2017 年第 12 期，第 44—50 页。

了以下特征：一是强调以学生为中心，凸显学生在教学中的主体性，强调学生在教学过程中的获得。坚持在教学设计、教学技术、资源配置和教学评价中以学生为中心，考虑学生体验式学习、小组协作学习以及社会化学习。二是注重教学过程中的互动和交流，强调探究式教学。以问题为导向，引导学生的学习意向、兴趣，根据学生团队差异性设定教学目标。充分利用线上线下混合式教学方式，为学生提供丰富的自主学习内容和体验式学习资源，同时利用信息化平台搜集数据分析学生在学习过程中存在的问题与不足，及时解决问题。三是重视学生团队差异性。充分考虑学生的不同需求、不同兴趣、水平层次、学习能力等，以学生团队差异性为基础提供差异化的实践项目、教学引导和考核任务。四是注重学生价值塑造与能力培养。力求将价值塑造、知识传授和能力培养贯穿整个教学活动，在教学情境设计、教学活动设计和小组协同学习中，积极调动学生的主观能动性，开展创新性、探究式、体验式学习。[①]

### 三、课程思政有机融入通识选修课"文物与中国文化"的教学设计案例

基于以学生为中心，以学习成果为导向，对学生团队差异性学情问题主动精准定位，根据学校总体人才培养要求和课程目标反向设计"文物与中国文化"课程，努力提升课程的高阶性，突出课程的创新性，提高课程的挑战度。

#### （一）课程教学的基本情况

"文物与中国文化"课是一门面向全校、校际各专业学生开设的线下、线上通识选修课程。2019 年以来该课程开始采用线上、线下混合式教学模式，线上采用中国大学 MOOC 资源课程和其他视频资料，线下采用课堂讲授、小组讨论、分组实践和翻转课堂的形式开展教学活动。

"文物与中国文化"课程从"大商科"人才培养目标出发，教学内容分

---

① 单妍、李志厚：《基于教育高质量发展的混合式教学模式建构》，《教育理论与实践》2019 年第 35 期，第 48—51 页。

为概论、扣墓、收藏、交易4个单元。教学大纲、课程内容（教学PPT）和自主学习资料全部课前上传至学习平台，供学生自主学习。课程教学前进行学生团队差异性识别，按照测试成绩进行分组，以小组为单位布置课程学习内容、实践项目。为了突破课堂教学时空的限制，课程教学内容按照课内、课外并行开展（如图2所示）。课程考核为过程性考核，突出团队实践项目和探究问题的学习成果，期末书面考试仅测试课程基础知识。

图2　具体课程单元教学环节设计

## （二）将中华优秀传统文化有机融入课程具体章节的教学设计案例

课内教学主要是课堂教学和交流讨论以及课堂作业（随堂测试），其他的教学内容均安排在课外，由学生自主进行课程资源学习和课外实践。下面以该课程概论部分的教学内容设计为例。

**第一课：从《考古图》到安特生的《中国远古之文化》**

课时：3学时

本讲为课程的概论部分，教学PPT及其他学习资料为课前自主阅读、学习。

本讲教学内容围绕三个问题：

（1）文物带我们溯流而上看中国历史和文化；

（2）考古是逆行在历史文化长河中的一条船；

（3）中国文物保护的过去、现在与未来。

教学内容：

（1）第一节，从《坤舆万国图》到《山海经》的文化逆行；

（2）第二节，安特生来华与中国近代考古学；

（3）第三节，《考古图》与《格古要论》中的中国收藏意趣；

（4）第四节，中国的文博事业与世界博物馆日。

交流讨论：如何看待安特生在华的活动？

课后实践：就近选择一家综合博物馆参观。

教学形式：课堂教学 1.5 学时，讨论 0.5 学时，课前测试 1 学时。

阅读资料：

（1）C.W. 策拉姆：《神祇、陵墓与学者——考古学传奇》，北京：生活·读书·新知三联出版社，2012 年；

（2）葛兆光：《古代中国文化讲义》，上海：复旦大学出版社，2006 年；

（3）王力、马汉麟：《中国古代文化常识》，北京：中国人民大学出版社，2012 年。

第一，教学目标上的协同融合。通过上述课程设计，力求寓价值观引导于知识传授和能力培养之中，努力将中华优秀传统文化的思想精华呈现出来，通过体验式教育方式感知历史，增强文化自信，并从历史的角度引导学生面向时代、面向世界、面向未来，实现传承中华文脉，饱含中国情、充满中国味的课程目标。在价值观引领上，教学目标不存在学生团队差异性，但在知识传授和能力培养上，可以结合学生团队的实际，以实践教学方式，鼓励学生从自身的专业出发，构建自己的知识学习和能力培养目标。

第二，教学内容上的有机融合。课程思政不等于思政课加专业课"两张皮"，而是在统一的价值观引导下的教学内容完美统一。在上述概论教学中，从中国历史的纵向和横向来讲述中国文化的历史脉络，纵向介绍物质文化史的发展（第一节），横向以安特生在中国的考古活动看中国与世界的联系（第二节）；同时通过具体案例介绍中国文化精神的审美旨趣（第三节）；最后通过简述当代中国文博事业发展（第四节），以学生体验式教学鼓励学生面向时代，做文化的传承人、守护者和建设者。

第三，实践教学上的现实融合。以问题为导向的教学，就是要在现实的案例中去设问，来阐释中国传统文化的时代精神和时代价值。"文物与中国文化"课程通过文物解读中国文化，不仅以历史为现实的镜鉴，也是从现实去反思彼时面临的历史问题。通过把学生分组，以项目制的实践教学，从学生团队差异性出发拓展其专业学习的深度、广度和温度。以历史实物来了解国情民情，在实践中提升审美素养、陶冶情操、温润心灵、激发创造创新活力。

第四，评价考核上的价值融合。价值引领必须融入课程评价考核中，才能发挥指挥棒的作用。评价考核时要根据学生团队差异性分类评价教学效果，不追求统一的标准答案，注重过程性评价，力求体现学生在课程学习前后的变化和进步。结合学生团队的特点，将价值理念融入其参与的项目活动中，以其在学习过程中能力的体现、学习的努力程度、成绩的进步程度、知识的获得情况作为评价的指标，对照学校设定的人才培养目标和课程教学目标，将学生放在所在学习团队里综合判断学生的学习效果。

## （三）"文物与中国文化"课程思政教学设计的收获与反思

"文物与中国文化"通识选修课通过上述课程思政教学改革，立足新时代经济社会发展需求和"大商科"人才培养目标，优化重构教学内容与课程体系，实施基于学生团队差异性的差异教学，从知识、能力、素质的目标出发，通过该课程的理论教学、学生自主学习、分组探究式研讨和相关实践训练，力求培养具有国际视野、人文情怀、专业素养的应用型、复合型和创新型"大商科"人才。

尽管"文物与中国文化"通识选修课基于学生团队差异性做了一些课程思政的教学探索，努力改善通识选修课学生团队差异性带来的教学难题，但开展课程思政要在内容上不断更新，在教学方式上与时俱进，还要结合学生差异性及时调整教学内容、方法，因材施教，这样才能把课程建设成为具有高阶性、创新性和挑战性的课程。同时，差异化教学必须建立在准确的学生团队差异性识别基础上，如何高效精准地识别公选课学生团队差异性还需要通过实验进一步验证和探索。另外，差异化教学需要投入大量的时间和精力，采用混合式教学模式，面对大班制的公选课堂学生，如何保证设计的差异化教学实施到位并取得预期效果，仍有很大的探索和研究空间。

# 中国饮食文化课程融入高校思想政治教育的思考[①]

郑　南[②]

**摘　要：** 中国饮食文化是中国传统文化中极重要而又富有代表性的部分，具有深刻的文化内涵和精神品位，把中国传统饮食文化融入大学生思想政治教育中，对于推动思想政治教育创新、传承传统文化具有重要意义。本文通过梳理中国传统饮食的重要内容，提出以中国传统饮食文化为载体，通过课程思政构建丰富多元、健康合理的高校饮食文化思想体系，丰富高校思想政治教育内容，提升思想政治教育的针对性、实效性与可实践性，坚定中华民族文化自信心，铸牢中华民族命运共同体意识，等等。

**关键词：** 饮食文化；思想政治教育；高校

中国作为四大文明古国之一，拥有悠久而灿烂的饮食文明，孙中山先生在《建国方略》中曾说："烹调之术本于文明而生，非深孕乎文明之种族，则辨味不精；辨味不精，则烹调之术不妙。中国烹调之妙，亦足表文明进化之深也。"[③]

在这个全球化的时代，各个国家在经济、政治、科技上的竞争愈演愈

① 本文系 2017 年浙江工商大学校级项目"国际饮食文化与烹饪科学实验教学平台建设研究"（项目编号 1140KU1017008）的研究成果。

② 郑南，浙江工商大学人文与传播学院副教授，博士，硕士生导师，研究方向为明清史、饮食史、饮食文化、中外交流史等。

③ 孙文：《建国方略》，上海：商务印书馆，1930 年，第 3 页。

烈，而其背后深层次的竞争是文化软实力的竞争，是人才的竞争，这是教育最需深度关注的问题。新的时代，对高校思想政治教育提出了更高要求。高校思想政治教育与中华饮食文化教育相结合，研究并运用优秀传统文化所蕴含的智慧进行高校思想政治教育，具有深远的现实意义。

## 一、中华饮食文化是中国传统文化的重要组成部分

饮食是人类维系、延续生命所必需的，中国人很早就形成的并一贯坚持的看法是"民以食为天"，饮食才是最重要的，正如俗谚所云："人生万事，吃饭第一。"饮食不仅位序第一，而且是最重要、最基本的生活内容，"开门七件事，柴米油盐酱醋茶"，件件都与饮食有关。百姓的人生如此，国家管理者的大政亦本于此。"八政：一曰食……"国家大事千头万绪，搞好民食、民生是第一项大政。

正是因为食事在中国民生和国政中占有如此重要的地位，因而食事很早便受到历代各阶层人们的高度重视，中华民族远古时代的"礼"——最早的精神文明建设便与之结下了深缘："夫礼之初，始诸饮食。其燔黍捭豚……犹若可以致其敬于鬼神。及其死也，升屋而号，告曰：'皋，某复！'然后饭腥而苴孰。"[1]早在陶器尚未发明的遥远古代，先民们便郑重地将精心洗过的米、撕开的小猪肉置于火塘中烧得极热的石块上炙熟后祭献给鬼神，以表达自己的敬畏之情、祈祷之意。待到人死之时，人们则反复呼喊他的名字，让他的魂魄归来。然后用生米、熟肉来祭享死者。那时，人们在生产和生活中遇到无论是吉是凶的大事小情，都会拿他们所拥有的最贵重美好的食物献祭给鬼神，即当时人们所理解的万事万物的主宰们。最初的"礼"就是这样产生的，食物既是人们的日常所需之物，也是他们用以"通灵"之具。礼，是少不了食物的，要通过食物的烹饪和献祭来演示和完成。这种"礼之初"至少距今有 8000 年的历史了。

很显然，人类的饮食生活，是一定历史阶段文明基准与文化风貌的综合

---

[1]《礼记·礼运第九》，引自阮元：《十三经注疏》，北京：中华书局，1980 年，第 1415 页。

反映。饮食文化与民族文化紧密结合，彼此渗透，是无所不在的生命机体的结合。当我们对中华民族食文化的发展做了系统的历史考察，尤其是对中外文化的历史发展做了一番比较之后，我们发现几乎没有哪个民族能像中国人那样，在自己的饮食生活中倾注如此多的精力，有如此深刻的理解、如此辉煌独特的创造。也就是说，中华民族的历史文化，有更为鲜明和典型的饮食色彩。中华民族文化的这种饮食色彩不仅表现在餐桌上，而且表现在中国人食生活的全部过程之中，更表现在他们对自己食生活、食文化的深刻思考、积极创造、孜孜探索上。

在新石器时代以来的上万年发展历程中，中华民族依托祖国大地，创造出灿烂的饮食文明。三大主粮作物之一的稻米原产于中国，现今供养着世界上 1/3 以上的人口；三大饮料之一的茶叶源自中国，传入西方后引发了西方的下午茶文化；被誉为 21 世纪健康食品的大豆及豆制品源自中国，是人类可摄入的最健康的蛋白质之一；作为餐饮器具使用的中国瓷器，风靡全世界，影响了世界文明的进程，是中国对世界的一个重要贡献；中国人独特的进餐用具——筷子，影响了亚洲的日本、韩国等国家；中式面条、点心及面食文化是中国对世界饮食文明的又一贡献。此外，中国在农业耕作技术、作物品种、食物原料、烹调方法、饮食器具、饮食习俗、饮食礼仪、饮食思想、饮食哲学等方面均曾广泛而深入地影响过东亚、东南亚、南亚等地区，中国饮食文化在世界饮食文化的发展中发挥着重要作用。

2014 年 5 月 4 日，习近平在北京大学师生座谈会上讲话："中华文明绵延数千年，有其独特的价值体系。中华优秀传统文化已经成为中华民族的基因，植根在中国人内心，潜移默化影响着中国人的思想方式和行为方式。"[1]中华饮食文化是中国文化的重要组成部分，最终要在精神层面上体现、反映本民族的文化涵养，从特定的领域展示本民族的文化素质。

我们应不断自省、扬弃本民族食生活和食文化中保守、陈腐、落后的成分，以时代的科学技术不懈地推进食生产、食生活的进步，以进步的新思

---

[1]《青年要自觉践行社会主义核心价值观——习近平在北京大学师生座谈会上的讲话》，《人民日报》2014 年 5 月 5 日。

想、新观念不断完善中华饮食文化，树立文明、健康、科学的饮食观念与原则。正如习近平总书记在联合国教科文组织总部的演讲中所说的："中国人民在实现中国梦的进程中，将按照时代的新进步，推动中华文明创造性转化和创新性发展，激活其生命力，把跨越时空、超越国度、富有永恒魅力、具有当代价值的文化精神弘扬起来，让收藏在博物馆里的文物、陈列在广阔大地上的遗产、书写在古籍里的文字都活起来，让中华文明同世界各国人民创造的丰富多彩的文明一道，为人类提供正确的精神指引和强大的精神动力。"[①]

## 二、以中国传统饮食文化为载体，引导学生建构丰富多元、健康合理的高校饮食文化思想体系

中国饮食文化的地域性差异明显。传统饮食文化强调膳食结构合理、食疗养生，强调珍惜粮食，反对奢华与铺张浪费。

首先，我们应该通过中国饮食文化、饮食思想的讲授，使我们的青年学子对中华优秀的饮食文明有充分的了解和深入的理解，并在实践中引导学生们树立科学、健康的饮食观，组建合理的膳食结构。

《黄帝内经·素问》中提出"五谷为养，五果为助，五畜为益，五菜为充，气味合而服之，以补精益气"的膳食构成。《中国居民膳食指南科学研究报告（2021）》中指出不合理的膳食是中国人疾病发生和死亡的最主要因素，2017 年中国居民中约有 310 万人的死亡可以归因于膳食不合理。中国人的饮食中主要存在以下问题：第一，高油高盐摄入仍普遍存在，含糖饮料消费逐年上升。长期以外卖、外出就餐为主的人群，存在油盐过度消费以及饮食结构不合理的问题。我们的学生群体、刚步入社会的大学毕业生们恰恰是外卖消费的主流人群。第二，全谷物、深色蔬菜、水果、奶类、鱼虾类和大豆类摄入不足。我国居民膳食以谷物为主，但谷物以精致米面为主，全谷物和杂粮摄入不足。蔬菜以浅色蔬菜为主，深色蔬菜摄入不足。人均水果摄

---

[①]《习近平在联合国教科文组织总部的演讲》，2014 年 3 月 28 日，http://jhsjk.people.cn/article/24759342。

入量仍然较低。我国居民奶类平均摄入量一直处于较低水平。大豆类食品是我国传统健康食品，但目前消费率低，约40%的成人不常吃大豆类制品。第三，饮酒行为较为普遍，一半以上男性饮酒者饮酒过量。世界卫生组织建议酒精摄入量为零，即完全不摄入酒精才是最健康的状态。第四，食物浪费问题严重，营养水平都待提高。据中国科学院地理科学与资源研究所课题组的数据，2013—2015年间，每年仅餐桌食物浪费量就高达1700—1800万吨[①]，不健康的食物消费观念、精细化管理程度不够、缺乏节俭意识是造成饮食浪费的主要原因。

浙江工商大学所在的中国江南地区的膳食以米类为主食，新鲜蔬果水果摄入量充足，鱼虾类摄入量相对较高，猪肉摄入量低。烹饪清淡，少油少盐，是比较接近理想膳食模式的。我们应在此基础上，在实践中引导学生们树立科学、健康的饮食观，组建合理的膳食结构。

其次，高校应注意引导学生树立合理的饮食养生观念。早在原始农业产生之前的漫长的采集、渔猎生活时代，我们的先民就已经注意到许多植物、动物或矿物，即人们日常食用的食物中的一些品种具有某些超越食物本身的特殊功能。可以说，传统中医药学的胚芽就是孕生于原始人类的饮食生活之中的。由于饮食具有获取维系生命的营养和医治疾病的双重功能，中国人形成了"医食同源""食医合一"的重要饮食思想原则。之后，随着饮食实践的不断发展，在此基础上进一步出现了"药膳"，并形成了"饮食养生"的观念。这种实践历经诸代，日趋深化和细密，从而成为中国饮食文化的宝贵传统，饮食养生的理论也因之成为一条重要的思想原则。其中所蕴含的经验总结以及先人智慧，对今天的饮食生活仍具有鲜活的价值。比如：（1）膳食合理。（2）食饮有节。"食饮有节，起居有常。""不欲极饥而食，食不过饱。不欲极渴而饮，饮不过多……不欲多啖生冷……五味入口，不欲偏多。"（3）饮食卫生。"水谷之寒热，感则害人六腑。""食饮者，热无灼灼，寒无沧沧。寒温中适，故气将持，乃不致邪僻也。""养生之人，务洁清，务熟

---

① 《中国食物浪费量惊人：每年1700万至1800万吨》，《理论与当代》2017年第2期，第55页。

食，务调和，不侈费，不尚奇。食品本多，忌品不少，有条有节，有益无损，遵生颐养，以和于身，日用饮食，斯为尚矣。"（4）制宜进食。人的食习之异是"地势使然"，人的进食则应因时制宜。

再次，应引导学生树立珍惜粮食、反对铺张浪费的意识，并在生活中克己践行。我们食物消费环节的浪费主要发生在商业餐饮、公共食堂和家庭饮食三个领域。虽然大多数学生具备珍惜粮食、反对铺张浪费的意识，但浪费粮食的现象仍然让人触目惊心。中国人讲"民以食为天"，这句话在历史上并不是像我们今天这样轻松写意的表达，其反映的是中国历史上大众艰于食的沉重，是 80% 以上的民众长期处于难以果腹的状态之下的历史写照。故此，先秦以来的各家学说均主张重食、抑食、节食，即重视老百姓的果腹之需，抑制个人的奢华饮食，主张珍惜、节约粮食。解决人民的温饱问题，一直到改革开放时仍是我们要实现的第一步目标。虽然中国人的生活水平有了显著提高，我们能够在自己力所能及的范围内尽可能地过上舒适的生活，但社会的资源是一定的，粮食的产量是相对稳定的，我们每个人都没有随意浪费资源的权利。中华民族素来倡导的勤俭节约、珍惜粮食的优良传统，在今天仍具有现实意义。把中国传统饮食文化融入大学生思想政治教育，对当前贯彻习近平总书记关于制止餐饮浪费行为的重要指示，营造厉行节约、反对浪费的高校饮食文化等具有重要意义。

传统饮食文化中蕴含着大量培养优良品德的思想资源，有助于学生修身养性，树立正确的价值观。中国饮食文化课程应该通过萃取传统饮食文化中蕴含的精华智慧，与高校思想政治教育相结合，引导年轻学子打造具有传统文化特色的健康、文明的校园饮食文化。

## 三、以中国传统饮食文化为载体，丰富高校思想政治教育内容，提升思想政治教育的针对性、实效性与可实践性

长期以来，高校思想政治教育的教学内容理论性强，较难持续激发学生的学习兴趣。饮食文化是生活的智慧，与每一个人的日常生活息息相关。食

物承载了人类丰富的情感，而饮食类的话题能够让人身心愉悦。在中国饮食文化的课堂上进行思想政治教育应具有天然的亲和力、广泛的普适性和活泼有趣的生动性，可增强教学的趣味性，营造师生互动的愉快教学氛围，从而有效提升课堂教学质量。

首先，课堂上可以依托新媒体与现代教学技术，推进传统饮食文化与高校思想政治教育的有效结合，深入浅出、潜移默化、润物细无声地把传统饮食文化的内涵价值传输出来。比如，值得注意的美食纪录片《舌尖上的中国》横空出世，一夜之间火遍大江南北，满足了人们视觉和味蕾的双重体验，同时带动了整个美食类纪录片、综艺和美食直播市场的火热发展。近年来，美食类热点频现的根本原因在于：其一，美食类话题的高普适度；其二，美食所具有的极致诱惑力；其三，美食类话题的高分享性；其四，美食类话题和短视频的低准入性；其五，美食类话题易给人带来的满足感。精美的制作与轻松的节奏或感人的故事，既满足了人们对美食的渴望，又可以让人们在抹口水的同时获得内心的满足。

教师可积极借助新媒体与现代教学技术，向学生直观地呈现与传统饮食文化相关的图文、音视频资源，调动学生学习的主观能动性，以学生乐于接受的教学方式，让学生体验到传统饮食文化与个人精神世界的密切相关性。最终，从个人的衣食住行上升到人生观、价值观的教导，使学生在日常文化的熏陶下树立正确的世界观、人生观、价值观，促使高校思想政治教学成效向深度发展。

其次，可借助微信公众号、微博、抖音、快手、西瓜视频等新媒体平台，有效地向学生推送一些与课程相关的高质量的精彩内容，比如中国饮食文化介绍、与饮食文化相关的历史典故与名人逸事、考古发现的古人的饮食文化、名食、名店、饮食民俗、关于饮食文化的最新研究成果、海外中餐发展、中外饮食文化交流等，不断引导学生自主学习、独立思考，并就传统饮食文化与思想政治相结合的专题定期组织学生进行师生之间的交流学习。在传统文化的陶冶下，传播弘扬中国传统饮食文化的同时有序开展思想政治教育。

再次，在教学中还应坚持理论联系实际，注重培养学生对理论知识的实践应用能力。可以定期组织学生围绕相关主题展开交流讨论，组织学生开展传统饮食文化知识竞答、辩论、美食制作、茶艺表演、讲座等实践活动，让学生通过实践加深对传统饮食文化的认知，切身感受中华传统饮食文化的博大精深与独特魅力，进一步在无形中提升学生的文化素养与理论水平，加深学生对传统文化传承与时代创新发展的有效认识。在高校思想政治教育实践中切实以人为本，促进学生综合素质的全面发展。

最后，在学校建设中也应当注重将传统饮食文化渗透进校园文化建设中，通过校园媒介推广饮食文化、组建饮食文化社团等，提高饮食文化在校园文化中的地位，进一步发挥传统饮食文化在高校思想政治实践教学中的德育功能。

## 四、以中国传统饮食文化为载体，坚定中华民族文化自信心，铸牢中华民族命运共同体意识

中国饮食文化是中国传统文化中极其重要而又富有代表性的部分，具有深刻的文化内涵和精神品位。中华饮食文化的教学，可增强学生的民族自信心、民族凝聚力，激发学生的爱国热情。通过将传统饮食文化与高校思想政治教育相融合，让学生深入认识以饮食文化为代表的中华民族优秀传统文化，切实感受中华文化的独特魅力、丰富内涵与强大活力，有助于学生树立对中华民族文化的高度自信心、认同感，铸牢中华民族命运共同体意识。

习近平总书记在中共中央政治局第十二次集体学习时明确提出"注重塑造我国的国家形象"。中国文化在走向全面复兴的过程中，中国形象的意义建构与意义输出问题也成了一个时代命题。中国究竟应该选用什么样的文化符号来代表中国？中国究竟应传播什么样的价值观与世界不同文明进行对话？《中国国家形象全球调查报告2018》显示，海外受访者认为，中餐（55%）、中医药（50%）、武术（46%）是最能代表中国文化的三个方面。79%的海外受访者体验过中国饮食文化，接触到中国饮食文化的受访者中，81%对中国饮食文化持有好印象。

中国饮食文化的资源、历史、民族优势是独特的，而饮食文化的时代发展条件更是得天独厚的。突出特点、发挥优势，在这种背景下，作为中国国家形象重要代表的中国饮食文化应该承担起自己的符号意义，推进中国国家形象的传播。

把中国传统饮食文化融入大学生思想政治教育，对于推动思想政治教育创新、传承传统文化具有重要意义。将传统饮食文化与高校思想政治教育高度结合，让学生深刻体验到中华民族优秀传统文化的巨大魅力的同时，激发学生弘扬中华文明的责任感和自豪感，使其成为新时代中华民族优秀传统文化传承与发展的践行者。

# 从课堂教学中悟得"文化自信是一个系统工程"

潘水根 [1]

**摘　要**：本文根据教学实践中所感受到的诸多问题，即一批又一批学生在面对中华民族传统文化时所表现出来的认知层面上的种种局限，结合时政学习，体悟"文化自信是一个系统工程"，即先要做到文化自知，继而文化自珍，继而文化自信，最后达到文化自觉。

**关键词**：课堂教学；文化自信；系统工程

党的十八大以来，习近平总书记在多个场合谈到中国传统文化，表达了自己对传统文化、传统思想价值体系的认同与尊崇。"我们要坚持道路自信、理论自信、制度自信，最根本的还有一个文化自信。"[2]

那么，为什么"四个自信"中，"文化自信"最为根本？

因为"文明特别是思想文化是一个国家、一个民族的灵魂。无论哪一个国家、哪一个民族，如果不珍惜自己的思想文化，丢掉了思想文化这个灵魂，这个国家、这个民族是立不起来的"[3]；因为中国优秀传统文化，"可以为

---

① 潘水根，浙江工商大学人文与传播学院中文系教师，执教中国文学名著导读、中国古典诗词鉴赏、中国神话研究、李白研究、《红楼梦》研究等课。

②《习近平总书记参加贵州代表团审议侧记》，2014 年 3 月 10 日，http://jhsjk.people.cn/article/24590392。

③ 习近平：《在纪念孔子诞辰 2565 周年国际学术研讨会上的讲话》，2014 年 9 月 24 日，http://www.xinhuanet.com//politics/2014-09/24/c_1112612018_2.htm。

治国理政提供有益启示，也可以为道德建设提供有益启发"①，"我国今天的国家治理体系，是在我国历史传承、文化传统、经济社会发展的基础上长期发展、渐进改进、内生性演化的结果"②；更因为"只有坚持从历史走向未来，从延续民族文化血脉中开拓前进，我们才能做好今天的事业"③，"没有文明的继承和发展，没有文化的弘扬和繁荣，就没有中国梦的实现"④。

作为人文与传播学院的一名教师，我在教书育人的实践中，深感文化自信对于教学双方的重要性；在课堂教学的各个环节，我也常常将引导学生珍爱中华民族优秀传统文化视为自己不可推诿的责任。

我在课堂上，经常会给学生提起三个汉字，一曰"蒙"，二曰"学"，三曰"觉"。

何谓"蒙"？最上面是草字头，即"艹"，古人写作"屮屮"，是小草，中间是个平宝盖，即"冖"，意为一个较狭窄的半封闭的空间，下面自小篆起定型为"一豕"，照此可以会意为就像一头猪似的受着狭小生活空间的局限，其大脑里犹如长着杂草一般，"无知""无明""无觉"。

何谓"学"？繁体字的"學"，下方是个"子"，也就是幼儿，中间是"冖"，也是一个较狭窄的半封闭的空间，上方左右两边是手，中间是"爻"，是蓬乱的杂草一类。看"學"的字形，可以会意为一个孩子自从呱呱坠地来到这个世界，因为受到生活环境等种种因素的影响，难免会受这样那样的蒙蔽。一个人遭受这样或那样的蒙蔽，或只知其一，不知其二，或知其然，不知其所以然，或坐井观天，或少见多怪，智慧也就无从谈起。所以，"學"的过程，也就是"启蒙"的过程，便是用双手拔掉杂草、解除蒙蔽的过程，

---

① 习近平：《在纪念孔子诞辰 2565 周年国际学术研讨会上的讲话》，2014 年 9 月 24 日，http://www.xinhuanet.com//politics/2014-09/24/c_1112612018.htm。

②《习近平在省部级主要领导干部学习贯彻十八届三中全会精神全面深化改革专题研讨班开班式上发展重要讲话》，2014 年 2 月 17 日，http://news.12371.cn/2014/02/17/VIDE1392636904458296.shtml。

③ 习近平：《在纪念孔子诞辰 2565 周年国际学术研讨会上的讲话》，2014 年 9 月 24 日，http://www.xinhuanet.com//politics/2014-09/24/c_1112612018_2.htm。

④《习近平在联合国教科文组织总部的演讲》，2014 年 3 月 28 日，http://jhsjk.people.cn/article/24759342。

更是让一个人走向"自知""自明""自觉"的过程。

何谓"觉"？繁体字的"覺"，上面及中间与"學"字相同，意谓受着局限的人，不断地用双手拔除杂草以解除蒙蔽；下面部分是一个"見"，字形实际上还是一个人的样子，但是，他与"学"字下面的"子"不一样，他是一个睁大了眼睛的人，意味着用自己的眼睛看清了一切的人。

在 30 多年的教学实践中，我常常能感受到一批又一批的学生在面对中华民族传统文化时所表现出来的认知层面上的种种局限。导致学生的这些局限，或者更准确地说，认知上的种种偏差的原因，归结起来，大体有以下4 类。

第一类，管窥蠡测。

譬如在阅读理解《淮南子·览冥训》中"女娲补天"一则材料时，针对文中的"九州裂"一句，很多学生不假思索地把此"九州"认定为《禹贡》一篇所称的"冀、兖、青、徐、扬、荆、豫、梁、雍"等九州，而从地理角度看，此九州在历史上似乎从未分崩离析，至今还紧紧相连成一体，故由此判定"女娲补天"皆妄语也，不可信。

事实上，"九州裂"中的"九州"，所指的是全球范围内的"九大洲"，即《淮南子·地形训》里所记载的，"何谓九州？东南神州曰农土，正南次州曰沃土，西南戎州曰滔土，正西弇州曰并土，正中冀州曰中土，西北台州曰肥土，正北泲州曰成土，东北薄州曰隐土，正东阳州曰申土"①。这样的一个知识点，至少在战国时候阴阳家代表人物驺衍那里，还是很清楚、很明白的。《史记·孟子荀卿列传》记载："以为儒者所谓中国者，于天下乃八十一分居其一分耳。中国名曰赤县神州。赤县神州内自有九州，禹之序九州是也，不得为州数。中国外如赤县神州者九，乃所谓九州也。于是有裨海环之，人民禽兽莫能相通者，如一区中者，乃为一州。如此者九，乃有大瀛海环其外，天地之际焉。"②

---

① 陈广忠、陈青远、付芮译注：《淮南子译注》，上海：上海三联书店，2014 年，第62 页。
② 司马迁：《史记》，北京：中华书局，1999 年，第 1840 页。

第二类，不求甚解。

譬如面对作为中华民族传统价值观之一的"诚信"，好多学者只会查查东汉许慎的《说文解字》，得到诸如"诚，信也""信，诚也"这样的解释，到底何谓"诚"、何谓"信"还是不甚了了。也不乏有人从字面去看，发现此二字都与"言"有关，就想当然地认定此词所强调的是言语上的真挚、恳切，说话算话，信守承诺，等等。

先说"诚"。许慎《说文解字》中称："诚，信也。从言成声。"[①]明显地，许慎把"诚"看成形声字。事实上，"诚"同时也是会意字。为什么这么说呢？同样是《说文解字》，在解释"成"时这样说，"就也。从戊，丁声"[②]。清朝学者徐灏在《说文解字注笺》中这样说："戊，古读曰茂；茂盛者，物之成也。丁壮亦成也。"[③]庄稼茂盛，表明它成熟了，可以借助镰刀一类的农具去收割了。后来，镰刀一类的农具又被加工、制作成保卫自己某一种"成果"的武器，出现了"戊"。而一个人能拿着这样的武器去捍卫利益，才能有所成就，才能成功；同时，一个人能拿着这样的武器去捍卫利益，又表示这个人已经成年了。在古人的思维逻辑里，一个事物内在成熟到什么程度，其外在必然会有显而易见的表现。树木如此，庄稼作物如此，人也如此。所以"成"后来也被用作黄金白银的纯度术语，即"成色"。一个人是不是真诚，是不是实在，是不是值得信赖，常常能从他所说的话中加以分辨和评断。因此，"诚"从言，也即心里实实在在的"成"，不折不扣地表现在他的言语中，这就叫"诚"，成语中所谓由衷之言、肺腑之言、口是心苗、言为心声，说的就是这个"诚"。《礼记·中庸》中有"诚者，自成也"，《礼记·大学》中有"此谓诚于中，形于外"，同样也是这个意思。西汉扬雄在他的《法言·问神》一篇中说："故言，心声也；书，心画也。声画形，君子小人见矣。"[④]这是成语"言为心声"的出处。在中国古人看来，主导我们

---

① 许慎：《说文解字》，北京：中华书局，1963 年，第 52 页。

② 许慎：《说文解字》，北京：中华书局，1963 年，第 309 页。

③ 转引周绪全、王澄愚：《古汉语常用词源流辞典》，重庆：重庆出版社，1991 年，第 43 页。

④ 郭丹主编：《先秦两汉文论全编》，上海：上海远东出版社，2012 年，第 622 页。

思维的不是今天所认知的大脑，而是我们的这颗"心"。《黄帝内经·素问》称："心者，君主之官。神明出焉。"①明代医学家张景岳注为："心为一身之君主，禀虚灵而含造化，具一理以应万机，脏腑百骸，惟所是命，聪明智慧，莫不由之，故曰神明出焉。"②意思是说人体所有生理活动，无一例外都是在心的主宰下进行的。正如在汉字中凡与精神、思维、情感有关的字，诸如思、怒、悲、惊、恐、愁、忧、念、忘等均归属心部。心有所思，形诸于言，故我们有"说心里话"之谓，这便是"诚"。事实上，很多"忄"旁的汉字常常也写作带"讠"旁的汉字，譬如，表示违背道理或与正常的道理相冲突，表示混乱、迷惑，甚至谬误的一个字，叫"悖"，它常常也写成"誖"，或者"哱"。

一个汉字，既可以从口，也可以从言，也可以从心，其内在的逻辑便是：口之所言，言为心声；口对言，言对心。

正因为如此，我们才能够理解为什么古人常常把"悦"写成"说"，把"慢"写成"谩"，把"恶"写成"噁"，把"哲"写成"悊"。

再说"信"。《说文解字》解释为"信，诚也。从人从言。伀，古文信省也"③。"信"，古文也写作"訫"，诚实的意思。以前爱望文生义的人很是困惑，为什么人言为信？人常常会因为这样或那样的目的，说假话、大话、空话，凭什么让我们去相信？事实上，古人造这个"信"字，或从人从言，或从人从口，或从言从心，想要表达的就是口能言之，发乎内心，也就是言必由衷的意思，这样的话才能让我们去相信。

由此可见，"诚""信"两字，在造字方式上是相同的，在含义上也是一致的，所以许慎才说"诚，信也""信，诚也"。

第三类，以讹传讹。

譬如晚唐、五代时社会上流传的众多有关李白的故事称，李白当年供奉翰林时，在皇帝、杨贵妃跟前写了很多应制诗、应制词，如《清平调》三

---

① 郝易整理：《黄帝内经》，北京：中华书局，2011年，第106页。
② 张介宾：《类经》，北京：中医古籍出版社，2016年，第28页。
③ 许慎：《说文解字》，北京：中华书局，1963年，第52页。

首、《清平乐》四首、《宫中行乐词》八首等等。举例来说,《松窗杂录》载:"开元中,禁中初重木芍药,即今牡丹也。得四本,红、紫、浅红、通白者,上因移植于兴庆池东沉香亭前。会花方繁开,上乘月夜召,太真妃以步辇从。诏特选梨园弟子中尤者,得乐十六色。李龟年以歌擅一时之名,手捧檀板,押众乐前欲歌之。上曰:'赏名花,对妃子,焉用旧乐词为?'遂命龟年持金花笺宣赐翰林学士李白,进《清平调》词三章。"①后北宋乐史在《杨太真外传》《李翰林别集序》中也转录此事。

像这样的材料仅仅是后世附会的传说而已。

而今天的我们,是很容易厘清杨贵妃的人生轨迹的:

杨贵妃,小名玉环(据《明皇杂录》),生于开元七年(719),父亲杨玄琰官蜀州司户。10岁左右,因父母亡故,被叔父河南府士曹参军杨玄璬领到洛阳抚养。开元二十三年(735)正月,唐玄宗率文武百官、宫妃、皇子、公主等来到洛阳,七月举行咸宜公主婚礼,十二月二十四日册立杨玉环为寿王李瑁妃。开元二十五年(737)十二月,武惠妃暴病身亡,"上悼念不已,后宫数千,无当意者"②。开元二十八年(740)十月,"玄宗幸温泉宫,使力士取杨氏女于寿邸"(《杨太真外传》),"既进见,玄宗大悦"③。开元二十九年(741)正月二日,唐玄宗声称要为自己的母亲窦太后"追福",便下诏令度杨玉环为女道士,并赐道号"太真",命令杨玉环搬出寿王府,住进了大明宫内的道观。天宝四载(745)七月二十六日,唐玄宗将大臣韦昭训的女儿许配给寿王李瑁,并立为妃。八月初六,下诏让杨玉环还俗,并接入宫中,正式册封为贵妃。

《松窗杂录》所称"开元中",按推算也就727年左右,而此时的杨玉环尚是个八九岁的小女孩,怎么就做了"贵妃"呢?

"开元中",李白"酒隐安陆",尚在小寿山兜兜转转;直到天宝元年

---

① 丁如明、李宗为、李学颖等校点:《唐五代笔记小说大观·松窗杂录》,上海:上海古籍出版社,2000年,第1213页。

② 司马光:《资治通鉴》,邬国义校点,上海:上海古籍出版社,2017年,第2415页。

③ 刘昫等:《旧唐书》(第2册),陈焕良、文华点校,长沙:岳麓书社,1999年,第1327页。

（742）深秋赴长安应召，随即供奉翰林；天宝三载（744）春，自请还山，唐玄宗当即便"赐金放还"。李白在一年半左右的供奉翰林期间，根本看不到杨玉环，碰不到杨贵妃，因为这个时间里，杨玉环作为道姑还生活在大明宫的道观里。

第四类，迷信"权威"。

譬如《红楼梦》研究，长期以来有所谓"权威"的观点。例如，1921年胡适著有《〈红楼梦〉考证》一书，书中形成的结论，概括地说有这样几条：《红楼梦》的作者是曹寅之孙曹雪芹；《红楼梦》是曹雪芹的自传；120回《红楼梦》的后40回是高鹗续的。

因为胡适是个"大人物"，学界便把他视为"权威"，胡适对《红楼梦》下的这几条结论，于是也便成了"标准答案"。

而真实的情况又如何呢？

从留传至今的诸多脂评本密密麻麻的批注材料里，我们不难得知，当年参与此故事批注的人有很多，除了大名鼎鼎的脂砚斋、畸笏叟外，还有芹溪、梅溪、杏斋、松斋、绮园等。

靖藏本第二十二回有畸笏叟的一则批语："前批书知者寥寥，不数年，芹溪、脂砚、杏斋诸子皆相继别去，今丁亥夏只剩朽物一枚，宁不痛杀！"从中我们得知，那个叫"芹溪"的，也曾是这个故事的一个"批者"。

庚辰本第三十六回中，批书人"绮园"有一条批语："死时当知大义，千古不磨之论。"吴绮（1619—1694），明末清初时人，字园次，号绮园。此批语告诉我们，此故事早已流传于清初，即至少在1694年之前。

甲戌本第一回有脂砚斋的一则夹注："雪芹旧有《风月宝鉴》之书，乃其弟棠村序也。今棠村已逝，余睹新怀旧，故仍因之。"①"旧有"即过去藏有之意。云雪芹与棠村为兄弟关系，实或为称兄道弟的朋友，这在明清两代实属多见。雪芹为兄，棠村为弟。棠村，即明末清初时人梁清标，生于1620年，故可以推断，雪芹生年当早于1620年。"今"，即现在，口吻上棠村刚

---

① 黄霖编，罗书华撰：《中国历代小说批评史料汇编校释》，南昌：百花洲文艺出版社，2009年，第482页。

刚去世不久，棠村卒于 1691 年，脂砚斋撰写此夹注的时间应该在 1691 年稍后一些。"睹新怀旧"，看看多年改写后的新稿，再回头看看《风月宝鉴》之旧稿。"故仍因之"，意思是说舍不得拿掉棠村当年的序，还是把它放进了新稿中。

单就上述三则材料看，故事的原作者应该另有其人；此故事一度被东鲁孔梅溪更名为《风月宝鉴》流传于世，梁清标曾为此作过序；曹雪芹收藏了由梁清标作序的《风月宝鉴》一书，曾经"批阅十载"；此故事经过一帮人长时间的改写，至少在梁清标刚刚去世不久，即 1691 年稍后的时间，曾出有新稿。

因为我在课堂教学中真真切切地意识到我的学生在面对传统文化时所表现出的认知上的种种偏差，同时也感觉到这样或那样的认知偏差或许并不仅仅限于当今的大学生群体，在国家层面倡导"文化自信"的当下，便深感想要真正做到"文化自信"，我们需要做的事情还有很多很多。

在我的体会中，文化自信是一个系统工程，先要做到文化自知，继而文化自珍，继而文化自信，最后达到文化自觉。

文化自知是文化自信的基础。如何做到"自知"？一要普查；二要甄别；三要梳理。即不但要知道我们的文化都包含什么样的内容，哪些是真，哪些是伪；而且也要知道我们的文化是怎样传承的，又是怎样发展的，它们在过去曾起到过什么样的作用，到了今天，又如何与时代发展相契合。

文化自珍是文化自信的前提。正如前文所说，"信"是发乎内心的真诚，而这种发乎内心的真诚源于珍视，源于珍爱。要知道，我们生生不息的文化传统早已融汇在我们的历史之中，我们的文化基因也早已流淌进我们民族的血脉之中。倡导文化自珍，一要做好普及，二要做好传承，三要做好发展，四要及时抢救，五要积极保护。此五者，缺一不可。

文化自信，在我看来有四个层面的表现：一是能够堂堂正正地讲出来；二是能够信心满满地走出去；三是始终能够以一种开放的态度，兼容并蓄；四是能够不断地用于实践，在实践中不断地经受检验，不断地自我体认，不断地自我完善。

诚然，文化自信本身并不是我们所追求的根本目的，我们的根本目的在于文化自觉。那么，什么才算是文化自觉？或者说，一个民族的文化自觉到底有怎样的表现？这里，我们不妨借用《尚书·洪范》的"五事"说言之："一曰貌，二曰言，三曰视，四曰听，五曰思。貌曰恭，言曰从，视曰明，听曰聪，思曰睿。"①

貌，就是一个人的表情，也叫神色，要显得恭敬。恭敬不是装出来的，是从一个人的心底自然而然地流露出来的。

言，就是说话。言曰从，不是说话要顺从的意思。这里的"从"有两层含义，一是说话要有根据；二是说话要走心，犹如汉代扬雄《法言》所称，"言，心声也"。

视，就是用眼睛看，不仅要看到表面，也要透过现象看到本质；不仅看清某一个局部，更要看到整体，这才叫"明"。

听，就是用耳朵听，不能听风就是雨，要用自己的大脑推敲，用自己的心去体会，去分辨，这才叫"聪"。

思，就是思考问题，一要广而大，系统地想，全局考虑；二要能容，听得进不同意见；三要刨根究底，要深刻、深邃。这才叫"睿"。

一个民族抑或个人，如果真正做到了"恭""从""明""聪""睿"，那么文化自觉就会真正到来。

---

① 屈万里：《尚书今注今译》，上海：上海辞书出版社，2015年，第101页。

# "现代汉语"课程思政助力学生"五维度"的成长[①]

吴 欣[②]

**摘 要**："现代汉语"课程思政打破了传统现代汉语教学的窠臼，由沉浸式研学计划赋予学生学习动能，通过"三新"手段实现"五践行"的课堂活动，激发双轨心智模式的运转，最终实现学生"五维度"全方位的成长。课程引导学生向往和追求美好生活，形成向上、向善的力量，以润物细无声的方式坚定学生的文化自信，实现知识传授与价值引领相结合。

**关键词**：学习动能；"五践行"；"五维度"成长

汉语作为世界上最古老的语言之一，历史悠久。"现代汉语"课程是中文系本科专业核心课程，在培养学生人文情怀、写作能力、交际能力、表达能力、理解能力、思维能力等方面具有支撑作用，意义重大。因为"现代汉语"课程理论基础知识较多，所以传统现代汉语教学模式一般以教师讲授为主，评价方式以总结性评价为主。"现代汉语"传统教学模式存在着不可忽视的问题：

（1）重视理论知识讲授，轻视价值引导。以往的"现代汉语"课程大多重视理论知识的讲授，如基本定义、类型、特征等，缺少社会主义核心价值观引导，使得理论与实践相脱节，学生面对纷繁复杂的多元文化时，缺少对中华民族文化的自信。

（2）教学内容与语言实践相脱节。现代汉语包含很多理论基础知识。传

---

① 本文系浙江省高等教育"十三五"第二批教学改革研究项目"'语'时俱进，'平'语近课"（项目编号 jg20190183）的研究成果和浙江工商大学新文科教改项目"汉语言文学专业人才思政教育与中华儒学教育的融合"的研究成果。

② 吴欣，浙江工商大学人文与传播学院副教授，博士，研究方向为汉语史、汉语词汇学。

统教学模式基于教师的讲授，学生听课、记笔记，完成作业，考试测评。以往的教学内容过度注重单一知识的传授，缺乏鲜活典型语言实例的介入，更缺少实际语言场景的模拟教学和应用。

（3）评价模式单一，以总结性评价为主。传统"现代汉语"课程以考试测评为主，缺少过程性评价内容、策略和步骤。学生学习整体上属于被动学习，只能被动接受老师讲授的内容。而长期的被动学习，使得越来越多的学生失去了主动思考和创新的能力。对于学习能力无法考评，更不能激发学生的潜能和创造性。

"现代汉语"课程教学改革大多立足教学方式或手段的变化，鲜少有人尝试课程思政的融入。在多年教学实践中，我们首先通过沉浸式研学计划，让学生感受汉语的魅力，开启学生学习动能；其次通过"三新""五践行"课堂活动将社会主义核心价值观基因植入课程，建立全方位互动的实践教学模式，推进形成性评价；最后实现学生"五维度"全方位的成长。

## 一、沉浸式研学计划开启学习动能

沉浸式教学（Immersion Education）是沉浸理论在教学实践中的应用，这一概念源自加拿大首创的"沉浸式双语教育"，是指掌握一种语言的学童进入一所以第二种语言为教学语言的学校，教师用第二语言教授学科内容，从而培养出第二语言和母语一样精通的人才。[①]这一教学方法在加拿大取得成功后，被推广到美国等其他国家，并且第二语言的语种也随之逐步丰富，影响力也随之扩大。近年来，我们将这一概念引入汉语教学，沉浸式教学在我国已有初步探索和实践。"现代汉语"课程思政正是在建构沉浸式教学过程中帮助学生开启学习动能的。

"现代汉语"是汉语言文学专业的核心课程，但由于以前的课程设置偏重知识内容的讲解和系统语言学知识的考察，学生很难在学习中感受到学习乐趣，无法开启学习动能。我们的课程改革正是通过如"时空驿站""春天

---

① 袁平华、俞理明：《加拿大沉浸式双语教育与美国淹没式双语教育》，《比较教育研究》2005 年第 8 期，第 87 页。

的古文字约会""《掬水月在手》的点映""你身边的朗读者""探访孤山路28号""越调吟诵""昆曲——非遗之美"等等沉浸式研学计划为学生开启了学习动能,让学生感受到文字之美、文献之美、文化之美。"时空驿站"是让学生"穿越"到没有文字的时代,体验人们如何进行交流和沟通,体验文字是如何产生的。"春天的古文字约会"是让学生用甲骨文或者小篆等古文字写一封"情书",要求交代清楚与友人相约在何时何地以及活动内容,也就是让学生沉浸在一种氛围中去感受古文字之美,并让学生觉得用古文字写诗文是一件可以做到的事情,激发学生的学习潜能。"《掬水月在手》的点映"是带领学生观看关于叶嘉莹先生的纪录片,感受叶嘉莹先生的成长经历和其传承发扬诗词文化的足迹。叶嘉莹先生将一生都奉献给了祖国的诗词文化研究与传承,是后辈学人的榜样。"你身边的朗读者"是学生自行组织阅读经典文献,并以朗读者的形式推荐影响自己的经典。通过班会或文艺活动的形式使学生成为阅读主角和推荐主角,他们会更愿意深入地阅读文献,通过语言表达的方式交流阅读心得,这样既锻炼了学生的表达能力又能让他们完成主动阅读。"探访孤山路28号"是带领学生前往杭州孤山路28号。孤山路28号是浙江图书馆古籍部所在地,这是国内最早的图书馆之一,并有文澜阁藏书。这里的文献典籍承载着不凡的历史故事和文化。学生一到这里就会被环境、文化所吸引,他们就会更愿意了解这里曾经发生的历史和故事。"越调吟诵"和"昆曲——非遗之美"则是将越调专家和昆曲专家请进"现代汉语"课堂,老师们不仅奉献出精彩的现场表演,而且为学生现场讲解吟诵、昆曲背后的知识与文化。学生们都纷纷表示以前从未了解吟诵和昆曲是如此之美,这种形式为他们打开了一扇门,他们愿意走进这扇传统文化的大门,欣赏并继承这些优秀传统文化。在这种沉浸式教学过程中,学生的各种感官都受到了正向的刺激,不仅感受到了汉语的无穷魅力,而且自觉自愿地去了解并学习汉语和相关文化。

## 二、"三新""五践行"的课堂活动激发双轨心智模式运转

"心智是人们用于描述、预测和解释外部事件的一种认知结构。"心智也是思维模式的体现，思维过程又可简化为自动模式（Automatic Mode）和控制模式（Controlled Mode），其实质是直觉决策和理性决策。直觉决策行为依赖自身图式与知识情感，它不需要分析资源的参与。理性决策行为符合理性假设，它需要个体具备一定的逻辑分析和理性思考能力，两种决策思维共同组织了人的双轨心智模式，共同对人的思维和行为起作用。[1]通过"三新"手段实现的"五践行"课堂活动正是通过设定不确定因素，引入竞争机制，激发学生双轨心智模式的运转，调动直觉决策和理性决策思维，共同完成各项课堂任务，真正实现知识的正迁移。

将"新方法""新手段""新资源"融合进课堂主讲、现场回答、网上互动、课堂反馈等，旨在建立一种"全互动开放型"的现代汉语思政教学课堂模式。同时，在课堂上实现"五践行"，即"'语'时俱进""对话经典""人体雕塑""商大·朗读者""文化课堂"。"'语'时俱进"是指让学生解读习近平总书记引用过的古文经典，并用新时代学生的眼光进行理解和评价。"对话经典"是让学生直接对经典文献中的观点进行辩论，在辩论中学生可以重新解构自己对经典的理解，有时候甚至重塑学生的世界观。"人体雕塑"是学生通过肢体动作的方式表达语言要素——语音、词汇等，例如：让学生通过肢体语言表现国际音标；学生通过小组来表现成语、歇后语；等等。肢体语言的加入让学生更加容易全情投入，身体记忆更容易唤醒学生的各类知觉，帮助学生理解词汇等语言要素。"商大·朗读者"是以"朗读打动人心"为口号，每期邀请多位有丰富经验的浙江工商大学的老师和同学，通过朗读的方式分享自己的心得和故事，共同展现了丰富多彩的浙江工商大学人文生活。活动至今已开展 3 期，邀请了近 40 位老师和同学，

---

[1] 宫龙江、姜军、徐晓宇等：《大学生优良心智模式培养的有效途径》，《赤峰学院学报》（自然科学版）2013 年第 24 期，第 94—95 页。

被浙江教育在线等多家媒体报道。"文化课堂"是指学生自己创作、改编经典，以自己的视角重新解读经典在当今时代的现实意义。例如说解《论语》《礼记》等。

综上，学生通过"三新"手段在课堂上完成"五践行"的活动，不仅调动了学生参与学习的积极性，更重要的是通过设置有一定难度或者智力对抗的课堂活动调动学生的直觉决策和理性决策思维，激发学生双轨心智模式的运转，增强学生在课堂活动中的体验感，让学生感受到语言学的深刻性、趣味性，使得学生愿意自主投入学习，增加学生在课程学习过程中的形成性获得。

## 三、学生"五维度"能力的综合提升

过去的语言教学中，老师大都是依照着想象和所谓经验来完成对学生的教育的。今天的教育者则必须信任学生内在的、潜在的力量，为学生提供一个适当的环境，激发和促进学生内在潜力的发挥，使其按照自身需要和兴趣获得最大限度的发展，而非简单地完成一门课程。作为汉语言文学中的核心课程，"现代汉语"应承担更多的社会主义核心价值观引导任务，而非简单的理论与知识传授。这门课程的影响也不应该仅止于学期考试，而应该贯穿学生的大学学习生涯，甚至影响学生的一生。

"现代汉语"课程思政正是通过沉浸式研学活动开启学生学习动能的，再通过"三新""五践行"的课堂活动，让学生重新认识"现代汉语"课程，真正感受汉语魅力，在潜移默化中实现"五维度"的成长。

"五维度"成长是指学生在信仰、能力、意志、品行、美育等五方面的全方位成长。"时空驿站""春天的古文字约会""《掬水月在手》的点映""你身边的朗读者""探访孤山路28号""越调吟诵""昆曲——非遗之美"等沉浸式研学活动坚定了学生对优秀传统文化的信仰，同时提升了学生对美的认知能力，这正是学生美育度的成长。"'语'时俱进""对话经典""人体雕塑""商大·朗读者""文化课堂"等"五践行"的课堂实践强化了学生的语言实践能力，增强了勇敢、坚持、韧性等良好的意志品质，同时养成了学生良好的习惯。我们通过这些丰富的课程实践和活动激发学生形成善良的道德意愿、道德情感，培育学生正确的道德判断，提高道德实践能力尤其是自觉践行能力，引导学生向往和追求讲道德、尊道德、守道德的生活，形成向上的力量、向善的力量，实现学生在信仰、能力、意志、品行、美育等五方面的全方位成长。课程既坚定了学生的文化自信，又在潜移默化中让学生把社会、历史扛在肩上，把国家发展、民族复兴扛在肩上。

## 四、结语

习近平总书记指出："中华优秀传统文化是中华民族的精神命脉，是涵养社会主义核心价值观的重要源泉，也是我们在世界文化激荡中站稳脚跟的坚实根基。"[1]汉语是中华文化的重要组成部分，也是传承中华传统文化的重要载体。新时代的中国精神和文化自信都需要中国声音的传达和表现。"现代汉语"课程思政不仅在教学方法上注重开拓创新，而且旨在建立一种"全互动开放型"的思政教学课堂模式。在倡导学生自主学习、合作学习、探究式学习的同时以"润物无声"的方式将正确的价值追求、理想信念和家国情怀有效地传递给学生，促进学生在信仰、能力、意志、品行、美育等五方面的全方位成长。课程通过"新方法""新手段""新资源"，实现知识传授与价值引领相结合，将课程思政贯穿于汉语言文学专业教育教学全过程，重新理解传统中国，在充分吸收西方文科知识话语的基础上，提炼出有效解释中国现代化的知识话语，培养一批符合时代需要的具有国际视野、人文情怀、专业素养的应用型卓越拔尖人才。

---

[1]《习近平在文艺工作座谈会上的讲话》，2015 年 10 月 15 日，http://jhsjk.people.cn/article/27699249。

# 人文教育的"知行合一"与戏剧表演

## ——以汉语 1801 班"西方戏剧史"的课堂表演为例 [①]

陈 军 [②]

**摘 要：** 在相当长的时间里，九年制义务教育和大学文科教育均未将戏剧表演纳入课程体系中。然而对人文教育来说，戏剧实践可以比较有效地达到"知行合一"的目的。基于此，笔者尝试"读演"结合的方式来安排"西方戏剧史"课程的教学任务。从笔者在 2020—2021 学年（第二学期）汉语 1801 班"西方戏剧史"课程的实践可以看出，通过戏剧表演的训练，学生能够比较专注地投入文学作品的阅读和理解中，更重要的是，学生在表演的团队合作中体会到"做"一个人的感觉，还顺带增强了同学间的情谊。大家在课堂上"以文会友，以友辅仁"，并在这种难得的学习气氛中达到"知行合一"的人文教育目的。

**关键词：** 人文教育；知行合一；西方戏剧史

无论在西方还是在中国，古典时代的各科教育在本质上均为人文教育，旨在培养身心健康且完整的人。在如今讲求专业化、学科化的时代，人们往往更多地将人文教育理解为接受文学和艺术的熏陶。而从文学和艺术的角度说，与西方国家普遍将戏剧实践作为非常重要的科目纳入人文教育体系相

---

[①] 本文系浙江工商大学 2020 年教学改革项目"'西方戏剧选读'与表演实践"的研究成果。

[②] 陈军，浙江工商大学人文与传播学院副教授，博士，研究方向为西方戏剧理论。

比①，虽然中国近年来越来越重视戏剧实践的教育，但长期以来在中国的文学艺术教育体系中并没有设置戏剧实践这一科目。另外，在义务教育阶段，文学中戏剧部分的学习尽管主张通过课堂分角色扮演来完成，但对大部分学校和学生来说，阅读和做题仍然是学习戏剧的主要方式。

不带偏见地说，无论是欧美注重表演实践的戏剧教育，还是中国偏重阅读和做题的戏剧文学教育，两者的目的当然都是塑造和培养学生健全的人格、全面的素质和创造性、开放性的思维。只不过，从"知行合一"的角度看，偏重阅读理解的戏剧文学教育更多地停留在"知"的层面，而"行"的层面尚待完善和练习。因此，对于2020—2021学年（第二学期）汉语1801班的"西方戏剧史"课程，笔者尝试从两个方面——课堂分角色朗读剧本和期末课堂表演来开展戏剧实践，以达到人文教育之"知行合一"的目的。

2020—2021学年（第二学期）汉语1801班的"西方戏剧史"课程一共15周，其中第一周笔者从比较戏剧学的角度，给学生简要介绍了中国古典戏曲与西方戏剧的本质差异，即在中国古典戏曲的舞台上，核心的审美资源是抒情性的歌曲以及演员的舞蹈，而西方戏剧舞台的核心审美资源是错综曲折、充满戏剧性的故事。根据中西戏剧的这一本质区别，我挑选的剧本有极具戏剧性冲突的当代剧作家莱莱子的《短剧四则》、《赵氏孤儿》（英国芬顿版）、《青春禁忌游戏》、《死无葬身之地》，也有戏剧性冲突较弱而内心激情溢满舞台的《哥本哈根》《我们的小镇》，以期从古今中西4个维度来让学生理解和体会西方戏剧。在学习过程中，每一次课，笔者均会挑选若干学生，随机分配角色朗读剧本。事实上，在朗读剧本的过程中，一些有心的学生已经意识到看或阅读戏剧作品和分角色朗读戏剧作品的不同。其中最大的区别就是，朗读的时候朗读者已经从上帝视角的读者转变为角色而介入剧情中，只不过这种介入还很模糊，学生往往从剧情中间脱离出来后，就开起了

---

① 在20世纪八九十年代，欧美的戏剧教育进入普通教育领域。最近几年，欧美国家还开始设置青少年的戏剧教育课程准则，如欧盟教育委员会从2011年开始为欧洲20多个国家的青少年设置了戏剧教育策略准则。另外，笔者翻译的《美国2014版国家核心艺术课程标准概览》（未出版，原文详见http://nationalartsstandards.org/）为幼儿园到高中阶段的学生编写了戏剧课程标准。

小差。课堂上经常出现的情况是，学生时常忘记自己的角色，沉浸在他人的朗读中。

在前8周的读剧课上，通过学生朗读，我在中间穿插讲解的方式，不仅从"知"的层面，让学生在课堂上学习了解了西方戏剧的基本知识，而且在一定程度上，从"行"的角度说，学生在读剧中已经开始慢慢进入戏剧情境，开始学习扮演角色。

后7周，学生根据自己的兴趣喜好，各自组队排演外国戏剧，每个组表演30分钟。学生排演的作品分别是《女店主》《禁闭》《一仆二主》《秃头歌女》《枕头人》《阴谋与爱情》《一个无政府主义者的意外死亡》《捕鼠器》《十二怒汉》《仲夏夜之梦》。从学生的课堂呈现可以看出，从挑选剧本、改编剧本，再到排演剧本，基本上每个组都准备得非常充分。学生除了容易出现一些业余演员常犯的表演错误，如背对观众、忘词、表情僵硬不够松弛等，每个组的表演都异常认真投入。其中《枕头人》《阴谋与爱情》《十二怒汉》《仲夏夜之梦》《秃头歌女》5个剧组获得的赞誉最多，尤其是《枕头人》剧组，在最后的最佳演员评选中，剧组所有成员都入选了。

笔者布置的期末作业是"阅读剧本和演出剧本的感受有何不同"。从学生上交的作业情况来看，本次戏剧实践课是非常成功的，我们可以从作业中学生所描述的感受，反观戏剧实践对人文教育之"知行合一"的作用。

首先，戏剧实践几乎能够让所有学生投入作品中。汉语1801班共51人，学生多，素质参差不齐，因此很难说每个学生都热爱文学热爱艺术，很多学生选择中文也许只是阴差阳错或者单纯因为中文系不学数学"容易"毕业。事实上，让学生"知道"读书重要很容易，但要真正去"行"，去深入地读书却很难。在期末作业中就有若干学生表示自己并不喜欢阅读文学作品，但是戏剧表演无意中起到了督促他们沉下心来深入理解文学作品的作用。结果，这些学生感到文学世界、戏剧世界向他们敞开了一扇全然不同的人生大门，里面的生活别有洞天。或者也可以说，戏剧世界的"美"打开了他们的审美感官，让他们体会到了文字的美、文学的美和艺术的美。

其次，戏剧实践真正让学生意识和体会到"做"一个人的感觉。一个非常直接的效果是，好几个学生都提到，自己平时是个胆小的人，不敢当众说话，更不敢当众去表演。随着排练次数的增多，最后真正上台表演的时候，他们发现自己已经能够保持较平和的心态去当众说话和表演了。因此戏剧表演训练不仅提升了学生的胆量和自信心，也让他们了解到自己的潜力。

对学生来说，除了提升自信，更重要的是通过戏剧实践客观地理解自己的道德品性。许多学生都有一个很深刻的体会，自己在默默阅读剧本的时候，需要发挥想象力，很多时候是从上帝视角来想象所有的人物和故事情节。这意味着，阅读剧本和阅读小说、看电视电影没有根本的区别，都是某种程度上抱着看客的心态，以近乎全知视角来观摩人间百态。汪安萍同学在作业中说："在读作品时可以想象场景、人物、故事的走向……当真正代入角色之后，我们清楚了解了人物的生平脉络，想象的空间就被急剧压缩了。"当想象的空间被压缩之后，作为演员的学生事实上已经进入了剧情，成为一个角色。在日常生活中，我们也是某个角色，只不过常常是不自知的，但在戏剧中学生对所扮演的角色之性格特征、行为喜好有非常自觉的意识，然后又努力地装出不自知的样子。邓雨兰同学说："当我开始尝试自己去表演时，神奇的事发生了：我与剧本之间的隔离感仿佛一下子消失了。在难以分辨真实和虚构的剧本语言里，'表演'让我和剧本人物成为面对面相处的朋友，我站在他们的面前，聆听他们内心的苦闷，为他们的悲伤而悲伤、喜悦而喜悦。我们同处于一片天地，有着各自的苦难，也分享着彼此的情绪。"

汪安萍和邓雨兰两个同学意识到演戏就是有意识地去演一个人，甚至去成为一个人，尽管这个人不是自己。正是在这种自觉意识到成为一个人的过程中，学生真切地用"行"体会到了怎么做才是高尚的，而怎么做又是丑陋的。比如扮演《女店主》中侯爵的缪雪晴同学写道："我饰演的侯爵比较好面子，所以我尽量在与别人说话的时候稍微昂起头，表现出比较傲娇的样子……我在上场的时候左手拿着一顶帽子，之后大部分时间都用左手把帽子托在身体正前方，一方面可以彰显侯爵的身份和对礼仪的在意，另一方面也能缓解身体动作的僵硬程度……侯爵的心理基本上都是强装体面和保持贵族尊严，所以谈到钱时我的眼神有时会特意乱瞟，但随之又表现出理直气壮的感觉。"

演戏就是自觉地"做"一个人，而且这种自觉是一种居间的状态，演员既沉浸在角色里面，其元神又时时跳出来观照所扮演的角色。像这样真切的体会，还有很多学生也写到了，最令人感动的是盛栩莹同学。她说扮演警察的过程忽然让她更深刻地理解了自己的父亲。我相信，在理解父亲的同时，她一定也会更加了解自己。

除了在角色中理解人物的言行，从而达到"知行合一"的状态外，还有很多学生在小组排演过程中锻炼了团队合作的能力，加深了同学间的情谊。在学习中交朋友，在交朋友中学习，"以文会友，以友辅仁"，这事实上也是一种"知行合一"。比如陈羽同学说："团结合作在我们的排练中得到了充分体现，增加了同学之间的友谊，也锻炼了大家的合作能力。同学之间默契的配合、互相的理解、共同的努力使我感受到了家的味道……我们感受到了暖暖的友情，我们感觉到了团结的力量，我们也从戏剧中看到人生的无常，还有我们前进的力量。"再如洪晓蝶同学写道："这次戏剧表演我最大的收获就是和其他5位组员建立起深厚的感情。我们之前的感情基础属于中等偏上，但通过这将近半个月的'厮混'，我们的友谊更上一层楼了。"

再次，很多学生在学习了文学概论之后，会发出疑问：生活和艺术之间到底应该如何区分？有些关注经典戏剧的学生也会问出"经典戏剧该如何才能进入当代人的生活，中国古典戏曲的出路到底在哪里"这样的问题。也就是说，如果在人文教育的意义上，我们说戏剧表演是"知行合一"，那么在学习知识的意义上，戏剧表演的"行"反过来也能够促进学生对戏剧、对艺术的"知"，所谓开放性、创造性的思维才有现实的根基，而不是凌空蹈虚，无中生有。

通过本学期"西方戏剧史"的课程实践，笔者意识到，删去书面测试的考核方式，将课堂戏剧表演和之后的演出感受总结作为考核方式，不仅达到了良好的学习效果，而且学习知识和学习做人两方面能够非常妥帖地结合在一起，实现"知行合一"的教育目的。在将来的"西方戏剧史"课上，笔者打算把"知行合一"的教学方式继续贯彻下去，继续发挥戏剧在人文教育上的优势。

# "纪录片专题研究"课程思政的教学探索与实践①

李 蓉②

**摘 要**："纪录片专题研究"课程在多年建设中，始终以马克思主义新闻观为引领，通过深入挖掘思政元素，不断在教学改革中落实立德树人，并积极开展多维探索。课程教学探索与实践主要表现为：一是落实立德树人，构建三维目标；二是深挖思政元素，体现三全育人；三是打造全景课堂，提供多样资源。为了更好地提升课程教学，本文将从教学内容持续更新、开拓产教融合空间、教学模式创新与推广等方面进行探讨。

**关键词**：纪录片；课程思政；三全育人

"纪录片专题研究"课程开设 11 年来，其建设经过了 3 个阶段：第一，教学初创期（2010—2011 年）。以课堂理论讲授为主和实践拍摄为辅，综合运用案例法、启发式、观摩式、讨论式等教学方法。第二，教学突围期（2012—2016 年）。注重思想引领和职业认知，采用翻转课堂、项目制、工作坊式。以纪录片创作流程展开系统性、链条型的课程设计，由创作导师领衔，对学生进行职业角色分工模拟，展开分组教学。第三，教学纵深期（2017 年至今）。注重课程思政与专业育人结合，将课程思政写入教学大纲、教案和教学日历的具体章节中。融入"互联网＋"手段，课程团队录制同名线上课程"纪录片专题研究"，撰写配套新形态教材。以线上线下结合、现

① 本文系浙江工商大学 2021 年新文科研究与改革实践项目"新文科视域下高校新闻传播专业内涵建设与人才培养模式研究"的研究成果，同时是浙江工商大学 2021 年校研究生教学研究与教学改革项目"新文科视域下新闻与传播专业硕士实践教学路径探索"（项目编号 1140XJ7121019）的研究成果。
② 李蓉，浙江工商大学人文与传播学院副院长，教授，博士，主要研究领域为新闻传播学。

场教学、举办首映路演和点映活动、BOPPPS（参与互动式）教学法等展开全景式教学，体现师生互动、生生互动和师师互动。经过多年建设，目前"纪录片专题研究"被评为省课程思政示范课程、省一流课程、省精品在线课程，现将该门课程的教学探索与实践总结如下。

## 一、落实立德树人 构建三维目标

课程思政"既要服务于专业人才培养目标，凸显学校育人特色，又要服务于立德树人这一根本目标，凸显课程培养担当民族复兴大任的时代新人和德智体美劳全面发展的社会主义建设者和接班人的主体性意识"[①]。结合我校"大商科"办学特色，"纪录片专题研究"课程以马克思主义新闻观为引领，培养基础宽厚、财经新闻特色鲜明、具备全媒体传播能力的融合创新型新闻专业人才。探索在商科学校如何将纪录片与地方经济发展相结合，讲好浙江故事。课程面向新闻学大三学生开设，突出高阶性、创新性和挑战度，注重对学生综合能力的培养和素养的提升。课程目标从 3 个维度展开：知识目标体现在理论构建和方法掌握上，即系统掌握纪录片的理论、流派、导演和作品知识，掌握深度访谈、田野调查等方法，掌握纪录片选题、拍摄、剪辑、解说词撰写和配音；能力目标体现在分析能力和创作能力上，即让学生对纪录片具有分析思维和影评撰写能力，学生能原创作品，具有理论与实践相结合的能力；素质目标体现在课程思政、课程美育和团队精神上，即学生具有家国情怀、国际视野、理念信仰、担当意识、美学体验和人文情怀，学生能形成良好的合作意识、创新意识和协同能力。

在纪录片的教学实践中，以下问题值得关注和思考：第一，对学生高阶能力培养不足的问题，即如何将理论学习的深化能力和实践培养的应用能力高度结合；第二，学生作品创新性不够的问题，即如何将思政目标中的家国情怀、国际视野与作品创作紧密衔接，让学生的作品呈现出正确的价值观和创新思维；第三，学生在实战中经验缺乏的问题，即如何提升学生对创作中

---

① 聂迎娉、傅安洲：《意义世界视域下课程思政的价值旨归与根本遵循》，《大学教育科学》2021 年第 1 期，第 75 页。

各类问题的处理能力，体现教学机制的灵活性和挑战度。

## 二、深挖思政元素 体现三全育人

纪录片是一个国家的相册，是历史钩沉中的时代写照，是岁月章回中的群体画像，是民族与社会的媒介记忆，博大精深又细致入微。"纪录片专题研究"课程注重在纪录片教学中融入家国情怀、人文精神和美育教育等课程思政元素。课程体系完备，在理论和实践中注重课程思政的挖掘，将纪录片的艺术美学与制作、传播结合。

"纪录片专题研究"课程的育人元素体现为"五大要素、六项教育"全覆盖，内容涵盖政治认同、家国情怀、文化素养、宪法法治意识、道德修养，涉及中国特色社会主义和中国梦教育、社会主义核心价值观教育、法治教育、劳动教育、心理健康教育、中华优秀传统文化教育。

由此，本课程形成了"价值引领＋多维实践＋职业体验"特色。立足新媒体传播的新环境，充分挖掘育人元素，将对学生的家国情怀培养与社会各方面紧密衔接，通过多元化的实践，与业界密切联系协同育人，在互动型教学过程中让学生进行职业体验，培养综合能力，体现"两性一度"：一是教学设计将思政内容与理论讲授紧密结合，注重思想引领，体现高阶性；二是教学模式注重将课程思政融入三全育人全过程，体现创新性；三是教学方法突出以生为本的思政教育，学养和素养的双提升，体现挑战度。"课程思政在一定程度上实现了价值塑造、知识传授和能力培养的有机统一，从而终结了'智'与'德'的分离。"[1]

"纪录片专题研究"课程思政的切入点及其实施路径主要体现在"教学＋讨论＋实践"全融入。先是教学引入，通过解读经典纪录片，帮助学生树立正确的价值观和方法论，增强对党的创新理论的政治认同、思想认同、情感认同，坚定中国特色社会主义"四个自信"。如讲解人物类纪录片时，注重发挥先进人物的榜样力量和示范作用，号召学生向这些人物学习；

---

[1] 李晓培、胡树祥：《新时代高校课程思政的话语表达与当代意义》，《思想教育研究》2021 年第 1 期，第 104 页。

讲解自然类纪录片时,让学生了解祖国大好河山,增强民族自豪感。再是讨论植入,通过讨论优秀纪录片,培养学生形成正确的判断力和是非观,激发学生对国家和社会的思考。如讲解文化类纪录片时,教育引导学生传承中华文脉;讲解社会类纪录片时,让学生关注弱势群体,体现人文精神。之后是创作深入,严把学生的纪录片选题,体现真善美的人文情怀。培养学生在创作中自觉弘扬中华优秀传统文化、革命文化、社会主义先进文化。如学生拍摄"非遗"题材,记录传统文化的前世今生;拍摄年轻人创新创业经历,弘扬主旋律;拍摄无障碍出行,关心残障人士。

此外,依托省内题材纪录片在本土拍摄的优势,采用实地走访的现场教学方式加深学生的认知。通过对省内题材纪录片拍摄地的探访,增强学生对地域风物的了解和认同,让学生油然而生崇敬之情。以本土资源为依托,带学生去纪录片拍摄地参观,领会编导的创作意图,还原创作情境。

如讲到《孤山路31号》时,带学生去西泠印社参观,将沿途典故与发展历史讲授给学生,让学生感受中国传统金石文化,寓学于游。讲到微纪录片《了不起的乡村》时,组织学生去浙江美术馆观看中国山水画家周燕的主题画展"溪山清远",进一步从艺术角度加深对"绿水青山就是金山银山"理念的深刻理解。画家周燕描绘了浙江山水,以浙江美丽乡村为主要对象,以此展现浙江风貌、浙江精神。观看此主题画展,深化了学生对"绿水青山就是金山银山"理念的理解,增强了学生对祖国美丽山水的自豪感。再如讲到《南宋·临安梦华》时,带学生参观西溪湿地公园,加强学生对生态文明的理解,讲述花朝节的由来,激发学生对自然的热爱。

## 三、打造全景课堂 提供多样资源

"纪录片专题研究"课程通过打造"四域、三维、两结合"全景课堂,提供"一体两翼"的特色资源、多样资源,实现教学内容的多元呈现。

"四域、三维、两结合"是指打造"课堂、影院、社会、网络"四大学习空间,贯穿到课前、课中、课后,结合线上线下教学,联系业界进行协同育人。将校园文化建设与大学服务地方社会相结合,开展多维实践,强化学生高阶能力的培养，实现复合型共赢指向——学生受益、学校受益、社会受益。

"四域"指的是多元拓展空间展开教学内容，形成立体化课堂。如利用智慧教室，按不同教学内容进行桌椅的场景化布置，如教师主导型与圆桌讨论型。在影院，选择影片的优秀纪录版作为教学观摩的内容；深挖本土教学资源，带学生探寻本土纪录片拍摄地，实地展开现场教学。利用网络，发布作业内容，在慕课 SPOC 班级里发布习题、案例和讨论题。以影院观摩为例，课程团队和学生共同撰写影评并向影视公众号投稿。比如：《掬水月在手》，引导学生思考叶嘉莹先生对于传统诗词文化的坚守与传承；《我只认识你》，引导学生关注老年痴呆症患者，思考如何对待亲人的生老病死；《乡村里的中国》，引导学生审视二十四节气中的乡村生活常态；《零零后》，引导学生关注作为同龄人的零零后的成长；《往事如昨》，引导学生思考如何理解岁月沉淀下来的同学情，如何坚守初心。其目的，一是培养学生的独立思考能力。好的纪录片对于人生有启迪意义。课程所选取的电影都是当下推出的纪录片，具有时新性，学生观摩后及时撰写影评，有助于独立展开思考。二是深化理论学习，锻炼理性思维。完整的观摩有利于学生形成对影片的整体意识和宏观思维，再通过影评撰写，深化对理论知识的理解，并且对自己的创作也有指导意义。把学生撰写的影评心得择优编辑重组，做成微信公众号文章进行推送。这样的方式有利于学生成果的积累和保留，也有利于教学的过程性评价。

"三维"是指充分应用 BOPPPS 教学法展开教学设计。在课前，列出知识清单和所要观摩的纪录片，让学生预习。在课中，先是导入（Bridge-in），通过案例引入展开教学暖场，注重融入思政元素；根据学习目标/结果（Objective/Outcome）讲述课程目标和教学内容；前测（Pre-assessment）是以提问的方式考查学生的预习情况；参与式学习（Participatory Learning）是详细展开课堂教学；后测（Post-assessment）是检验学生对知识的掌握情况；总结（Summary）是对课堂进行归纳提升。在课后，布置理论作业，以文献阅读、纪录片观摩和测验题等为主；布置实践作业，以纪录片创作实现知识到成果的转化。

　　"两结合"指的是"学界和业界、线上和线下"相结合。邀请业界导师进课堂和授课老师共同给学生作品点评打分，讨论时体现师师互动、师生互动和生生互动，使成绩评定更为科学合理。将教学内容在线上进行发布，常识性的知识用于线上自主学习，在线下课堂对学生线上学习情况进行抽查检验，巩固学生的记忆。

　　在组织实施上，分为"讲、评、创、映、测"五个模块。课程共 48 学时，每周 3 学时。其中，课堂精讲（24 学时）：运用翻转课堂法，聚焦前沿理论。由负责人主讲，团队成员和媒体精英授课作为补充，选题讨论时采取头脑风暴法。影评撰写（3 学时）：采用观摩式教学法，组织点映活动，增强教学情境的代入感，以当下优秀纪录电影作为研究蓝本，通过观摩优秀的纪录片，提升学生的理论素养、对纪录片的分析能力和影评撰写能力。原创作品（9 学时）：采用角色分工法和项目导向制，课程团队追踪拍摄进程，及时对学生创作所遇难题提供指导。首映活动（3 学时）：以路演的方式展开互动式教学。学生分小组演示汇报，业界专家对作品提问、点评、打分并颁奖，成片在学院官方微博上展映。原创纪录片首映活动邀请业界专家和校内专家进课堂，由学生做 PPT 汇报，专家对学生公映作品进行点评、讨论和打分。学院先后举办 3 届原创微纪录片首映活动，获得了钱江晚报、新浪网、中国教育在线、浙江在线等 10 多家媒体的肯定性报道，其中《浙商大新闻系教改：用纪录片讲好"浙江故事"》获 2017 年度"中国高校校报好新闻奖"一等奖。3 次原创纪录片首映活动的主题分别是"微视角 大情怀""微镜头 大世界""微纪录 大视野"。通过作品创作，加深了学生对媒体人的职业观理解，培养了他们的责任意识。媒体对纪录片活动进行报道，对教学经验形成记录和总结。在主题的选择上体现了学生对传统文化的关注、学生的家国情怀和人文精神，如"非遗"文化、大学生 UP 主的故事、流浪狗收容中心、小人物的梦想、校园后勤的蒋师傅默默奉献的故事、残障人士出行的问题、汉服历史与文化、古着文化、越剧青年演员的成长故事、丝绸文化和背后的故事。通过创作心得总结进行研讨，联合业界进行协同育人。

本课程邀请过多位业界老师和资深媒体人进课堂点评学生作品，开展交流，形成对作品的多维度评价。线上测试（6学时）：落实"互联网+"教学，通过微信群、学习通和钉钉群，指导学生完成线上预习、单元测验和考试，参与讨论区发帖。

在成绩评定上，注重过程性考核与结果性考核相结合。其中，作业和考试占30%，意在考查学生对知识、概念和理论的掌握；创作占40%，用于考查学生的创作能力；影评占20%，用于考查学生的赏析能力和文字能力；课堂互动占10%，用于考查学生的课堂参与度：最后的总分＝作业考试×30%＋创作×40%＋影评×20%＋课堂互动×10%。

在资源建设上，打造"一体两翼"的特色资源，即以"课程资源＋线上MOOC资源"为主体，以"校内实训平台和校外实践基地"为两翼。具体来说，课程资源＋线上MOOC资源，包括教材、28个教学视频（共320分钟）、教案、纪录片资源库、思政案例库、实践作品库，单元测验、题库、网络资料、纪录片公众号等数字化资源。校内实训平台资源，包括第e线新闻实训工作室、高校VR工作站、文科实验楼、全媒体演播中心，课程团队指导学生拍摄并用于成果推广。校外实践基地资源，依托部校共建，与浙江日报建立短视频实习基地，与教育部容艺短视频、浙江卫视建立合作，供学生实践锻炼。此外，课程团队均有媒体工作的经历，有丰富的业界资源。优秀毕业生在媒体工作，是反哺课程的校友资源。

综上所述，课程通过价值引领和思想塑造，实现了培养目标，解决了教学中的问题，并体现为最终的成果产出。一共有11届学生掌握了纪录片原创能力，作品成为其毕业求职的代表作。作品多达80部，形成大学校园、地方经济文化和社会现象3个系列，多方面讲好浙江故事、传播浙江形象。课程团队积累了丰富的教学经验，笔者受邀参加浙江省高校课程思政交流会议，做关于该课程思政教学的经验介绍，去浙江大学城市学院、浙江树人大学等做建课经验介绍。教学视频获省高校微课比赛二等奖、中国教育电视台"视友杯"比赛三等奖等。策划原创微纪录片首映活动，获钱江晚报、新浪网、中国教育在线、浙江在线等10多家媒体肯定性报道，称"纪录片的摄制让人对家乡爱得深沉"。学生作品获全国大学生 VR 大赛三等奖和优秀奖、"视友杯"二等奖和三等奖、省多媒体大赛一等奖和三等奖、省高校 VR/AR 大赛一等奖。

在未来的教学探索中，我们将从以下三个方面加以提升：一是教学内容持续更新。根据传媒行业快速迭代发展的特点，持续追踪行业前沿，不断更新教学内容，确保课程"两性一度"。二是开拓产教融合空间。以产教融合实践基地建设为依托，拓展纪录片课程实践教学资源，紧密对接行业产业，提升学生专业能力。三是教学模式创新与推广。在现有在线教学资源基础上，探索混合式教学模式，构建"理论 + 实践"和"线上 + 线下"的学习生态，进一步推广"互联网 + 教学"，提升课程质量，扩大课程受益面。

# 马克思主义新闻观在新闻专业课程中的
# 隐性设计路径初探 [1]

张雅娟 [2]

**摘　要**：马克思主义新闻观是指导我国新闻实践的价值观，也是中国特色新闻学的"定盘星"。新闻专业肩负着培养未来新闻人的重要任务。在新闻专业的教学过程中，将马克思主义新闻观隐性设计于理论教学、实践教学之中，是完成专业课程思政的重要举措之一。将马克思主义新闻观隐性设计于教学实践中，需要课程之间打破条块分割的壁垒，形成合力，组成课程思政群，也需要教师在教学过程中关注社会热点，组织学生进行课堂内外的讨论，要组织学生结合国情开展采访实践，加深对新闻理论以及马克思主义新闻观的理解，加强对新闻工作的事业认同以及家国情怀、法制意识、社会责任感等。

**关键词**：新闻专业；马克思主义新闻观；课程思政；隐性设计

中国大学的使命与党和国家的利益紧密联系在一起。作为职业传媒人的培养基地，高校新闻传播专业承担着新闻传播人才培养的重要责任，也肩负着对未来新闻传播人才进行思政教育和马克思主义新闻观教育的重任。习近平总书记多次提出要加强马克思主义新闻观教育，要将马克思主义新闻思想贯穿于新闻传播人才培养的全过程。

马克思主义新闻观是中国特色新闻学的"定盘星"。马克思主义新闻观

---

① 本文系浙江工商大学 2021 年度校级本科课程思政教学改革项目、浙江工商大学 2021 年度高等教育研究课题"大商科背景下马克思主义新闻观在新闻业务类课程中的隐性设计与实践路径研究"的成果之一。

② 张雅娟，女，浙江工商大学人文与传播学院副教授，主要研究方向为新闻业务、文化传播。

是指导我国新闻实践的价值观，其核心观念强调新闻传媒是党、政府和人民的耳目喉舌，要以正确的舆论引导人，坚持党性和人民性相统一。在校大学生处于知识吸纳和价值成长的"易感"期，面临着时代变迁的他们，思想和行为上更多元化，在新一代大学生中，尤其是在新闻专业课程的课堂教学过程中如何传播马克思主义新闻观，是当下新闻专业教学过程中面临的挑战，也是新闻专业课程思政的重要任务之一。

新闻专业是一门知识性、思想性和实践性都很强的学科，课程与课程之间的相关性、连续性极强，新闻学科课程思政必须结合新闻专业课程特点才能实现有效性。马克思主义新闻观既指导我国的新闻事业，也是社会主义新闻教育的指导思想。将马克思主义新闻观贯彻到新闻教育的每个环节，是积极探索新闻专业课程思政建设的重要内容，也是新时代对新闻教学的新要求。

课程思政是指在教学过程中将思想政治教育元素，包括思想政治教育的理论知识、价值理念以及精神追求等融入各门课程中，潜移默化地对学生的思想意识、行为举止产生影响。新闻学专业作为一门实践性很强的专业，课程中蕴含着丰富的思想政治内容。新闻学科的课程思政有其自身的特殊性：新闻、新闻学与政治的关系特别密切；作为新闻学研究对象的新闻、新闻媒体和新闻舆论工作与社会舆论的关系特别密切；新闻与意识形态的关系特别密切。[①]正因如此，在新闻专业的教学过程中，合理有效地进行思政教育尤其重要。

新闻教育处于新闻舆论工作的上游，要为新闻媒体培养和输送人才。新闻媒体在我国经济社会发展中发挥什么样的作用，取决于新闻工作者的政治立场、职业境界和业务素质，而这些都和新闻教育的质量息息相关。在新闻教学中，培养什么人、怎样培养人以及为谁培养人是人才培养的根本问题，需要一整套完善的思想体系加以指导。如果新闻教育的政治方向不正确，培养出来的人价值观有问题，那么，新闻舆论工作的后续问题就会接连不断，

---

① 丁柏铨：《新闻学科课程思政：特殊性、有效性及实施路径》，《当代传播》2020 年第 6 期，第 9—10 页。

甚至会产生灾难性后果。

新闻教育要把马克思主义新闻观贯穿到新闻理论研究、新闻教学中去，使新闻学真正成为一门以马克思主义为指导的学科，使学新闻的学生真正成为树立马克思主义新闻观的优秀人才。这个目标的实现需要将马克思主义新闻观通过显性和隐性的方法贯彻到新闻专业的教学过程中，通过深化课程目标、内容、结构、模式等方面的改革，把政治认同、国家意识、文化自信、人格养成等思想政治教育内容融入理论讲授和专业实践中，实现显性与隐性教育的有机结合，这样才能实现学生的自由全面发展，充分发挥教育教书育人的作用。

马克思主义新闻观是一套完整的理论体系，具有严密的表达规模和逻辑结构。[1] 把马克思主义新闻观教育融入新闻传播人才培养的全过程，就是要根据新形势、新任务、新要求努力开展与新时代相适应的课堂教学，创新案例教学；充分发挥学科优势，拓展协同教学，帮助学生深度理解马克思主义新闻观的新闻实践；将马克思主义新闻观融入实践教学，融入创作实践。实现课程思政常态化、长期化是当下新闻专业教学工作的重要任务，要将马克思主义新闻观隐性设计于新闻专业课程中，课程之间要形成合力，应该做到：

第一，将马克思主义新闻观渗透进理论知识的讲授过程中。

新闻专业课通常分为两种：一种是理论知识类，一种是新闻业务类。其中理论知识类侧重于基本原理的讲授，新闻业务类课程除了理论的教授外，还侧重于培养学生的思考和动手能力，体现为采、写、编、评、播能力的培养。新闻专业性是马克思主义新闻观的立论基础。[2] 新闻理论的课程主要包括新闻学概论、传播学概论、新闻伦理学等。新闻理论课的主要作用是搭建起学生的新闻知识体系，建立起对新闻工作者的职业认同感。这意味着新闻

---

① 刘建明：《马克思主义新闻观的经典性与实践性》，《国际新闻界》2006 年第 1 期，第 10 页。

② 陈力丹：《"遵循新闻从业基本准则"——马克思主义新闻观立论的基础》，《新闻大学》2010 年第 1 期，第 20—28 页。

理论课程对于学生职业观和价值观的形成至关重要。在理论知识的讲授过程中，尤其要注意将马克思主义新闻观贯穿于教学全过程，以帮助学生形成正确的价值判断，树立职业身份认同感。

第二，结合具体的新闻实践，讲授马克思主义新闻观。

马克思主义指导下的新闻教育要求新闻工作者有较高的政治觉悟和政治意识，新闻学是一门实践性很强的学科，新闻专业的学生要有较强的动手能力才能胜任新闻采写编播工作。新闻业务工作主要包括新闻的采写、新闻评论的编写、版面的编排、节目的制作和播出，新闻生产各环节是前后相继的关系，具有连贯性和一体性。比如一个新闻事件发生后，记者要去采访，要完成稿件写作，再交给编辑部门编辑和制作，最后刊登和播报出去。新闻业务知识并非纯粹的技术性问题，业务素养水平的高低直接关系到学生专业技能的掌握程度，也关系到其职业生涯发展的顺利与否，关系到新闻报道过程中的价值取向和舆论导向。在教学过程中，围绕"讲好中国故事""中国梦""共同富裕"等方面开展新闻采写工作，指导学生以各类形式展开具体实践，多出作品。通过具体实践让学生理解和掌握理论知识，深化理论水平，培养思想过关、业务过硬的双硬型人才。

在教学过程中，教师结合社会热点，安排布置相关问题的讨论，在讨论中对学生进行爱国主义、价值理念等教育。在教学过程中，立足中国大地，深入开展国情教育和社会调查，培养具有家国情怀的新闻人。通过具体的新闻采访活动，让学生既能掌握基本的新闻原理、新闻思想，还能在实践中体会这些原理和思想，树立职业观念和岗位意识。

第三，在讲授新闻舆论工作者的角色使命时，让学生理解马克思主义新闻观在新闻工作中的具体体现和应用。

新闻工作者是信息、文化的传播者，是时代的记录者和社会的守望者。我国是社会主义国家，新闻工作者也是党的思想的传播者，社会主义事业的拥护者和捍卫者。马克思主义新闻观要求新闻专业的学生树立的正确价值观包括：对共产主义的信仰，对社会主义的拥护，坚定的爱国立场与民族精神、人民立场与平民情怀，强烈的正义感和社会责任感，以及悲天悯人的人文精神与道德良心等。在新闻教学过程中，要结合新闻记者的典型事例，分析理解新闻工作者的职业要求与社会担当。在具体的采访实践中，让学生总结自己待人接物、处理突发事务时的心理状态，理解一名新闻工作者面对突发事件、重大事件应有的态度和作为。通过分析当下新闻传播活动的局势和整体特点，明晓新时代新闻工作者面临的机遇和挑战。通过分析当下传媒技术的发展以及我国媒体创新技术运用的情况，树立家国情怀，增强民族自信和文化自信。

在教学内容的设计上，马克思主义新闻观教学体系由一个个具体的知识模块构成，需要强化知识模块的系统性，形成不同知识形态和知识内容对接的基础，要将马克思主义新闻观隐性设计于课堂内容之中，以润物无声的方式完成对新闻专业学生的马克思主义新闻观教育，这样才能真正实现新闻专业的课程思政。要完成这一切，必须将新闻专业及其课程思政建设看成一个整体，打通课程之间的壁垒，实现课程间的有效互动。各门课程间要形成合力，要把马克思主义新闻观渗入每一门专业课程中，这样才能打造专业课程思政群。这是因为新闻工作从采写、制作到传播，新闻生产流程上前后相继，具有连贯性，新闻教学过程中应该尊重这一特性，尊重业务程序的连贯性，教学设计上实行一体化。如果采访的教学只停留在采访层面，学生上完新闻采写课后，稿件丢在一边没有进入下一个流程的生产，学生就无法从整体上理解新闻工作，无法深刻理解大局意识、整体观在整个新闻工作中的重要性。

当下，在"守正创新、价值引领、分类推进"三个基本原则指导下，致力于培养知中国、爱中国、堪当民族复兴大任的新时代文科人才，培育新时代社会科学家，构建哲学社会科学中国学派，创造光耀时代、光耀世界的中华文化的新文科建设正在全国展开。新文科建设离不开学科的融合，而学科融合的起点应该是课程之间的融通。课程之间的壁垒被打破，才能系统完成对新闻人才的全方位培养。新闻专业课程的思政建设也应该遵循这一思路，实现专业课程思政的一体化。

新闻专业课程的课程思政一体化，从顶层设计到底层实施都必须始终贯彻马克思主义新闻观，突出强调课程的联动和互动。在顶层设计上，用马克思主义新闻观总体设计和指导；在具体教学过程中，强化知识模块的系统性，让不同的知识形态和知识内容形成对接。一方面，每一个知识模块都要体现并深化马克思主义新闻观和社会主义核心价值观的精神内涵；另一方面，不同知识模块之间"协同作战"，从而形成课程合力，实现新闻专业课程的整体思政。

目前，国内高校的新闻专业课程教学多由不同教师分头承担，大多数情况是每门课程的教师都有一套自己的教学方案，任课教师之间缺乏课程交流，课程条块分割现象严重，课程与课程之间呈现割裂关系。在课程思政方面，尚处于每门课程单独思政、各自为政的局面。将马克思主义新闻观贯穿到新闻教学的全过程，需要打破课程条块分割模式，强调课程的整体性，建立课程思政群。

首先，将每门课所含思政内容汇总，充分挖掘每门业务课中可以融入思政内容的知识点，选出具有普遍性的思政内容，贯穿到每一门业务课程中。然后再针对不同课程特性，选出有针对性的思政内容，设计到具体课程中。如在整个教学过程中都要始终坚持无产阶级新闻观，用马克思主义新闻观统领，将党性和人民性贯穿于每一门课之中。同时又要在不同课程中对不同思政内容加以强化。比如在"新闻采写"课程中，强调调查研究在新闻工作中的重要性，领会新闻客观真实的具体体现，在采访调研中加深对国情、民情的认知与理解。在"新闻编辑理论与实务""广播电视新闻制作"课程中，强调大局意识，强调新闻工作的有机性和整体性。通过设定的选题策划，指导学生完成一系列有关社会主义核心价值观、爱国主义的新闻作品的编辑和制作。通过课程思政的一体化设计，打破课程条块分割模式，打造完整的专业课程思政体系，形成课程思政群。

当前，媒介技术日新月异，新闻传播的国际国内环境都发生了很大变化。习近平总书记在2016年党的新闻舆论工作座谈会上讲话时指出："新闻院系教学方向和教学质量如何，在很大程度上决定着新闻舆论工作队伍素质。"要深入开展马克思主义新闻观教育，要加快培养造就一支政治坚定、业务精湛、作风优良、党和人民放心的新闻舆论工作队伍，坚持马克思主义思想在新闻传播教育中的指导性地位，这样才能培养出"为我所需、为我所用"的新闻传播人才。树立了马克思主义新闻观的新闻学子，可以为社会传递更多更大更持久的正能量。

# "国际传播"课程沉浸式教学实践中的课程思政

## ——从乡土文化看中国国际传播新路径 ①

王 宁 ②

**摘 要**：课程思政是新时代高校课程建设的重要元素。新闻学专业的课程实践性强，传统的课堂授课和课外实践中嵌入的课程思政元素普遍缺乏新意。本文以浙江工商大学"国际传播"课程为例，探讨以中国乡村文明为主题的沉浸式课外实践在课程思政领域的创新与发现，以期为新闻学专业的课程思政建设提供新的思路。

**关键词**：国际传播；沉浸式教学；课程思政；乡土文化

## 一、引言

当前，课程思政已经成为高校课程建设和改革的一项重要任务。"课程思政是将思政的相当一部分内容融入专业课程中，由专业课程以适当的方式担负起思政的相应任务，以期对学生的'三观'发生潜移默化的积极影响，并使之加深对专业课程内容的理解。"③

长期以来，新闻实务类课程强调培养和训练学生采、写、编、摄等专业技能和方法，忽略了对大学生世界观、人生观以及价值观的塑造，为学生成

---

① 本文系 2020 年浙江省文化产业创新发展研究院自设课题"浙江省乡村旅游中的全球传播模式探究——以丽水市缙云县为例"（项目编号 WCY2020006）的研究成果。
② 王宁，浙江工商大学人文与传播学院讲师，博士，研究方向为国际政治传播、性别与媒介等。
③ 丁柏铨：《新闻学科课程思政：特殊性、有效性及实施路径》，《当代传播》2020 年第 6 期，第 9 页。

长打上不扎实的价值观底色①。在这种情况下，引导学生学习理论和专业技能的同时，培养他们树立健康向上的世界观、人生观便成为新时代新闻专业课程思政迫在眉睫的任务。

"新闻学科课程思政，并不是在专业课程中简单重复思政课程的内容，也不是将思政的内容与专业课程相游离、相脱节，而必须结合自身的课程特点巧妙地进行思政，务求体现课程思政的有效性。"②

"国际传播"课程是一门理论和实践性都很强的专业课程，紧跟国家政策方针，密切关注国际政治、经济、文化动向。传统的"国际传播"课程教学以课堂为主体，结合书本理论和经典案例，使学生可以在教室中足不出户地学习中国和世界其他国家国际传播的主体、内容、路径、受众、效果等。近年来，国内外舆论和传播环境不断变化、日趋复杂，而传统意义上的国际传播教学只能传授传播理论，附加案例分析，课外实践教学无疑是一个很好的补充。在课外实践的选择上，传统的"国际传播"课程多以"实务精英进课堂"和参观媒体机构的形式来学习国内对外传播的方式和路径，在实践的解读上普遍缺乏新意，学生以被动学习为主，自主发现能力和学习能力并没有很好地被激发。

本文以浙江工商大学新闻系"国际传播"课程为案例，分析沉浸式课外实践教学在课程思政中的创新作用，让学生在沉浸式教学模式中深度感受中华文化的国际传播要素和路径，进而思考如何在新时代讲好中国故事，成为一名优秀的国际传播人才。

## 二、沉浸式教学模式

沉浸体验（Flow Experience），也叫沉浸理论（Flow Theory）、沉浸式体验。沉浸体验在积极心理学领域是指：当人们进行活动时如果完全投入情

---

① 周怡：《融合 问题 思考——马克思主义新闻观指导下新闻实务类课程思政教育改革探索》，《黑龙江教育（理论与实践）》2021年第5期，第8页。

② 丁柏铨：《新闻学科课程思政：特殊性、有效性及实施路径》，《当代传播》2020年第6期，第10页。

境当中，注意力专注，并且过滤掉所有不相关的知觉，即进入沉浸状态。沉浸理论（Flow Theory）一词是由美国著名积极心理学家米哈里·契克森米哈（Mihaly Csikszentmihalyi）教授在1975年提出的。他在1988年进一步指出：人依照心理驱动力去做自己想做的事，沉浸体验即为意识动机的外显。他还认为，影响沉浸体验生成的因素主要包括两个方面：一是个体因素，二是情境因素。[①]

沉浸体验是一种正向的、积极的心理体验，它会让个体在参与活动时获得很大的愉悦感，从而促使个体反复进行同样的活动而不会厌倦。

"所谓的沉浸式教学法，即在所给出的范围和主题设定下，与学生们进行真实性的互动，使得师生都有一种沉浸其中、身临其境的感觉，从而做出相应的判断和对策并解决或是发现问题。利用这种方式，可以很快地调动学生们在新闻实践课中的兴趣，利用自己的一切知识和能力来解决问题。正是这样如同将人浸入知识当中的教学方式，被称为沉浸式教学法。"[②]

由此可见，从个体因素来讲，沉浸式教学可以极大程度地激发学生作为个体的主观学习能动性，让学生从兴趣出发，自主进行学习；从情境因素来讲，沉浸式教学对课程主题和场所选择有比较高的要求。基于沉浸式教学的这两个主要特征，"国际传播"课程进行了课程设计优化，以期在深度实践中潜移默化地达到课程思政的效果。

## 三、课程设计

### （一）乡村文明的主题选择

要讲好"国际传播"这门课程，讲解经典案例是必不可少的一环，但新闻专业与时俱进的特征决定了及时了解国家对外传播的最新方针政策，并进

---

① 李京杰：《基于沉浸理论的成人在线深度学习策略探究》，《成人教育》2019年第3期，第18页。

② 蒋茜悦：《沉浸式教学法在新闻实践课中应用的必要性》，《亚太教育》2016年第19期，第112页。

行相关主题和案例选择是改革创新和提高课程实用性的关键要素。

党的十八大以来，习近平总书记高度重视我国国际传播能力建设，做出了一系列重要论述。在2016年党的新闻舆论工作座谈会上，习近平就指出"讲故事，是国际传播的最佳方式"，其中就包括讲好中华优秀文化的故事。[①]在2018年全国宣传思想工作会议上，习近平进一步提出要不断提升中华文化影响力，指出中华优秀传统文化是中华民族的文化根脉，要把优秀传统文化的精神标识提炼出来、展示出来，把优秀传统文化中具有当代价值、世界意义的文化精髓提炼出来、展示出来。[②]

富含中华传统文化的载体很多，但是中国的广袤乡村是之前被忽略的一个重要传播阵地。早在2013年，习近平在中央城镇化工作会议上就指出：乡村文明是中华民族文明史的主体，村庄是这种文明的载体，耕读文明是我们的软实力。[③]

习近平总书记关于乡村文明和"讲好中国故事"的国际传播建设理论无疑为"国际传播"课程实践主题提供了新的思路：那就是在中国的乡村寻找中华优秀文化的根，利用国际传播课堂所学知识思考如何讲好这个关于中华文化和历史的故事。

### （二）典型乡村的选择

浙江省丽水市缙云县作为中国千年古县，农耕文明遗存丰富，文化底蕴深厚，是乡土中国研究和新农村建设实践的前沿阵地。缙云的文化传播近年来取得了令人瞩目的成就，这归因于其真实而丰富的文化遗产和创新的国际传播模式。"国际传播"课外沉浸式教学实践最终选址于缙云县的河阳和仙

---

① 杜尚泽：《坚持正确方向创新方法手段　提高新闻舆论传播力引导》，《人民日报》2016年2月20日，第1版。

② 张洋：《举旗帜聚民心育人兴文化展形象　更好完成新形势下宣传思想工作使命任务》，2018年8月23日，http://media.people.com.cn/n1/2018/0823/c40606-30245183.html。

③ 习近平：《在中央城镇化工作会议上的讲话》，中共中央文献研究室编：《十八大以来重要文献选编（上）》，北京：中央文献出版社，2014年，第605页。

都，缘于两地有着多样而丰富的中华文化，其国际传播模式为以展览的形式向公众开放，是可以近距离进行沉浸式体验的绝佳场所。

### 1. "软实力在民间"的典范

首先，缙云富有浓厚的中华传统文化遗产。著名"进士村"河阳古村落文化底蕴深厚，其世代传承的"耕读传家"是中国家风文化的典型代表，提倡"耕读传家"和"勤俭持家"，意思是既要学做人，又要学谋生。在农耕时代家家都以读书为荣，注重对后代的培养和教育。这无疑为衣食无忧的当代大学生上了生动的传统家风的一课。

其次，缙云仙都经世世代代不断丰富完善、发扬光大，逐渐形成了中国南方黄帝文化的辐射中心与祭祀中心。通过参观黄帝庙宇和观看"轩辕氏祭典"，学生们可以体会中华传统文化的深厚历史底蕴，增加民族认同感和自豪感。

此外，"缙云烧饼"、婺剧、摩崖石刻这些富有当地特色的美食、戏曲表演、书法艺术等也激发了学生对中华饮食文化、戏曲、书法文化的兴趣和热情。

### 2. 民间学术交流频繁

作为中国南方典型乡村的代表，缙云通过多种文化传播路径将声名远播世界各地。

缙云充分利用国际学术交流传播本地文化，开中国乡村国际传播之先河。加拿大皇家学会院士、国际著名传播学者赵月枝教授设立的河阳乡村研究院致力于在"请进来"的同时实现"走出去"。"请进来"的是海外专家学者，"走出去"的是中华传统文化与中国话语。在构建"从全球到村庄，从村庄到全球"的双向传播路径和人文交流渠道的同时，引发全球学者关于乡村与城市、中国乡村与全球的深度思考。河阳乡村研究院和仙都独峰书院常年设立"新地球村的想象"国际传播展，通过观展，学生可以深入了解近年来缙云开展的国际人文交流情况以及取得的斐然成绩。这里曾连续举办5期"从全球到村庄"国际暑期班，连续举办5届河阳论坛暨乡村、文化与传播学术周，持续组织国外学者与留学生的研学活动，让中华文化与中国话语体系带着乡音走出去。不远万里来此调研或访学的国外学者们，无不惊叹于缙云的乡村之美，并受益于学术交流活动中文化交融的洗礼。

## 四、课程效果

高校新闻专业的教学目标就是培养卓越新闻人才。"卓越新闻人才的培养的总体要求与课程思政建设的总体目标高度吻合，两者旨在培养政治素质过硬、能够讲好中国故事、传播中国声音的优秀新闻传播后备人才。"[①]

通过试点浙江省丽水市缙云县作为"国际传播"课程的沉浸式课外教学基地，学生们近距离体会中华传统文化，寻根问祖，极大地增强了民族文化自信和认同；在实践中结合理论知识，主动梳理总结缙云作为中国乡村对外进行传播的成功路径。在之后的课堂讨论中，学生围绕以下两个主题对自己的课外实践进行了总结。

### （一）深度感受中华传统文化

"耕读家风"是学生体会最为深刻的中华传统文化。当代的大学生普遍来自城市，对中国乡村缺乏了解。而"耕读家风"向学生展示了中国乡村自古便重视辛勤劳动、勤俭持家和刻苦读书的优良家风。对于物质富裕、独立性较差的大学生而言，这是一次很好的精神洗礼和成长必修课。耕读传家作为中国传统文化中理想的家风，既有"耕"来维持家庭生活，又有"读"来提高家庭的文化水平，正契合了当今社会和谐发展的具体要求。其崇文重教、教书育人的家族理念，带给学生精神层次的洗礼和中华文明流淌千年的传承。

### （二）积极思考中国乡村国际传播模式

缙云独创的国际传播模式也给学生留下了深刻的印象，进而引发了他们的一系列思考。比如探讨不同的传播主体在缙云国际传播中的作用：社会组

---

① 付松聚：《新闻专业教育类课程思政建设探索实践研究——以〈新闻采访与写作〉课程为例》，《声屏世界》2021年第2期，第98页。

织如河阳乡村研究院、仙都国际人文交流中心、中国摄影家协会、中国华侨国际文化交流基地等；个人如加拿大知名传播学者赵月枝等。学生不仅看到了这些个人和社会组织在国际传播中的作用，而且发现了很多局限性和不足，这些都为他们进一步深入探讨中国乡村传播的路径和方式提供了新的思考。

此外，学生还深入研究了当地的特色产业经济"缙云烧饼"。一个地区的文化除了建筑特色、民俗风情，最重要的就是饮食文化。作为缙云的名片之一，"缙云烧饼"如何被打造成具有影响力的烧饼品牌并享誉海内外，是国际传播的一个鲜活的案例。在调研中，学生发现了上到政府的品牌建设部门做出的重大组织协调工作，下至专家学者的专业调查研究和报告发布，最后到自媒体个人如李子柒的视频传播，都是该产业传播的重要主体。

最后，学生还对反映中国乡土文化的影视作品产生了浓厚的兴趣。影视作品为国际传播的重要介质，受众对国际影视作品普遍接受度较高，并能很好地产生文化和情感认同。在仙都开机拍摄的《神兜兜和奶爸》取材于曾引爆全民热议的"90后奶爸带女儿骑行拉萨"这一网络热门事件；以扶贫为题材的《山海情》更是收获了无数海外网友点赞，这部作品让他们看到了中国乡村的变革与发展。

### （三）深度思考新闻学理论

沉浸式教学模式融合理论与实践，在实践中深度分析理论。通过这次沉浸式课外实践，学生对既往学习的传播学理论进行了理论和实践的关联，实现了自主能动地由真实情景引发对某一理论的分析和批判性思考。

其中，"耕读家风"引发了学生对全球多元化价值观碰撞的深度思考，认为中华文明的发展路径是"家国同构"，与西方文明"家国二分"的发展路径和价值观有着本质的不同，由此引发坚持中华民族传统家风来对抗西方"文化霸权"的创新型思考。此外，学生还用斯图亚特·霍尔的编码解码理论对中国优秀传统文化国际传播过程中的传播主题、非语言符号展示、拍摄技巧等进行了颇有深度和见地的分析。

## 五、结语

通过沉浸式课外实践来创新优化"国际传播"课程中的课程思政环节，不仅可以充分发挥学生在课程中的主体作用，使学生在沉浸式体验中潜移默化感受中华传统文化和其传播路径，在提升学生的整体世界观和价值观水平的同时，让其积极思考和探索国际传播理论和实践结合的新方法、新路径。

国家乡村振兴战略的实施离不开青年学子对乡土与基层的回归，中国人文与社会科学的繁荣与发展离不开"从全球到村庄"的整体性批判视野，离不开对乡土中国社会变迁的大量实证资料积累与理论提升。以缙云为试点的沉浸式课外实践教学在初始便取得了卓越的成效，在乡村文明中思考家国情怀，紧跟传播学术前沿，无疑是超越现有传播教育和知识体系中根深蒂固的西方中心主义、城市中心主义与精英主义偏向的又一努力。

# 图像的力量与表达

## ——"视觉文化基础"课程的思政教学①

沈　珉　顾炳燕　罗召君②

**摘　要：** 在图像转向之后，正确认识图像要从对世界图式化认识的高度来理解。"视觉文化基础"课程运用多种理论，旨在揭示图像产生的原因，站在视觉批判这一角度，对消费社会种种视觉的陷阱进行分析与剖析，使学生保持冷静与理性的态度审视后现代社会。在此课程中进行思政教学，能够让学生对图像有更多的思考角度，从而树立正确的世界观。课程采用了二级思政要点植入方式，将思政内容与具体的案例、图像理论结合起来，做到思政教育与专业教育的相关性、有效性与学理性结合。同时，运用多样的教学手段，积极调动学生的实践能力，使其主动地学习思考，真正让思政触及灵魂。

**关键词：** 视觉文化；专业课程思政；教学内容；教学原则；教学方法

当海德格尔宣布"世界是以图像的方式被掌握着的"③时，海德格尔已经看到现代文明不同于传统之处：现代世界图像是存在者在被表象状态（Repraesentatio）中成为存在着的，这个表象状态是人所设立的一个场景，在这个场景中，人们认为自己有意识地自行设立了一个主体地位，并以此立

① 本文系 2020 年校级教改课题 "'人工智能+'课程"（项目编号 1140XJ2920023）准备阶段的教学设计成果，同时也是 2020 年度省一流本科专业建设项目（新闻学）"VR（头显技术）教学内容与教学模式探究"（项目编号 1140XJ0521033）的阶段性成果。
② 沈珉，浙江工商大学人文与传播学院教授，博士，研究方向为图像传播、传播史等；顾炳燕，浙江工商大学新闻与传播专业硕士；罗召君，浙江工商大学新闻与传播专业硕士。
③ 海德格尔：《林中路》，孙周兴译，上海：上海译文出版社，2004 年，第 77 页。

场来决定对其他存在者采取何种态度，其目的是获得对存在者整体的支配。即人的主体地位是自行设立的，而世界图像只是围绕主体的存在物而已。回到视觉领域，一旦人自认为已掌握了对世界画像的能力时，再要改变这一图式将变得非常困难。

随着媒体技术提供了越来越场景化的图像，人的抽象认知能力逐渐退化。人被图像压迫，反而看不清身处的世界的本真，易于迷失自己。马克思认为人类掌握世界的基本方式有实践的、理论的、艺术的和宗教的等四种。在图像时代到来之际，以理论与实践结合的方式来阐释世界运作的机制，建立合乎客观规律与社会道德的图式机制，是引导学生正确看待世界的路径。"视觉文化基础"课程就是站在视觉批判这一角度，对消费社会种种视觉的陷阱进行剖析，使学生保持冷静与理性，客观面对后现代社会的一门课程。

因此，在这一门课程的教学中，以正确的立场引导学生、以理性的分析说服学生、以贴近生活的案例打动学生即是课程要坚持的原则。有机地将思政内容结合起来，是课程的主导思想，也是课程教学的路径。

## 一、"视觉文化基础"课程思政的教学内容

"视觉文化基础"是专业基础课，同时也是全校的创新研讨课。作为一门专业课程，其"根本要求就是专业课程都要回归育人本源，充分发挥专业课程育人功能。专业课程要立足学科的学术内涵和传承脉络，努力挖掘课程体系中蕴含的思想政治教育资源，提炼出爱国情怀、民族自豪感、社会责任、文化自信等要素，并将其'基因式'植入教学过程，使学生在不知不觉中接受教育，并转化为自己的思想品质、道德行为"[①]。课程是分成若干单元进行的，彼此之间并不构成前后递进的一种关系，所以在进行思政设计时，并不主张所有的思政内容都要纳入。就本课程来说，革命传统教育、社会主义道德教育、爱国主义教育以及理想主义教育都是课程需要展开教育的主要内容。

---

① 朱广琴：《基于立德树人的"课程思政"教学要素及机制探析》，《南京理工大学学报》（社会科学版）2019 年第 6 期，第 85 页。

在具体设计时，对每个讲授板块进行认真思考，将能够进行思政教育的板块内容进行设计，按照相关性纳入不同的重点，然后在每个重点下面规划分述点，将思政点与具体的事例、历史梳理或者理论分析结合进来，形成表 1 的讲授板块。

表 1　思政板块二级嵌入表

| 序号 | 课程板块 | 一级思政板块 | 二级思政分述点 |
|---|---|---|---|
| 1 | 符号学与图像研究 | 爱国主义教育以及理想主义教育 | ① 批判商业主义的拜金主义消费观<br>② 介绍中国传统吉祥纹样以增强文化自信力 |
| 2 | 图像学（肖像学）研究 | 爱国主义教育增加文化自信力 | ① 中国传统绘画的特殊性<br>② 介绍西方艺术采借的事实以增强文化自信力 |
| 3 | 影视视听语言研究 | 革命传统教育 | ① 中华人民共和国成立后中国第一代导演的现实主义风格展现以及敬业案例<br>② 优秀影片《祥林嫂》等的介绍 |
| 4 | 数据可视化 | 社会主义道德教育 | ① 西媒利用可视化抹黑中国案例介绍<br>② 数据设置中的道德观 |
| 5 | 框架理论（二维图形设计） | 革命传统教育 | ①《共产党宣言》中文版本梳理与介绍<br>② 中国优秀广告构图中的意识性 |
| 6 | 权力学说与图像观看 | 社会主义道德教育 | ① 后现代主义观念与社会道德的相悖性<br>② 中国木刻画中的革命元素与民间立场 |
| 7 | VR 图像研究 | 理想主义教育 | ① 非遗立场下虚拟图像的本真性解读与民族文化的弘扬<br>② 游戏产业民族化 |

## 二、课程中思政内容嵌入的原则

思政需要因地、因时嵌入，不能生硬化，讲授中要掌握相关性、有效性与学理性。相关性强调导入思政板块与内容讲授的妥帖度；有效性是要真正触及学生的灵魂；同时讲述中要强调学理性，论之有据，言之有理，使思政内容看上去不违合。

### （一）内容板块纳入的相关性

对思政的内容进行细化，使之能够与课程紧密相连，而不是游离在课程内容之外。比如课程第一单元即是符号学的教学。当符号学已经渗透到生活的方方面面时，我们特别要注意的是符号与消费主义观念的相辅相成。在课程中引入"钻石恒久远是不是爱情宣言"这一话题以及中国传统吉祥纹样的观念意指表征分析。在前者，客观地展现"钻石神话"形成的经过，批判商业主义的拜金主义消费观，剖析资本主义在实行推销术时进行观念捆绑的荒谬性。在后者，通过大量图像来展现中国"向善祈福"的图像发展图丛，同时，对年代变迁、材料变化以及观念嬗变的过程进行梳理，讨论吉祥图像的现代演变方式。

这一章节的教学，实际上强调了社会主义商品经济发展的观念，同时也是对祖国优秀文化传统特定维度的总结，介绍中国民间观念的特质，使学生知道中国优秀传统文化的表征方式是什么，进一步思考在进行国际交流时，如何对传统进行现代性的改造。

### （二）内容板块纳入的有效性

学生的意识中，有图有真相。学生信赖图像，以为能在图像中看到真实。在课程设置中，我选择了美联社摄影记者乔·罗森塔尔《国旗插在硫磺岛上》这幅经典照片。这张照片的拍摄背景是：1945 年 2 月 23 日，美国海军陆战队将国旗插上硫磺岛最高峰折钵山。美国海军部长詹姆斯·福雷斯特尔总结道："折钵山升起的国旗意味着海军陆战队从此后 500 年的荣誉！"乔·罗森塔尔因该作品获得 1946 年普利策奖，然而，他所拍摄的并不是美军插上的第一面国旗，而是为了鼓舞士气更换的第二面大国旗，伊斯特伍德导演的《父辈的旗帜》便讲述了这张照片完整的故事。此案例拷问了媒体的真实性。

在讲授数字可视化板块时，引入了美国报纸在进行世界大气污染报道时采用的可视化图像。为了抹黑中国，西方媒体在寻找参照时故意将中国的最弱项与美国的最强项并置，以诋毁中国形象。西媒巧妙地利用了直接与感性的图像达到了诋毁中国的意图。在课程讲授中剖析西媒的话语体系，将图像放置到逻辑序列中，深刻揭示西媒的用心，分析造成中国负面印象的原因。

这两组内容同属于意识形态的内容，课程设置时将其纳入不同的板块，较为有效地表达出媒体传播真实与捍卫中国形象的重要性。

### （三）内容板块纳入的学理性

通过资料与历史的梳理，本课程客观地反映了中国共产党的历史。在讲到二维设计（书籍版式设计与封面设计）时，融入了《共产党宣言》的版本介绍。讲述了共产主义传播过程中《共产党宣言》如何由间接翻译转为直接翻译，如何翻译得更符合原文，同时也讲授了各个版本出版时的革命形势、出版条件等各种背景资料，讲述了"《共产党宣言》有点甜"的典故，以及"共产主义幽灵在欧洲徘徊"译文的典故，以增加历史感，同时让学生体会各版本封面的丰富内涵。

在批判西方广告图像时，课程采用了福柯的"权力学说"理论，丝丝入扣地分析广告图像是如何运用视觉权力，使女性折服于男性的眼光之下，心甘情愿地成为男性的观看对象的。通过讲解，让学生树立正确的世界观，客观评价各类广告文本。

这些板块的教授，运用了版本学、出版史以及哲学及社会学说等，建立了一个严密的阐释系统与逻辑，深刻地指出图像传播的历史与价值。

## 三、课程中思政内容的教学方法

为了使学生进行有效的阅读，加强学理性以及加深认知的深度，教学充分运用了线上线下结合、课外实践以及教学讨论等方式。

### （一）线上线下互动等多样教学方式

视觉文化是一个跨学科的知识板块。充分运用线上线下教学，可以先从其他学科领域中找到教授对象的讲解，然后进行课程教学，可以使学生深刻理解视觉文化批判的独特魅力；同时，也给讲授提供了充分的素材。比如，在影视视觉语言分析板块，课程既要讲解一般电影的视觉语言技巧，又希望能够给学生提供朴素的现实主义电影拍摄技巧介绍，突出中国优秀电影的思想性与艺术性。为此，课程提供电影发展史、优秀电影欣赏等 MOOC 课程作为线上阅读的材料，在将好莱坞的影视语言以及影视类型进行一个大概介绍后，具体介绍类型片中视觉语言的套路化以及各种蒙太奇。随后课程以中华人民共和国成立后拍摄的《祥林嫂》为例，说明朴素的现实主义风格能够打动人。课程播放了故事的最后一个片段。这一感人的场景让学生陷入沉思。课堂中随即分析了旧中国妇女原罪内容以及归因，揭示了封建社会妇女悲惨命运的根源，梳理了中华人民共和国成立后妇女解放的历程，探讨了新中国电影人的拍摄艺术技巧，展现了新中国妇女形象变迁的历史，立体地回顾了中国电影，又把妇女解放的主题嵌入其中。

除此之外，在教学中使用对比法、融入法、案例法、讨论法等多种方式，让学生能够阅读多种图像，在不同的框架中认识、体验以及评价作品。

### （二）课程实践

关心时事，及时补充课程教学内容。2021 年为建党 100 周年，大型展览有不少。为了配合教学，课程还组织观摩了"红船女儿：献礼中国共产党成立 100 周年艺术特展"。通过课程设计，达到以下目标：第一是让学生在展览中学习不同艺术载体与媒体来反映客观对象的方式与技巧。第二是对展览图像进行图像学的分析，分析每个历史场景中艺术作品诉求点的差异以及图像之后的时代文化。第三是就出现的艺术现象进行个别讲解。在看完展览之后，教师就课程内容做了阐释，同时，结合党史内容，梳理了"主义之光／浙江女性革命先驱群像"（影像装置）、"湖山秋夏：革命烈士秋瑾、夏朋"、"世相图圄：左翼版画中的底层女性"、"红色希望：投身革命洪流的女性"4 个专题[①]。特别介绍了烈士、女画家夏朋的生平；讲授了鲁迅发起的"木刻版

①《红船女儿：献礼中国共产党成立 100 周年艺术特展》，2021 年 3 月 8 日，http:// www.cssn.cn/msg/202103/t20210308_5316081.shtml，2021 年 4 月 28 日。

画运动"以及"一八艺社"的活动史实；介绍了"新浙派"产生的原因及其所做的艺术探索；对新中国建设题材的画作进行了展示，具体讲述了把传统技艺与当代题材进行结合的方式。第四是对木刻画、国画、纤维画、油画等创作形式进行分析。

一个画展看下来，学生了解了画作的革命背景，了解了《秋瑾》这样的作品产生的条件与背景，同时也对浙江女儿在党的号召下改变自己命运，进行抗争与努力的历史有了具体的认识。

## （三）课外实践

配合课程内容教学的需要，组织学生进行课外实践，并且结合专业特色，指导学生进行视频创作。比如2021年推荐学生进行两个主题的开发。

第一是大运河国家公园建设主题。首先，向学生介绍了杭州在京杭运河一线上的地位：杭州是京杭运河的南起点，地位非常重要；同时，对浙江主要运河做了历史回顾，强调了运河的运输能力与文化传播能力。课程组织学生走读运河，搜集运河资料，对古今运河进行对比，了解中华人民共和国成立后运河建设的新成就。学生在经过教师讲解、文本阅读以及资料搜集之后，对运河沿线进行走访，拍成视频，对中华人民共和国成立后，特别是近20年来运河建设的日新月异有了深刻印象，同时也加强了短视频创作能力。

第二是结合授课老师的课题，动员学生了解浙江省主题出版的概况。学理上，通过对主题出版的理性分析以及介绍，围绕主题出版的5个重要组成部分展开教学：经典马列主义著作以及社会主义核心价值观等理论；国家重大事件；区域政治经济生活重大事项；社会生活中的重大事件；配合重大活动挖掘历史题材的作品。组织采访小组对浙江省内重要主题出版机构进行采访与资料收集，对出版物出版图像进行整理。这样，形成了近30年浙江主题出版的图像库。通过对图像资料的观看与分析，学生对近30年来浙江的社会发展有了更直接的印象，对主题出版的内容以及社会背景有了更深入的了解。这一活动，比单纯地介绍社会主义建设更有意义，它能够使学生通过图像的审计来触及历史，从而对社会建设，尤其是改革开放后的浙江经济腾飞有了感性认识。更主要的是，学生理解了将中国经验介绍给世界的必要性，增强了民族自信力与自豪感。

## 四、小结

经过两轮的课程思政之后，笔者对课程思政有了更深的体会。2019 年中共中央办公厅、国务院办公厅印发的《关于深化新时代学校思想政治理论课改革创新的若干意见》中指出政治工作思政课与专业课程组成思政矩阵的要求："高校思想政治工作思政课在改进中加强，增强思想政治教育的亲和力、感染力，其他课程各守一段渠，种好责任田，同向同行，形成协同育人机制。"[1]专业课要有自己的定位，需要结合课程的性质、授课规律，精心组织相关的内容放入，要进行春雨润物似的滋养；再者，思政还需要结合现实与自身的条件，多角度、多方位地灵活实施，同时要关注当下，利用现实及时微调教学方案，使思政更接近当下与现实。

---

[1] 中共中央国务院：《关于深化新时代学校思想政治理论课改革创新的若干意见（单行本）》，北京：人民出版社，2019 年，第 4 页。

# 高校媒介素养课程的思政元素建设研究

殷克涛 [1]

**摘　要**：媒介素养课程定位与思政元素具有先天的契合性，二者也是价值传导的统一体。西方学者在构建媒介素养理论时，采取预设价值观与文化传递的做法，目的是维护西方的文化价值观。本土的媒介素养教育不能一味照搬，应根据自身的发展特色，从文化建设与社会主义实践中挖掘课程思政元素，将其与媒介素养课程结合。

**关键词**：媒介素养；课程思政；思政元素建设

2016年12月7日，在全国高校思想政治工作会议上，习近平总书记提出："要坚持把立德树人作为中心环节，把思想政治工作贯穿教育教学全过程，实现全程育人、全方位育人。"[2]这一本质性育人要求，将课程思政作为高校在教育教学中全面贯彻立德树人、教书育人的宗旨。党中央、国务院也先后出台了系列文件，如《中共教育部党组关于学习贯彻落实全国高校思想政治工作会议精神的通知》《关于加强和改进新形势下高校思想政治工作的意见》《中共教育部党组关于印发〈高校思想政治工作质量提升工程实施纲要〉的通知》《中共教育部党组关于认真学习贯彻全国教育大会精神的通知》等，要求全国各个高校大力开展课程思政，将党的理论、方针、政策以及中华优秀的传统文化贯穿于课堂教学中。教育部也于2020年6月颁布了《高等学校课程思政建设指导纲要》，明确将课程思政融入课堂教学建设全过程。

媒介素养是专门处理媒介社会中人与媒介的关系，并在媒介社会中培育人理解媒介、适应媒介、利用媒介的一种教育理念与方法。媒介素养课程需

---

① 殷克涛，浙江工商大学人文与传播学院讲师，博士，主要从事出版与乡村文化研究。
② 习近平：《习近平谈治国理政》（第二卷），北京：外文出版社，2017年，第376页。

要认知科学、教育科学、信息科学、行为科学等多种科学知识交汇融合，依据人所处的特定社会语境来展开教学，在不断实践的基础上形成一种普及性教育共识在全社会推广应用。因此，教学资源与教学理论研究的支持是媒介素养课程成败的关键所在。但媒介素养教育与研究始于西方，其运用的理论基础、方法以及研究目标的设定大都以西方文化与价值观为导向，并不一定适合于中国国情。正如有学者所说，"西方的前沿理论尽管某种程度上代表业界的尖端理念，但不一定适用于我国青少年的实际情况"①。这也导致了在借鉴西方理论与方法之外，建立本土的教学资源，贯彻党的思想理念，成为当下高校媒介素养课程改革的核心。本文立足媒介素养课程内容建设，结合当下的课程思政要求，探讨了媒介素养课程内容与思政元素的契合性，并反思了西方媒介素养内容与本土化建设成就，提出了高校媒介素养课程思政元素建设的方向与路径。

## 一、媒介素养课程内容与思政元素的契合性

课程融入思政元素必须找到内容的契合点。媒介素养作为课程被纳入教学体系的时间不长，但其育人目标与思政元素存在共同性，非常适合将其与课程思政结合起来。

### （一）媒介素养课程定位与思政元素具有先天的契合性

媒介素养在西方诞生，源于探索媒介与人的关系，目的是借助媒介教育维护精英文化，抵制文化消费的"低水平满足"。这种由英国学者 F.R. 利维斯掀起的保护主义，其目的是确保青少年的成长接受精英文化的影响，后因得到英国与欧洲教育界的支持而在西方广泛开展。保护主义在保护精英文化的同时，由批判网络新生文化、抵制各种"低俗文化"，逐渐转化为批判主义。比如吉尔摩的媒介消费基本原则中就包含一条重要规则，即要质疑并有

① 曾昕：《媒介素养范式与青少年政治社会化》，《现代传播（中国传媒大学学报）》2013 年第 10 期，第 58 页。

差异地面对可获得的信息①。媒介的发展解放人的创作束缚，发挥了人的主动性，人们也更多地参与到媒介创作中，由此引发媒介素养理论的变革。由此，赋权主义接替了批判主义，关注的视角也转移到人的主体性上，从接受转变为主，最终的演变结果为社会化参与。在这一过程中，经过反思、批判、总结，媒介素养研究"不断升华其内涵、调整其视角、明确其目标、理清其思路、细化其内容、强化其效果，逐渐形成自己的学术术语和知识体系的雏形"②。在这一过程中，媒介素养的定位从接受精英统治转向了关注人的发展，以至于"理解模式""能力模式""知识模式"成为媒介素养的三大模式。在聚焦于人的发展之后，社会学的基础理论与方法逐渐被融入媒介素养内容体系之中，成为媒介素养内含的新元素，发展为当下最主要的媒介素养理论。从媒介素养理论发展的路径来看，媒介素养定位始终以人为主，以在人与媒介对话中关注人的成长与发展为核心，实质是一种在媒介社会中如何育人的教育理念与方法。课程思政以育人为目标，关注人的健康发展。习近平总书记在全面论述思想政治课的重要意义时，明确提出，"思想政治理论课是落实立德树人根本任务的关键课程"③，"思想政治工作从根本上说是做人的工作，必须围绕学生、关照学生、服务学生，不断提高学生思想水平、政治觉悟、道德品质、文化素养，让学生成为德才兼备、全面发展的人才"④。可见，媒介素养课程定位与思政元素具有先天的契合性，都聚焦于"培养什么人、怎样培养人、为谁培养人"这一教育的根本问题。

## （二）媒介素养与课程思政是价值传导的统一体

媒介素养是人与媒介的作用关系，而人在处理与媒介的关系时是基于一

---

① 王贵斌：《媒介素养认知模式的迭代更新》，《现代传播（中国传媒大学学报）》2020年第6期，第158—163页。

② 张开：《媒介素养学科建立刍议》，《现代传播（中国传媒大学学报）》2016年第1期，第145页。

③《习近平：用新时代中国特色社会主义思想铸魂育人　贯彻党的教育方针落实立德树人根本任务》，2019年3月19日，http://jhsjk.people.cn/article/30982234。

④《习近平：把思想政治工作贯穿教育教学全过程》，2016年12月8日，http//jhsjk.people.cn/article/28935836。

定价值理念导向的。这一点，在人与媒体的关系中体现得最为典型。传递社会主流价值观的媒体，不仅影响着社会的运作，还决定着社会的走向，因此，其通常被称为行政、立法、司法三大权力之后的"第四大权力"，甚至有学者将其位列为"新的三大权力"之一，即由财团、政权和媒体构成新的三大权力。[①]作为社会主要传播媒介的媒体，尽管一直在进化演变之中，但其背后普遍存在着一套隐性的价值观，主导着媒体的日常活动。媒体在传递信息的同时，也在传播控制者的价值观，借此教化、引导、改变人的行为与态度，创造出有利于传媒控制者的拟态环境。从这个意义上来说，媒介素养课程在处理人与媒介的关系时，也在传播社会主流的价值观，即媒介素养教育本身含有价值观传导。课程思政是从更高的政治站位出发，从立德树人的高度，"通过高等学校课程建设和课堂教学来对大学生进行的思想政治教育"[②]。它不仅要求专业课程挖掘自身所包含的思想政治元素，还要求其把重要的政治元素融入进去，将课程与思想政治教育统一起来，其目的是弘扬社会主义核心价值观。由此可见，二者是价值传导的统一体，都以价值传递为导向，目的是让接受者接受特定的价值观，依照价值观来规范行为。

## 二、西方的媒介素养内容反思与本土化建设方向

媒介素养源于西方，课程内容包含有大量西方的理论与实践，在课程思政融入之前，必须依据其理论发展的演变以及本土化实践，对其所隐含的文化价值观做细致梳理，展开深入剖析，为课程融入提供前期基础。

### （一）西方的媒介素养内容反思

媒介素养理论发端于保护主义，其设定是在新媒体中保护西方的精英文化，贯彻西方的文化价值。拿 F.R. 利维斯和他的学生丹尼斯·桑普森的《文化和环境：培养批判意识》来说，他们认为新兴的大众传媒推销的流行

---

① 郑若麟：《蜕变中的西方民主财团、政权和媒体构成新的三大权力》，《新民周刊》2016 年第 30 期，第 72—77 页。

② 刘建军：《课程思政：内涵、特点与路径》，《教育研究》2020 年第 9 期，第 28 页。

文化是一种"低水平满足","这种'低水平满足'将误导社会成员的精神追求，尤其会对青少年的成长产生各种负面的影响"。①这种保护策略引发了英国政府的关注，后扩散到欧洲、美国等地区，其先后出台了系列政策贯彻这一保护理念。保护主义实质上将西方传统的价值观、文化消费置入一个较高的层次，鼓励大家模仿，从而维护社会的稳定。此时期的媒介素养内容以精英文化为主，培养青少年的媒介批判意识，贯彻西方的价值理念，强调对流行文化的免疫。保护主义的进一步发展是批判主义，其主张对新媒体内容采取批判审视的态度，实质上依然在维护传统价值观，维护传统文化经典。随着对媒介素养的认知增多，西方学者开始认识到要发挥受众的主动性，强调能力建设，通过增强受众能力来抵制、批判"低水平文化"的侵袭。如美国新媒介联合会在 2005 年发布的《全球性趋势：21 世纪素养峰会报告》中曾把新媒介素养定义为"由听觉、视觉以及数字素养相互重叠共同构成的一整套能力与技巧，包括对视觉、听力力量的理解能力，对这种力量的识别与使用能力，对数字媒介的控制与转换能力，对数字内容的普遍性传播能力，以及轻易对数字内容进行再加工的能力"。②媒介素养内容也开始转化为对能力的补充，但对能力的表述与划分却多种多样。有学者认为其至少包含两个维度，即"理解媒介的能力"和"回应媒介的能力"。③赋能观的提出是媒介素养教育的重要转折，其将价值观与文化的传递转变为自主学习与自我能力的提升，进而能有效应对瞬息万变的新媒体。正如英国学者莱恩·马斯特曼所言："避免将媒介环境视为现实环境导致的认识和行为误差，培养公众对媒介负面功能的觉醒和反省能力，始终是媒介素养教育的首要任务。"④互联网的快速发展与网络虚拟社会的形成引发西方学者自我反思，其开始引进社会学理论与方法。如詹金斯认为："新媒介素养应该被看作是一项社会技能，

---

① 李艳华：《传播素质与媒介素养辨析》，《当代传播》2006 年第 2 期，第 73 页。
② 转引曹艳：《大学生新媒介素养教育的途径》，《当代传播》2011 年第 4 期，第 102 页。
③ 闫方洁：《从"释放"到"赋权"：自媒体语境下媒介素养教育理念的嬗变》，《现代传播（中国传媒大学学报）》2015 年第 7 期，第 147—150 页。
④ 转引闫方洁：《从"释放"到"赋权"：自媒体语境下媒介素养教育理念的嬗变》，《现代传播（中国传媒大学学报）》2015 年第 7 期，第 148 页。

被看作是在一个较大社区中互动的方式，而不应被简单地看作是用来进行个人表达的技巧。"①吸纳了社会学方法与理论使媒介素养摆脱了空谈的质疑，问卷调查、田野调查等方法的运用也使媒介素养内容更具客观性，使其从教育理念转变为对网络社会现象的思考与应对。因此，公民记者、"社会—情感素养"、"草根运动"、"终身学习"等都被纳入媒介素养的内容范畴。但媒介素养始终注重价值观传递与对自身文化的维护。加拿大安大略省的媒介教育改革中，直接将"媒介包含意识形态及价值观念"作为其核心概念之一。②

综上，从梳理媒介素养理论演变可以看出，西方学者在构建媒介素养理论时，采取预设价值观与文化传递的做法，其目的是维护西方的文化价值观。对此，我们不能全盘接受，应有选择性地学习与借鉴。

## （二）媒介素养本土化建设

在西方提出媒介素养后，我国学者也将其引入国内，尝试推广媒介素养教育。1997 年，中国社科院的卜卫发表了《论媒介教育的意义、内容和方法》，拉开了我国媒介素养教育本土研究的序幕。但早期方式大多是照搬西方概念，借鉴西方教育理论来改善学校育人的内容与方法，局限于探索媒介素养的内涵、批判思维、能力范畴等基础性问题，涉及的对象也局限在教育领域，以学生为主。中国人民大学率先在全国开设此类课程，将媒介素养引入课堂，引发一些高等院校、职业学校、中小学的效仿。随后，科技期刊上的媒介素养论文也开始发散，尽管议题相对狭窄，发文量相比其他议题较少，但也有许多有意义的探索。早期研究议题主要是从认知学角度出发，在借鉴西方概念、理论基础上探索媒介素养的内涵与本质。其后，研究议题扩展到政府、组织以及基础群体，向全社会蔓延。梳理相关研究，可以看出媒介素养本土建设主要集中在三个方面：一是媒介素养基础理论与方法的探

---

① 转引石晋阳、陈刚：《论媒介素养教育的情感转向》，《现代传播（中国传媒大学学报）》2016 年第 4 期，第 155 页。

② 张艳秋：《加拿大媒介素养教育透析》，《现代传播（中国传媒大学学报）》2004 年第 3 期，第 90—92 页。

素，主要涉及媒介素养的界定、媒介素养的能力范畴与媒介素养教育等议题；二是国际媒介素养的研究议题与动向，主要是欧美地区的媒介素养法规、政策以及相应媒介素养教育工作等，为国内媒介素养研究提供了一个学习的窗口；三是对西方媒介素养内容的质疑与媒介素养本土化发展路径的探讨，此类研究还处于起步阶段，主要从文化与议程设置上对西方媒介素养内容提出疑问，并以此为基础，积极探索本土媒介素养教育的路径。

总体而言，媒介素养在本土化过程中取得了巨大的进展，这个西方概念开始在中国生根发芽，展现出积极拓展的态势。但也存在着明显的不足：一是缺乏对西方研究的批判与独立的理论、方法体系。媒介素养的提出是在西方语境下产生的，概念以及相应的理论主要由西方学者主导，尽管其出发点值得认同，但其背后蕴含的西方价值观与西方所谓"普世文化"思想，对我国并不一定适用。相比之下，国内的研究与活动开展实践调研相对较少，因此，理论上大多数照搬照抄，没有与自身文化特色相融合。同时，无论是国内还是国外，媒介素养都缺乏科学有效的方法来形成独立学科，以至于缺乏自身特色。尽管大家对媒介素养的重要性有了共识，联合国教科文组织为此专门主导此类活动就是最好的证明，但媒介素养的理论来源于认知学、教育学、社会学、信息科学等领域，还存在交叉、混乱现象，没有建立起独立的理论与方法体系。二是思想政治的融入不够。社会发展与人的发展息息相关，人不可能脱离社会自我发展。媒介素养在处理媒介与人的关系时，就应当将社会语境纳入其中，将社会发展理念贯穿始末。中国特色社会主义是中国历经磨难在艰苦奋斗中摸索出来的实践经验，是中华文化与马克思主义顺应时代发展相结合的产物，是我们自主、自强与中华民族伟大复兴的思想武器，在实践中经受了重重检验，被证明是适合中国发展的理论体系。媒介素养应将党的理论、国家的发展以及优秀的传统文化统统融入其中，真正实现人与社会的发展统一。但就目前而言，媒介素养教材与课程内容对此方面缺乏梳理，相关的研究也缺乏理论上、方法上的融入。

### 三、媒介素养课程思政元素建设方向与路径

媒介素养课程思政元素建设就是要将党的思想体系、中华传统优秀文化融入课程中，借助课程提升学生的思想修养，增强其主体意识，在课程中传导出制度自信、文化自信。依此而言，对本土媒介素养课程来说，课程思政元素建设方向与路径有以下两种。

#### （一）传统文化价值的提炼与融入

文化的传承与熏陶始终是一个国家或一个民族生存的基础。中国是文明古国，拥有悠久的文化历史，在世界上也享有独特的地位。党中央提出的文化自觉、文化自信，实质就是要在理解自己文化的基础上，对自己的文化充满自信，不仅认可、传承自己的文化，还要推广自己的文化，在全世界文化多样性中保持自己的领域。媒介素养课程是在媒介语境下培育人的自主性，让人能在媒介社会中处理人与媒介的关系，也是培育人的课程。因此，媒介素养应充分挖掘我国优秀的传统文化，从经史子集与乡土闲话中，将优秀传统文化元素提炼出来，作为重要文化资源在媒介素养课程中体现，让优秀的文化基因能够深入学生的心田。具体而言，可以在媒介素养课程中，运用案例教学、虚拟技术、传统文化活动等方式，增加传统文化元素的展示、识别比重，介绍应用媒介传播传统文化的过程、方法、手段，在提高学生媒介素养鉴赏能力的同时，增强学生对传统文化的兴趣，传播好优秀的传统文化。同时，还可以充分利用新媒体技术，将传统文化转化为新媒体用语，实现传统文化的再生产，让传统文化与现代生活融合，提升学生的媒介创作能力，在赋能中传播传统文化。

#### （二）与中国特色社会主义理论体系的结合

媒介素养课程的初衷就是价值观引入，其目的是培育学生正确的价值观，使其能理性地认识媒介、理解媒介、利用媒介，增强媒介社会的和谐性，让媒介社会充满积极的正能量。媒介素养课程应积极拥抱马克思主义思

想与价值体系，将经过实践检验的中国特色社会主义理论融入课程体系之中，让学生感受到党的思想的伟大与先进，从社会主义建设的成就中体会到制度的优越性，从而树立正确的价值观。媒介素养课程应为学生抵御西方文化侵袭提供思想武器，从而真正实现为社会主义建设培育建设者的育人目标。我们一方面可以以马克思主义、毛泽东思想、邓小平理论、习近平新时代中国特色社会主义思想中的观点、思想、事迹等作为思政元素，以主题教育形式融入媒介素养课程中，在媒介素养的价值观培育中贯穿党的思想与价值体系；另一方面可以从党史出发，从党刊、党报等材料中挖掘思政元素，从媒体中发现思政内容，让学生认知制度、理解制度，学会处理与媒介的关系。此外，还可以从国家建设成就入手，将其与新媒体内容结合起来，增强学生的国家认同，体会制度的优越性。

## 四、结语

思政元素的融入是媒介素养课程贯彻党中央育人方针的必然选择。只有将传统文化价值与中国特色社会主义理论体系融入课程之中，让学生感受到文化自信、制度自信，学生才能有积极良好的心态与实践能力，去应对日益泛娱乐化的社交媒体，才能在媒介中保持理性思维，树立正确的价值观，才能在社会主义事业建设中做一名合格的建设者。

# "广告案例赏析"课程思政元素提炼与教学实施探索

吴 凡[①]

**摘 要：**本文以"广告案例赏析"课程思政元素提炼和教学实施为例，从"协同育人"教学理念认知、课程内容梳理和课程思政元素提炼挖掘以及课程思政教学方案实施三个方面初步总结了"广告案例赏析"课程思政教学的内容和实施方法。

**关键词：**课程思政；元素提炼；教学实施

尽管每个学科每门课程的学习目标不同，但在实现立德树人、实现传道授业解惑与育人育才统一的目标上是一致的。现代教育的任务不仅仅是传授专业知识内容，更应当启发人的智慧，增进人的责任感，建构生命价值。因此在专业课的教学设计中实现知识传授、能力培养和价值塑造的多元统一需要创新教学思维和教学方法。

## 一、对"协同育人"教学理念的认知是专业课程思政的基础

大学课程中包括思想素质教育的公共课、专业能力课和专业实践课。在现实的课程教学中由于各种原因，三者会较为独立地进行。而课程思政就是把政治认同、国家意识、文化自信、人格养成等价值理念及精神追求的思想政治教育元素融入各专业能力课和专业实践课程中去，与各专业类课程固有的知识传授、能力培养融合起来，实现显性教育与隐性教育的有机结合，潜移默化地对学生的思想意识、行为举止产生影响，真正发挥既教书又育人的

---

① 吴凡，浙江工商大学人文与传播学院广告系教师，研究方向为媒介文化和媒介社会变革、品牌传播。

教育目的，实现"协同育人"的联动效益。

因此，专业教师对"协同育人"教学理念的认知是建设专业课程思政的基础。专业课教师自身对思政课程的认同，对课程思政目标、要求的准确理解，对思政课程能够有效促进专业课程价值导向的良性发展，增强专业课程的人文性、文化性方面的深刻认知，会对课程思政的有效进行和落实产生重要的影响。认知提高了，就会在开展教学活动中主动自觉地把专业课程建设和思政课程建设融合起来，就会进行系统、科学的教学安排。专业教师的认知深化了，育人意识和育人能力才能同步提升，才能确保专业课程思政建设的落地见效。

## 二、"广告案例赏析"课程思政元素的提炼和挖掘

### （一）"广告案例赏析"课程教学内容的梳理

案例教学法最早在医学、法学领域运用，后来在管理学中得到普及和推广，哈佛商学院的案例教学闻名世界。作为一种成熟的教学法，案例教学通过一种具体情境的描述或者重现现实场景，引导学生沉浸到案例场景中进行讨论，目的是促使学生对具体问题进行较深入的分析和讨论，学习解决问题的方法和提高能力，从而避免传统教学中重理论轻实务、重传授轻参与的缺点。

经典案例的选择在"广告案例赏析"课程的教学中占据相当重要的地位。

经典案例是广告理论转化为实际运用能力的桥梁。通过真实而具体的案例，学生进入被描述的广告策划现实情景中，以当事人的角度谋划广告策略。在案例分析讨论中，学生既要运用已学的理论知识，又要观察重视客观现实中出现的问题，这就促使学生积极主动地运用专业知识解决实际的现实问题，从而更加牢固地掌握专业知识。

经典案例还是训练学生思维能力的有效手段。黑格尔曾说逻辑是一切思考的基础。案例分析中总是带有一系列问题，对案例问题的分析，需要运用人的逻辑思维能力、认知能力、辨别能力、判断能力、创新能力和决策能力

等。案例教学中，学生面对一系列问题会不断运用这些能力认知、思考，从片面到全面，从浅显到深刻，从而锻炼提高逻辑思维的能力。

案例又是主动参与性学习的沟通渠道。教师选好案例这个剧本后，主要起着导演作用，学生在案例的阅读、分析和讨论甚至扮演中担当主角。在分析讨论的关键时刻，教师因势利导，引领点拨学生深入和全面地讨论问题，案例是增加师生互动沟通的渠道。

"广告案例赏析"课就是通过精选的经典案例开展教学的。要通过精选的广告案例展示广告策划的有关理论，通过相关案例的展示、讨论以及实践训练，使学生能够：（1）运用广告策划的基本原理理解广告特点、构成要素、表达手段、类型风格和文化内涵规律等基本理论；（2）运用广告策划表达的方法理解、分析、认识具体广告作品的策划和表达艺术以及心理审美和文化内涵；（3）运用广告的原理，结合自己的专业特点，培养有效应用和传达的能力。

根据案例教学的特点、教学目标和广告策划理论的基本知识框架，笔者梳理出"广告案例赏析"课的教学内容共 5 章 10 讲，如表 1 所示。

### 表 1 "广告案例赏析"课教学内容

| 章　名 | 课程内容 |
|---|---|
| 第一章　营销和广告策划的定义 | 第一讲　营销的概念、流程及内容 |
| | 第二讲　广告策划的概念、流程及内容 |
| 第二章　广告经典理论下的广告案例赏析 | 第一讲　定位理论、USP 理论及广告创意应用 |
| | 第二讲　BI 理论及广告创意应用 |
| 第三章　不同创意的广告案例赏析 | 第一讲　价值观理论与广告创意应用 |
| | 第二讲　文化价值变迁与广告创意应用 |
| 第四章　不同媒介载体的广告案例赏析 | 第一讲　平面、广播、影视广告的表达 |
| | 第二讲　新媒体广告的表达 |
| 第五章　广告表现方式的时代特性赏析 | 第一讲　娱乐化的内容和语言时代性表达 |
| | 第二讲　个性化与多元化时代的形式表达 |

### （二）"广告案例赏析"课程思政元素的提炼

作为隐性育人的课程思政，是以专业知识为基础，以课程为载体，在对课程教学内容和教学规律应有的尊重基础上，对课程所包含的思政元素进行深入挖掘后，设计并优化教学内容和方案。

将课程思政充分融入广告案例专业课中：一方面，将"广告案例赏析"课程的专业理论知识点、技能点作为载体，基于思政元素对课程内容进行挖掘；另一方面，根据思政元素对课程目标进行重构，保证课程的知识目标、能力目标和所制定的育人目标、素质目标一致。

根据教育部关于高校思政课程的要求，思政元素包括但不局限于以下角度：

（1）关于世界观的理论：马克思主义世界观和方法论、习近平新时代中国特色社会主义思想。

（2）关于价值观的理论：社会主义核心价值观、中华优秀传统文化、革命文化、社会主义先进文化。

（3）对于社会民生现实的了解：引导学生深入社会实践、关注现实，激发振兴国家、服务人民的家国情怀和使命感、社会责任感。

（4）对于职业素养的培育：经世济民、诚信服务、德法兼修的职业素养。

（5）对于国家战略政策法规的理解：相关专业和行业领域的国家战略、法律法规和政策。

（6）关于科学思维方法和科学伦理的教育：探索未知、追求真理的责任感和使命感，精益求精的大国工匠精神。

（7）关于中华美育精神和文化自信的建设：传承和弘扬中华优秀传统文化，提高审美和人文素养，增强文化自信。

结合上述 7 个方面的思政元素，依据广告专业的育人目标，挖掘提炼出"广告案例赏析"课程 5 章 10 讲教学内容中所蕴含的思想价值和精神内涵。"广告案例赏析"课程的思政元素应该包括：

广告从业者角度：

（1）广告从业者社会主义价值取向、政治认同和职业道德教育。

（2）广告从业者具有振兴国家、服务人民的家国情怀和使命感、社会责任感。

（3）广告从业者对国家战略政策法规的遵守。

广告创意和表达中：

（1）对社会主义核心价值观、中华优秀传统文化、革命文化、社会主义先进文化的弘扬和坚守。

（2）对中华优秀传统审美文化的传承和弘扬，坚定文化自信。

（3）对勇于探索创新、精益求精的大国工匠精神和开放融合的胸怀的追求。

这些思政元素要融入 10 讲的专业知识体系中，通过广告案例的历史变化、现实创新，结合历史、文化、行业的变迁，在课程的知识性角度、人文性深度和时代性、开放性的视野中把思政元素融入专业体系的教学中，为专业学科教育体系注入活力，如表 2 所示。

**表 2 "广告案例赏析"课程思政元素**

| 教学内容 | | 思政元素 | 思政元素提炼的依据 |
|---|---|---|---|
| 第一章<br>营销和广告策划的定义 | 第一讲<br>营销的概念、流程及内容 | 《广告法》中"广告应当真实、合法，以健康的表现形式表达广告内容，符合社会主义精神文明建设和弘扬中华民族优秀传统文化的要求"的理解和遵守；优衣库三里屯事件——借势营销的底线认知 | 广告从业者应遵守国家战略政策法规 |
| | 第二讲<br>广告策划的概念、流程及内容 | | |
| 第二章<br>广告经典理论下的广告案例赏析 | 第一讲<br>定位理论、USP理论及广告创意应用 | 经典理论下中国特色广告案例：<br>农夫山泉《大自然的搬运工》——品牌社会责任、员工形象和产品形象统一；<br>《责任在哪里 家就在哪里》——医生敬业精神 | 广告从业者的社会主义价值取向、政治认同和职业道德教育 |
| | 第二讲<br>BI理论及广告创意应用 | | |

续 表

| 教学内容 | | 思政元素 | 思政元素提炼的依据 |
|---|---|---|---|
| 第三章不同创意的广告案例赏析 | 第一讲价值观理论与广告创意应用 | 中国特色价值观广告案例:《你好！我是中国》——家国情怀国家形象广告; | 对社会主义核心价值观、中华优秀传统文化、革命文化、社会主义先进文化的弘扬和坚守 |
| | 第二讲文化价值变迁与广告创意应用 | 《中国梦娃》——传统美德的公益广告;方太《油烟情书》——中国式爱情表达 | |
| 第四章不同媒介载体的广告案例赏析 | 第一讲平面、广播、影视广告的表达 | 中国文化特色的广告创意与表达:故宫文创用品火爆——传统文化基因;百雀羚一镜到底神广告《一九三一》——传统审美特色 | 对中华优秀传统审美文化的传承和弘扬,坚定文化自信 |
| | 第二讲新媒体广告的表达 | 新媒体广告表现的社会责任边界认识:小红书——找到一切美好的东西;《南方周末》"让无力者有力,让有力者前行"——对社会的关爱;全棉时代《地球说:所有生命都暗含联系》《十年环保成绩单》——保护绿色家园社会责任感 | 广告从业者具有振兴国家、服务人民的家国情怀和使命感、社会责任感 |
| 第五章广告表现方式的时代特性赏析 | 第一讲娱乐化的内容和语言时代性表达 | 新时代广告特性的理性把握:支付宝《梵高为什么自杀》——创新故事化广告表达;江小白表达瓶——互动广告的形式突破; | 对勇于探索创新、精益求精的大国工匠精神和开放融合的胸怀的追求 |
| | 第二讲个性化与多元化时代的形式表达 | 搜狗机场搜索广告——用户思维的场景广告突破创新 | |

## 三、"广告案例赏析"课程思政教学方案的实施

"广告案例赏析"课程思政教学采用的是案例教学法。

### 1.教学的基本流程

（1）个人或小组准备：提前一周布置下周课上讨论的案例，要求学生阅读案例材料，熟悉所要讨论的案例，对案例中涉及的各种事实有所思考，并分析思考其中所出现的各种条件以及背景情况，提出该案例的核心问题，并为自己的观点提供理论和证据支持。

（2）班级互动讨论：各小组陆续发言，其余小组可提问、反驳论证。互

动中各小组的陈述要逻辑清晰，表达准确。各小组要保持有效的倾听，能把握时机及时讨论，并能为互动对话提供焦点和一些具有意义的探究性问题。可以在互动讨论中用"中心线索"法、"要素式"问题法训练学生提出有意义的话题。

（3）总结和有效测评：总结和反思是不是恰如其分，包括课堂参与、案例书面分析、正式报告等，检测讨论准备是否充分、发言水平是否达标、对问题的把握是否准确、对问题的分析是否独到、说理是否恰当深入以及文本表达是否流畅准确等。

**2. 专业课课程思政中教师的作用**

（1）课前精选与课程思政融合的专业经典案例。案例选择从历史性、时代性、文化性、价值性、导向性角度把握，并且是真实、典型的，而且具有可分析性，能够小中见大，能够从现象中看到专业本质，要把学科知识融入课程思政的广泛主题中去，这样的案例才能够提高学生讨论分析问题和解决问题的能力。

（2）课内讲授和案例讨论中，教师要起到"思政导航"的作用。在精讲课程知识点时，应该无缝融合课程思政元素内容。广告创意策划表达中无不体现价值取向，对中华优秀传统文化的继承和弘扬、对真理的探求、对社会和人民的责任感和使命感、对德法兼修的职业道德的守候等等都应该在授课中明确提示。在案例讨论中，教师应起到"教练"作用，不直接参与讨论，但关键时刻会指点迷津，引导方向；不参与评说，但会在关键时刻使讨论走向清晰并深入。让学生在讨论中总结广告创意策划中对于价值引领、文化自信、社会责任的感悟，以及对自身未来职业道德的思考，帮助学生在情感、认知及行为上产生认同感。

（3）课后有对课程思政教学的激励机制的设定。"广告案例赏析"课程要把课程思政的教学内容纳入课程考核体系中，在实施中要求学生在课程结束后上交一份对课程思政内容的感想作业，角度自选，教师批改，纳入课程总成绩中，以激励学生学习思政内容的积极性，进而增进学生自主学习的意识和责任感。

# 高校历史学科课程思政改革与实践

## ——以"中国历史文选"课程思政建设为例

马金霞 [①]

**摘　要：**历史学类专业课程蕴含着非常丰富的课程思政元素，以"中国历史文选"课程为例，思想政治教育融入专业课的路径有三：一是优化重构教学内容，选择有思政元素的历史名篇；二是创新教学方式方法，构建基于翻转课堂的线上线下相结合的教学模式；三是改革课程考核方式，注重形成性评价。

**关键词：**课程思政；历史学科；中国历史文选

## 一、"中国历史文选"课程思政改革的背景

"课程思政是指要通过构建全员、全过程、全方位的育人格局，使各类课程与思想政治理论课同向同行，形成协同效应，把'立德树人'作为教育的根本任务贯穿教育教学始终的一种教育理念。" [②] 党和国家一直非常重视大学生思想政治教育工作，早在 2004 年《关于进一步加强和改进大学生思想政治教育的意见》（中发〔2004〕16 号文件）中就指出："大学生是十分宝贵的人才资源，是民族的希望，是祖国的未来。加强和改进大学生思想政治教育，提高他们的思想政治素质，把他们培养成中国特色社会主义事业的建设者和接班人，对于全面实施科教兴国和人才强国战略，确保我国在激烈的国际竞争中始终立于不败之地，确保实现全面建设小康社会、加快推进社会主义现代化的宏伟目标，确保中国特色社会主义事业兴旺发达、后继有人，具

---

① 马金霞，浙江工商大学人文与传播学院讲师，博士，研究方向为中国古代史。
② 陈华栋等：《课程思政》，上海：上海交通大学出版社，2020 年，第 88 页。

有重大而深远的战略意义。"2010 年的《国家中长期教育改革和发展规划纲要（2010—2020）》，确立了"德育为先"的战略主题，要求把德育渗透于教育教学各个环节。2016 年 12 月，习近平总书记在全国高校思想政治工作会议上强调："要坚持把立德树人作为中心环节，把思想政治工作贯穿教育教学全过程，实现全程育人、全方位育人，努力开创我国高等教育事业发展新局面。"①在此基础上，2017 年中共中央、国务院发布了《关于加强和改进新形势下高校思想政治工作的意见》，提出"三全育人"的要求；同年，党的十九大报告提出"要全面贯彻党的教育方针，落实立德树人根本任务"。此后，中央又出台了《关于深化新时代学校思想政治理论课改革创新的若干意见》（2019 年）、《关于加快构建高校思想政治工作体系的意见》（2020 年）、《高等学校课程思政建设指导纲要》（2020 年）等一系列政策文件。

为贯彻落实中央文件精神，2020 年 12 月，浙江省教育厅制定了《浙江省高校课程思政建设实施方案》，提出着力构建彰显浙江特色的课程思政体系。2021 年 3 月，我校也印发了《浙江工商大学课程思政建设实施方案》，将建设具有中国特色、浙江特点、商大特质的课程思政育人体系作为总体目标，实现"门门有思政、课课有特色、人人重育人"的良好局面。习近平总书记说："历史是一个民族、一个国家形成、发展及其盛衰兴亡的真实记录，是前人的'百科全书'，即前人各种知识、经验和智慧的总汇。"②中国有着悠久的治史传统，流传下来的历史典籍是中华民族的宝贵财富，蕴含着前人的历史智慧和经验教训，是坚持"四个自信"特别是文化自信的重要来源。"中国历史文选"作为历史学专业的基础课和必修课，是历史学科课程思政体系建构的重要一环。"中国历史文选"课程思政建设，就要将价值塑造、知识传授和能力培养三者融为一体，充分挖掘本课程的思政教育元素，帮助学生塑造正确的世界观、人生观、价值观，提高高校人才培养质量。

---

① 《把思想政治工作贯穿教育教学全过程　开创我国高等教育事业发展新局面》，《光明日报》2016 年 12 月 9 日，第 1 版。

② 习近平：《领导干部要读点历史——在中央党校 2011 年秋季学期开学典礼上的讲话（2011 年 9 月 1 日）》，《党建研究》2011 年第 10 期，第 4 页。

## 二、"中国历史文选"课程思政的必要性和可行性

### （一）"中国历史文选"践行课程思政理念的必要性

#### 1. 应对百年未有之大变局，完成"两个一百年"伟业

2019 年 3 月 18 日，习近平总书记在学校思想政治理论课教师座谈会上指出："当前形势下，办好思政课，要放在世界百年未有之大变局、党和国家事业发展全局中来看待，要从坚持和发展中国特色社会主义、建设社会主义现代化强国、实现中华民族伟大复兴的高度来对待。我们正在为实现'两个一百年'奋斗目标而努力。未来 30 年，我们培养的人要能够完成'两个一百年'的伟业。这就是教育的历史责任。"[①]当前国内外局势复杂多变，为了遏制中国的发展和崛起，国际反华势力加紧了对国内的渗透与煽动，意识形态领域斗争日益激烈，处于价值塑造阶段的青年学生很容易受到各种思潮的干扰和诱惑。因此，践行课程思政理念，帮助学生塑造正确的世界观、人生观、价值观，事关中国特色社会主义事业后继有人，事关国家长治久安，事关民族复兴和国家崛起，是一项重大的政治任务。

#### 2. 落实立德树人，提高人才培养质量

建设课程思政，最根本的是贯彻党的教育方针，解决好培养什么人、怎样培养人和为谁培养人的问题。把思想政治教育贯穿高校教育教学全过程，实现全程育人、全方位育人，是落实立德树人根本任务的必然要求。加强课程思政建设，能够很好地解决专业教育和思政教育"两张皮"问题，寓价值观引导于知识传授和能力培养之中，使育人和育才相统一，提高高校人才培养质量。

#### 3. 彰显浙江特色，提升历史学专业教育质量

《浙江省高校课程思政建设实施方案》和《浙江工商大学课程思政建设实施方案》，都强调课程思政建设应彰显浙江特色。而《历史学类教学质量

---

① 习近平：《思政课是落实立德树人根本任务的关键课程》，《共产党人》2020 年第 17 期，第 6 页。

国家标准》则要求"培养学生具有坚定正确的政治方向、扎实的理论基础、广博的历史知识、深厚的人文素养、敏锐的问题意识与思辨能力"。充分利用浙江历史地理、人文资源对"中国历史文选"进行课程思政改革，将严谨求真的科学精神、人文素养、正确的历史观融入专业课程中，才能达到专业教育教学培养目标，提升历史学专业教育质量。

### （二）"中国历史文选"践行课程思政理念的可行性

#### 1."历史文化育人"是"文化育人"的重要组成部分

2018年浙江省发布了《浙江省高校文化育人工程实施方案》，要求"推进中华优秀传统文化、革命文化进校园，大力弘扬红船精神、浙江精神"。而"历史文化育人"是"文化育人"的重要组成部分和关键内容之一，习近平总书记说："对历史文化特别是先人传承下来的道德规范，要坚持古为今用、推陈出新，有鉴别地加以对待，有扬弃地予以继承。"[①]历史文化育人既能促进历史文化传承，又能建立历史文化支撑，进而强化大学生对中华文明的认同，是弘扬中华优秀传统文化的有力途径。

#### 2."中国历史文选"课程思政建设具有自身优势

"中国历史文选"是历史学专业的必修课，受众面较广，因而其也成为历史学科"课程思政"教育的重要载体。中国的史籍中蕴含着丰富的历史经验和教训，是中华民族的宝贵财富。"中国历史文选"通过精心挑选历史文献，在历史事件、历史典故、历史人物、史学思想、史学方法等教学过程中融入思政教育，让史实给学生心灵带来巨大震撼，让史学观念上的教育引导在学生意识形态层面产生重要影响。

---

① 《习近平在山东考察时强调　认真贯彻党的十八届三中全会精神　汇聚起全面深化改革的强大正能量》，《人民日报》2013年11月29日，第1版。

## 三、"中国历史文选"课程思政设计

### （一）课程目标

#### 1. 知识目标

（1）构建知识体系：通过阅读中国历史文献，学习史料学、文献学、文字学、训诂学的基础知识，了解中国历史文献的概况和古代文化常识。

（2）掌握研究方法：掌握分析、研究、利用史料的基本方法，培养古汉语的阅读和应用能力。

#### 2. 能力目标

（1）逻辑思维能力：培养学生的逻辑思辨和分析、解决问题的能力。

（2）沟通表达能力：提高学生的沟通表达水平，培养团队合作精神。

（3）学术写作能力：进行学术写作训练，提升学生写作水平。

（4）自主学习能力：利用线上线下混合式教学模式，提高学生自主学习和自我控制的能力。

#### 3. 素质目标

（1）德育目标：通过历史与现实相结合、理论与实践相结合、课内与课外相结合，充分落实三全育人，引导学生深刻理解中华传统文化和革命文化的思想精华与时代价值，厚植政治认同和家国情怀，增强文化素养和道德修养，进一步坚定"四个自信"，树立正确的世界观、人生观、价值观。

（2）智育目标：掌握历史学专业知识和研究技能，养成一定的自学能力、处理信息能力和创新思维能力。

（3）美育目标：通过对历史文学的鉴赏，增强学生的美感体验，培养学生欣赏美、创造美的能力。

### （二）思政元素

#### 1. 政治认同

坚持马克思主义立场、观点、方法，运用辩证唯物主义和历史唯物主义的世界观和方法论，以习近平新时代中国特色社会主义思想铸魂育人，扎根中国大地，讲好中国故事，坚定学生的理想信念。

### 2. 家国情怀

加强中华优秀传统文化和革命文化教育，弘扬以爱国主义为核心的民族精神，引导学生传承中华文脉和红色根脉，富有中国心、饱含中国情、充满中国味。

### 3. 文化素养

培养学生的人文精神和专业素养，使之具备唯物史观、时空观念、史料实证、历史解释、家国情怀等历史学核心素养。

### 4. 道德修养

教育引导学生深刻理解中华优秀传统文化中尊孝道、讲仁爱、重民本、守诚信、崇正义、尚和合、求大同的思想精华和时代价值；培育和践行社会主义核心价值观。

## （三）设计思路

### 1. 教学内容

以教学内容整合为切入点，重构教学内容，挖掘思政素材。从弘扬中华传统文化和革命文化出发，结合思政元素精选古今历史文献名篇，使学生在文献阅读中深刻理解中华优秀传统文化中尊孝道、讲仁爱、重民本、守诚信、崇正义、尚和合、求大同的思想精华和时代价值，帮助学生掌握马克思主义世界观和方法论，从历史与现实的维度深刻领悟马克思主义中国化的内在道理。

### 2. 教学方式方法

创新课堂教学模式，构建基于翻转课堂的线上线下相结合的教学方式。坚持以学生发展为中心，推动"互联网＋"在课程思政教学中的应用，建设网络教学平台和课程思政教学资源库，将线上慕课教学与线下课堂教学相结合，采用学导式、任务式、探究式、团队式等教学方法，激发学生的学习兴趣，使学生通过线上自主学习、课堂讲授讨论和课后任务拓展，实现知识、能力、素质达标。

### 3. 教学过程

以创新教学模式为切入点，在教学设计、课程考核等教学过程中融入思政教育。坚持以学生发展为中心，推动"互联网+"在课程思政教学中的应用，构建基于翻转课堂的线上线下相结合的教学模式。采用任务式、团队式、互动式、探究式教学方法，激发学生学习兴趣，引导学生深入思考。建立考评主体多元化、注重形成性评价的课程考核体系，获得教学过程中的连续反馈。

### 4. 教学实践

以教学实践为切入点，强化现场教学的育人实效。充分发掘浙江地方历史文化资源，利用浙江历史遗址、博物馆、纪念馆、烈士陵园等组织学生进行实地考察，将课程思政理念融入实践教学情境，引导学生自主参与、体验感悟，厚植爱国情怀，坚定文化自信，树立正确的世界观、人生观、价值观。教学内容和组织实施方式如表1所示。

**表 1 教学内容和组织实施方式**

| 教学内容 | 思政培养目标 | 实施组织 |
| --- | --- | --- |
| 讲授书本内容：<br>※ 学习《孔子世家》（《史记》）<br>拓展：<br>※ 考察杭州孔庙（碑林）<br>※ 考证史料来源 | ①史学专业素养<br>②学而不厌、诲人不倦、奋勉力行、和蔼谦逊的品格修养<br>③儒家思想的优秀成分 | ①线上线下相结合<br>②课堂精讲<br>③TBL融合PBL教学法<br>④实践教学 |
| 讲授书本内容：<br>※ 学习《大同与小康》（《礼记》）<br>拓展：<br>※ 阅读《大同书》<br>※ 撰写史学论文讨论"大同"思想对中国社会的影响 | ①史学专业素养<br>②理解大同思想的精华和时代价值<br>③传承中华文脉和红色根脉 | ①线上线下相结合<br>②课堂精讲<br>③讨论互动 |
| 讲授书本内容：<br>※ 学习《梁惠王上》（《孟子》）<br>拓展：<br>※ 撰写阅读札记 | ①史学专业素养<br>②理解民本思想的精华和时代价值<br>③传承中华文脉 | ①线上线下相结合<br>②课堂精讲<br>③讨论互动<br>④启发式教学 |

续　表

| 教学内容 | 思政培养目标 | 实施组织 |
|---|---|---|
| 讲授书本内容：<br>※ 学习《实知》(《论衡》)<br>拓展：<br>※ 撰写阅读札记 | ①史学专业素养<br>②学习王充的朴素唯物主义认识论<br>③学习浙江的历史人文，弘扬浙江精神 | ①线上线下相结合<br>②课堂精讲<br>③讨论互动<br>④启发式教学 |
| 讲授书本内容：<br>※ 学习《曹娥碑》<br>拓展：<br>※ 考察上虞曹娥庙和曹娥江水利工程遗迹 | ①史学专业素养<br>②理解孝道思想的精华和时代价值<br>③学习浙江的历史人文，弘扬浙江精神 | ①线上线下相结合<br>②课堂精讲<br>③讨论互动<br>④实践教学 |
| 讲授书本内容：<br>※ 学习《诚信》(《贞观政要》)<br>拓展：<br>※ 撰写读史札记 | ①史学专业素养<br>②理解诚信思想的精华和时代价值<br>③传承中华文脉 | ①线上线下相结合<br>②课堂精讲<br>③讨论互动<br>④启发式教学 |
| 讲授书本内容：<br>※ 学习《岳飞传》(《宋史》)<br>拓展：<br>※ 探访杭州岳庙 | ①史学专业素养<br>②弘扬以爱国主义为核心的民族精神<br>③传承中华文脉<br>④学习浙江的历史人文，弘扬浙江精神 | ①线上线下相结合<br>②课堂精讲<br>③讨论互动<br>④实践教学 |
| 讲授书本内容：<br>※ 学习《敬告中国二万万女同胞》(《秋瑾选集》)<br>拓展：<br>※ 探访秋瑾墓、辛亥革命烈士墓群 | ①史学专业素养<br>②弘扬爱国主义精神和革命文化<br>③学习近代妇女解放运动<br>④学习浙江的历史人文，弘扬浙江精神 | ①线上线下相结合<br>②课堂精讲<br>③讨论互动<br>④实践教学 |
| 讲授书本内容：<br>※ 学习《警厅拘留记》(《周恩来早期文集》)<br>拓展：<br>※ 参观绍兴周恩来祖居 | ①史学专业素养<br>②弘扬爱国主义精神和革命文化<br>③传承红色根脉，坚定理想信念<br>④学习浙江的历史人文，弘扬浙江精神 | ①线上线下相结合<br>②课堂精讲<br>③讨论互动<br>④实践教学 |

## （四）教学评价

课程思政最终需要落脚到学生的思想政治素质发展上，不仅要考查学生对优秀传统文化的掌握，更要考查学生是否树立了正确的世界观、人生观和价值观。因此，"中国历史文选"改变传统的课程评价机制，建立起考核主体多元、注重形成性评价的课程考核体系。评价主体包括学生、班级评价小组和专业课教师，其中教师主要对学生在学习过程中表现出来的情感、态度、价值观变化，学科专业价值认知，遵守学术规范的操守，等等进行评价。参照浙江工商大学相关制度，我们将"中国历史文选"课程考核分为形成性评价和总结性评价，其中形成性评价占50%，总结性评价（期末考试）占50%。形成性评价由线上＋线下学习考核构成，考核内容包括视频学习、在线讨论、出勤情况、课堂表现、小组展示、课后作业等，具体情况如表2所示。

**表2 "中国历史文选"课程考核方式**

| 考核项目 | | 考核要求 | 比例 | 考评主体 |
|---|---|---|---|---|
| 线上学习 | 视频学习 | 教师根据学生观看在线视频的完成情况评分 | 20% | 教师 |
| | 在线讨论 | 教师视学生参与在线讨论的情况评分 | | 教师 |
| 线下学习 | 出勤情况 | 教师根据学生出勤率评分 | 30% | 教师 |
| | 课堂表现 | 教师依据学生回答问题、参与讨论表现出的水平和能力进行评分 | | 教师<br>学生 |
| | 小组展示 | 按照报告内容、语言表达和表现效果评分 | | 教师<br>学生<br>班级评价小组 |
| | 课后作业 | 教师根据学生史料分析运用能力、逻辑论证能力、语言表达能力、观点是否独到等评分 | | 教师 |
| 期末考试 | 闭卷考试 | 教师根据学生答题状况评分 | 50% | 教师 |

# 正本清源、明辨是非：清除历史虚无主义在中国近现代史教学中的流毒 [①]

杨齐福 [②]

**摘　要：**历史虚无主义既将真实历史"虚无化"，又将虚假历史"真实化"。这种社会思潮通过歪曲历史事实传播错误思想，干扰历史教学。文章揭示历史虚无主义的实质及其危害，强调在中国近现代史教学活动中必须旗帜鲜明地反对历史虚无主义，坚定不移地坚持历史唯物主义。

**关键词：**中国近现代史；历史虚无主义；危害；影响

历史虚无主义是一种错误的社会思潮，既将真实历史"虚无化"，又将虚假历史"真实化"，通过歪曲、丑化历史达到否定中国共产党的领导、否定社会主义制度的目的。为此，习近平总书记在党史学习教育动员大会上强调："要旗帜鲜明反对历史虚无主义，加强思想引导和理论辨析，澄清对党史上一些重大历史问题的模糊认识和片面理解，更好正本清源、固本培元。" [③]因此，我们有必要揭露其危害，肃清其流毒，在中国近现代史教学中坚持正确价值导向。

---

[①] 本文系浙江工商大学 2021 年度本科教学教改项目" 红色历史与高校中国近现代史教学改革"的研究成果。

[②] 杨齐福，浙江工商大学人文与传播学院教授，史学博士，主要研究方向为中国近现代史、区域史。

[③] 习近平：《在党史学习教育动员大会上的讲话》，《四川党的建设》2021 年第 7 期，第 11 页。

## 一、历史虚无主义的表现

改革开放后，中国近现代史教学取得了许多成果，但历史虚无主义也随之沉渣泛起。一些人否定马克思主义唯物史观为指导思想，反对阶级斗争学说、社会形态学说、历史发展客观理论等，盲目照搬国外史学流派的观点。他们以学术创新为由，把创新视作儿戏，抛弃唯物史观，提出荒谬观点。如他们提出太平天国运动是"一个笑话"，"绝无进步的历史意义可言"；"辛亥革命搞糟了"，"完全是近代中国特殊历史条件下革命志士鼓吹、争取的结果"，其破坏大于建设；五四运动"把民族传统文化赖以生存的东西截断了，一切民族虚无主义、一切政治灾难都是从五四运动来的"。[①]他们吹嘘西方列强入侵是帮助中国发展，中法战争、抗日战争都没有必要；推断若让清政府慢慢搞新政，中国今天也能实现现代化。他们大力褒扬曾国藩、李鸿章、慈禧、袁世凯、徐世昌等，却肆意贬抑洪秀全、孙中山等。这些荒谬的观点概括而言如下：

第一是抹杀人民的反抗。他们把中国近现代史诬蔑为"一部不断地杀人、轮回地杀人的历史"，一场"以暴易暴"的闹剧，否定近代以来中国人民不屈不挠的革命斗争精神。在他们笔下，这些"事件变得无足轻重，它不再是历史进程的动力和加速器，而仅仅成了一种符号、神话和幻觉"。[②]

第二是美化外国侵略和殖民统治。他们认为西方殖民主义侵略不但没有造成东方普遍落后，相反，"如果没有近代西方的殖民征服，人类，特别是东方各民族所有优秀的自然才能将永远沉睡，得不到发展"；"鸦片战争一声炮响给中国送来了近代文明"。[③]于是，他们把慈禧、李鸿章、袁世凯等人打扮成中国现代化的开拓者，称赞袁世凯是"走向共和"的元勋。

第三是研究的碎片化。他们主张"历史学必须放弃宏观综合，改为关

---

① 田居俭：《旗帜鲜明反对历史虚无主义》，《求是》2013 年第 19 期，第 44—46 页。
② 周振华：《应当十分珍惜党和人民奋斗的历史——兼评历史虚无主义的若干观点》，《求是》2000 年第 16 期，第 15—20 页。
③ 夏春涛、左玉河、吴英等：《历史虚无主义解析》，《史学理论研究》2019 年第 3 期，第 5—32 页。

注零碎的知识"，不应再描述历史的演变、进步与连续性，只需"发掘众多不连贯的瞬间"，完全"断绝了追求整体现实和再现全面性的可能"。[①] 他们把中国近现代历史现象加以碎片化，旨在消解历史的整体性，否定历史的规律。

细究历史虚无主义的种种表现，其核心内容主要体现在以下几个方面：

其一是否定革命。一些人否认 20 世纪中国发生革命的必然性，认为中国选择革命的方式实现社会变革是疯狂和幼稚的表现，歪曲革命是一种破坏的力量，会造成杀人流血现象，对人类社会进步而言没有任何建设性的意义。这样，"告别革命"话语流行一时。

其二是否定五四运动。少数人认为五四运动造成了传统的解体和历史的断裂，此后，中国从"以英美为师"走上了"以俄为师"的歧路。由是，中国与人类文明发展的主流背道而驰，耽误了六七十年发展时光。

其三是否定社会主义道路。部分人认为中国走社会主义道路是搞糟了，搞错了，阻滞乃至破坏了中国历史发展的正常轨迹，认为改革开放是对社会主义道路的修正和对"以英美为师"的"近代文明主流"的回归，还把改革开放前 30 年与后 30 年的历史割裂开来甚至对立起来。

其四是否定中国共产党的领导。某些人认为中国共产党领导的民主革命、社会主义道路是一系列错误的延续，影响了中国现代化的历史进程，企图借此彻底否定中国共产党的领导。

## 二、历史虚无主义的实质

历史虚无主义所反映的不仅是文化问题，而且是政治问题；不仅是对待历史的态度问题，而且是对待现实的态度问题。

首先，历史虚无主义抹杀文化传统，消解文化认同，瓦解理想信念，使人们丧失民族自尊心和自豪感，削弱中华民族的自信心和凝聚力，消融民族精神，导致民族虚无主义。

---

① 郑师渠：《近代史研究中所谓"碎片化"问题之我见》，《近代史研究》2012 年第 4 期，第 5—10 页。

其次，历史虚无主义否定中国近现代史的革命主线，特别是中国共产党领导的革命、建设和改革史，从历史依据上抽掉中国走社会主义道路的必然性，从根本上否定共产党领导的合理性、正义性。

最后，历史虚无主义的蔓延，既搞乱理论，也搞乱思想，诱使广大群众对马克思主义的科学性、社会主义的必然性、中国共产党执政的合理性产生怀疑。20 世纪 80 年代，一些自由派分子利用戈尔巴乔夫"民主化""公开性"口号，通过否定"十月革命"的道路，否定苏联革命历史，否定苏联社会主义制度，最后导致共产党执政地位的丧失、社会主义苏联的解体。

历史虚无主义的危害性不可小觑。有学者指出："这种危害性不仅广泛而且深刻，遍布社会经济、政治、文化和生活等各个方面，而且渗透入人们的思想、精神和心灵等各个领域，对人们的思想认识和思维方式造成无形的破坏。"[①]

## 三、在中国近现代史教学中旗帜鲜明地反对历史虚无主义

古人云："灭人之国，必先去其史。"习近平总书记一针见血地指出："国内外敌对势力往往就是拿中国革命史、新中国历史来做文章，竭尽攻击、丑化、污蔑之能事，根本目的就是要搞乱人心，煽动推翻中国共产党的领导和我国社会主义制度。"[②]因此，我们在中国近现代史教学中必须坚持唯物史观，客观讲授史实。

第一，必须强调革命是近现代中国历史的主旋律，也是历史的必然选择。近代以来，农民起义选择了革命，资产阶级选择了革命，无产阶级选择了革命，这不是以人的意志为转移的，实质上是历史抉择的结果。近代以来，中国人民面临着两大历史任务，即追求民族独立和人民解放、实现国家

---

① 高炳亮：《历史虚无主义的问题、危害及应对策略》，《理论与评论》2019 年第 3 期，第 84—85 页。

② 习近平：《关于坚持和发展中国特色社会主义的几个问题》，《思想政治工作研究》2019 年第 5 期，第 17 页。

富强和人民共同富裕。近代以来，帝国主义与中国的反动统治势力相勾结，蹂躏中国，奴役人民，亡国灭种迫在眉睫，这就决定了中国人民只能通过革命的手段才能获得民族独立和人民解放。

第二，必须指出近现代中国的社会现实不仅决定了解决中国出路的手段，而且决定了中国社会发展的方向。太平天国运动、戊戌变法、义和团运动和辛亥革命的失败表明中国人民需要新理论、新路径。十月革命的胜利把马克思主义送到中国。从此，中国共产党在马克思主义的指导下，领导人民经过艰苦奋斗，取得了新民主主义革命的胜利，建立了新中国，实现了民族独立，推动了中国社会现代化。这个伟大的史实充分说明中国人民选择社会主义道路和共产党领导是符合中国近代国情的，也是符合社会历史发展规律的。

第三，必须突出革命是现代化最重要、最强劲的推动力量。早在20世纪40年代，毛泽东就在总结历史经验的基础上讲清了革命和现代化建设的关系。他说："革命是干什么呢？就是要冲破这个压力，解放中国人民的生产力，解放中国人民，使他们得到自由。"[1] "没有独立、自由、民主和统一，不可能建设真正大规模的工业。没有工业，便没有巩固的国防，便没有人民的福利，便没有国家的富强……一个不是贫弱的而是富强的中国，是和一个不是殖民地半殖民地的而是独立的，不是半封建的而是自由的、民主的，不是分裂的而是统一的中国，相联结的。"[2] 这表明革命不是洪水猛兽，而是历史前进的动力，也是时代最好的营养剂，有必要在教学中大力弘扬革命精神。

第四，必须科学地评价近现代史主要人物。在中国近现代史教学中，人们要尊重历史，既不能贬低历史人物的作用，也不能夸大历史人物的影响。习近平总书记指出："对历史人物的评价，应该放在其所处时代和社会的历

---

[1]《毛泽东在中国革命死难烈士追悼大会上的演说》，李忠杰、李明毕主编：《中国共产党第七次全国代表大会档案文献选编》，北京：中共党史出版社，2015年，第688页。

[2]《毛泽东选集》（第3卷），北京：人民出版社，1991年，第1069页。

史条件下去分析，不能离开对历史条件、历史过程的全面认识和对历史规律的科学把握，不能忽略历史必然性和历史偶然性的关系。不能把历史顺境中的成功简单归功于个人，也不能把历史逆境中的挫折简单归咎于个人。不能用今天的时代条件、发展水平、认识水平去衡量和要求前人，不能苛求前人干出只有后人才能干出的业绩来。"①这"六个不能"是经典的评价、精准的戒尺，为历史人物评价提供了科学的方法论。革命领袖在中国近现代史中扮演了重要角色，发挥了重要作用。如何评价革命领袖？习近平总书记说："革命领袖是人不是神……不能因为他们伟大就把他们像神那样顶礼膜拜，不容许提出并纠正他们的失误和错误；也不能因为他们有失误和错误就全盘否定，抹杀他们的历史功绩，陷入虚无主义的泥潭。"②这种科学的认识论也为中国近现代史教育指明了方向。

历史虚无主义试图歪曲、抹黑中国近现代史以达到否定中国共产党的领导、否定社会主义制度的险恶目的。这种错误的社会思潮不仅扰乱了人心，而且破坏了正常的历史教学，因而，我们在教学活动中必须旗帜鲜明地反对历史虚无主义，坚定不移地坚持历史唯物主义。

---

① 习近平：《在纪念毛泽东同志诞辰 120 周年座谈会上的讲话》，2013 年 12 月 27 日，http://theory.people.com.cn/n/2013/1227/c40531-23954508-3.html。

② 习近平：《在纪念毛泽东同志诞辰 120 周年座谈会上的讲话》，2013 年 12 月 27 日，http://theory.people.com.cn/n/2013/1227/c40531-23954508-3.html。

# 溯源寻根：对"中国现代史"课程思政的思考 [①]

成梦溪 [②]

**摘　要**：课堂教学是建立先进思想文化的重要渠道。本文以追根溯源的理念深化历史课程与思政元素的结合。通过重新打造课程大纲、教学方式、课后作业等教学内容，采用学术思考、线上线下混合式教学、口述访谈等多样化设计，达到文化育人的坚实成效。

**关键词**：现代史；溯源；思政；唯物史观

改革开放以后，党中央非常重视青少年的思想政治教育工作，课程思政教育理念萌发。经过几十年的推进，现在已经进入了"课程思政教育理念的深化期"。党的十八大以来，党中央高度重视高校思想政治教育工作，全面构建高校思政工作体系，紧紧抓住高校立德树人、铸魂育人根本任务，提出了一系列新理念、新思想、新战略、新举措。2016 年 12 月，习近平总书记在北京举行的全国高校思想政治工作会议上强调："要用好课堂教学这个主渠道，思想政治理论课要坚持在改进中加强，提升思想政治教育亲和力和针对性，满足学生成长发展需求和期待，其他各门课都要守好一段渠、种好责任田，使各类课程与思想政治理论课同向同行，形成协同效应。" [③] 教育拥有着神圣使命，在传授知识之前，教师就要掌握好先进思想文化。思政对于高校坚持社会主义办学方向，培养德智体美劳全面发展的社会主义建设者和接

---

① 本文系 2021 年浙江省高等学校课程思政教学研究项目"融情忆史，初心弥新——'中国现代史'课程思政教学改革"的研究成果。

② 成梦溪，浙江工商大学人文与传播学院讲师，博士，研究方向为区域社会史、浙江地方史。

③ 习近平：《把思想政治工作贯穿教育教学全过程 开创我国高等教育事业发展新局面》，《光明日报》2016 年 12 月 9 日，第 1 版。

班人具有重要的实践意义。

本文拟讨论"中国现代史"课程的思政改革路径。从课程内容来看，中国现代史包含了丰富的思政教育元素。习近平总书记在 2014 年 2 月十八届中央政治局第十三次集体学习时的讲话中提出："不忘本来才能开辟未来，善于继承才能更好创新……对历史文化特别是先人传承下来的价值理念和道德规范，要坚持古为今用、推陈出新，有鉴别地加以对待，有扬弃地予以继承。这就是说，我们既不要片面地讲厚古薄今，又不要片面地讲厚今薄古，而是要本着科学的态度，继承和弘扬中华优秀传统文化，努力用中华民族创造的一切精神财富来以文化人、以文育人。"[①]历史学科是一门人文基础学科，通过有针对性的历史事实和案例启发，特别是中国各个历史时段的兴衰成败的教育启发，大学生可以从中探究事实和规律，进行情感判断和思考，把握社会的发展规律，树立起正确的历史观、文化观及发展观，以更宽阔的视野来面对今后的人生，自觉担当时代责任，牢固树立"发展才能自强"的意识和为中华民族伟大复兴而奋斗的伟大理想。

本课程的改革目标是将专业学习和思政教育结合起来，形成协同效应。尽管历史系同学也要学习"中国近现代史纲要"课，但作为专业必修课的"中国现代史"课程，从内容体量到教学重难点，均与纲要课有不少差别。"中国现代史"课程的改革，有利于将两门课结合起来，形成历史知识与思想政治教育之间的有机融合。

## 一、作为根源的历史

历史是现实的根源，当今我们正走在中国特色社会主义道路上，且越走越宽广。然而，基于意识形态及文化上的偏见，世界范围内依然有许多人在质疑甚至反对社会主义中国。当今世界处于大发展大变革大调整时期，文化、经济、社会等方方面面均面临新的挑战。如何应对新的变局？不仅发展

---

① 习近平：《在十八届中央政治局第十三次集体学习时的讲话》，中共中央文献研究室编：《习近平关于社会主义文化建设论述摘编》，北京：中央文献出版社，2017 年，第 140 页。

中国家存有疑问，就连发达国家也开始迷茫。因此，我们亟须对已有的成就、理论经验进行思考和总结，梳理出自己的理论道路。

"江河万里总有源，树高千尺也有根。"正如习近平总书记所言："中国特色社会主义不是从天上掉下来的，是党和人民历尽千辛万苦、付出巨大代价取得的根本成就。"①中国特色社会主义，是在对中华文明5000多年的传承发展中得来的，是在近代以来中华民族由衰到盛180多年的历史进程中得来的，是在中华人民共和国成立70多年的持续探索中得来的，是在改革开放40多年的伟大实践中得来的。而中国现代史，正是讲述1919年至1949年的历史，讲述近代中国的发展历史，讲述中国共产党诞生发展的历史。正因如此，教师需要挖掘出本课所含的思政元素，与学生一道梳理清楚中国特色社会主义的历史渊源和发展演进。在中国现代史课程思政改革中，教师和学生都要关注的问题在于，中国和中国共产党是如何在推进革命、建设、改革的进程中，经过反复比较和总结，历史地选择了马克思主义、选择了社会主义道路的？是怎样把马克思主义基本原理同中国实际和时代特征结合起来，独立自主走自己的道路的？是怎样历尽千辛万苦、付出巨大代价，开创和发展中国特色社会主义的？

历史课程与思政结合，能够使大学生更好地了解我国历史文化内容，实现对中华民族优秀文化的继承与发展。在此基础上，结合新中国建设发展道路及取得的伟大成就、中国特色社会主义文化、社会主义核心价值观的渗透教育，可以增强大学生的民族自豪感，树立"四个自信"，增强时代责任感，体现历史文化和传统文化育人的思想。此外，还能找到政治理论与历史事实的结合点，将历史唯物主义的原理和马克思主义在中国的实践、取得的成就相印证，解决理论空洞问题，提高教育说服力，帮助学生在世界文化的冲击中稳定根基。

因此，课程思政改革不是要改变中国现代史专业课程的本来属性，更不是要把中国现代史课程改造成思政课模式或者将所有课程都当作思政课程，

---

① 中共中央宣传部编：《习近平新时代中国特色社会主义思想学习纲要》，北京：学习出版社，2019年，第21页。

而是要充分发挥现代史的德育功能，运用德育的学科思维，提炼中国现代史中蕴含的文化基因和价值范式，如唯物史观、近现代中国人民的斗争史、中国共产党的奋斗史、五四精神、抗战精神等，将其转化为社会主义核心价值观具体化、生动化的有效教学载体，在"润物细无声"的日常教学中融入理想层面的精神指引。

目前的中国现代史教学中，虽然已经有了与课程思政相结合的观念，然而笔者在教学过程中，依然感到存在一些不足之处：

（1）教学思路停滞不前。部分老师普遍存在一个误区，认为思想政治教育工作是思想政治理论课的"主战场"，是思想政治理论课教师的"主业"，学生专业知识的学习掌握与专业技能的提升才是专业课程的职责所在，从而不可避免地出现思想政治理论课与通识课程、专业课程各自为政的局面，影响了高校育人的效果。

（2）学生主动性不够。学生也有这样的认识误区，认为专业课是学习专业知识的，而思想政治理论课才是进行思政教育的。在这个认识误区的指引下，学生在学习中国现代史时，只重视专业知识的学习，忽视思想政治理论的学习。

（3）课时不足。中国现代史是历史学本科生专业课，一周3学时，专业知识繁多而课程时间固定，在有限的时间里既要进行专业知识的教学，又要自然、"润物细无声"地贯彻德育内容，需要协调时间和授课方式。

（4）教学方法陈旧。上课通常采用老师全盘授课、学生单方面接收的方式，教学效果其实并不佳。学生在教学过程中没有主体地位，无法充分发挥自主意识，而老师的教学内容也往往比较故步自封，无法及时结合新时代要求。

在此背景下，如何将课程思政内容有效融入传统课程，便是需要我们认真思考的问题了。

## 二、溯源式改革探索

笔者鉴于实际教学体会，对本课程思政改革有几点思路。在思政教学改革中，历史所占据的位置及其作用是关键的，它是思政改革所应追溯的源头。在溯源理念的关照下，有以下几个改革方向：

首先，从教学模式上看，实现从"以教为中心"向"以学为中心"转变。"中国现代史"课程思政应关注学生的个性特点，针对学生的思想动态及其所关注的问题展开，教学中既有总体上的"漫灌"又有因人而异的"滴灌"，既注重一般意义上的知识传授和理论阐释，又注重思想教育的生动性和感染力，更多地采用学生喜闻乐见的话语方式和教学方式。本门课程即采用线上线下教学互动，了解学生学习动态和思想情况，在课堂教学中有针对性地教学。

其次，从教学途径上看，要将课程从课堂内延伸到课堂外，构建课程新范式。课程思政既是对思想政治理论课程与各类课程的一种整合，也应该是第一课堂和第二课堂的一种整合，需要做到一种"延伸"。课堂外物质环境和精神环境是重要的"隐性课程"，尤其是课堂外有许多中国现代史教学相关的素材，这些都应该作为重要的教学资源整合进课程思政的新范式。

再次，从师生互动上看，要建立有效沟通渠道，做到在言传身教中实现立德树人。"学高为师，身正为范。"老师要处处为人师表，通过课堂互动、课后答疑、小组讨论、网上交流、教学反馈、学业指导等教学方法加强与学生的交流与沟通，用好课堂讲坛、校园阵地，用自己的行动践行社会主义核心价值观，用自己的学识、阅历、经验点燃学生对真善美的向往，使社会主义核心价值观春风化雨般地浸润学生的心灵，增强学生的价值判断能力。

最后，建立科学的评价体系，动态检验学习成果，即时反馈学习效果。在学习过程中，还需要通过测验、作业、讨论、考试等形式了解学习者学习的效果。利用线上平台，教师通过及时的反馈保持学生的学习热情，同时根据学生的测试结果，给予个性化的指导，提供更丰富和有针对性的学习资料。

基于以上思路，在实际的教学实践中，本门课程主要采用线上线下混合式教学的形式，结合超星学习通平台、中国大学慕课平台等教学资源平台，在线上设置"中国现代史"课程，每章节补充相关视频、论文、书籍与作业、讨论，进行线上和线下的教学互动。每一教学环节均可加入思政元素，收效颇佳。

课堂讲授环节，即在课程内容上改造、补充思政元素，争取将思政元素用学术的方式阐释清楚。这一点首先要从课程大纲着手，全盘构思课程内容与思政的结合点。例如，"中国现代史"第一章北洋政府统治的继续与新民主主义革命时期的开始，该章内容需要注意提炼和强调中国人民的斗争史、唯物史观、马克思主义的传播、中国共产党的奋斗史。再如第四章日本帝国主义的武装侵略、中国的抗日战争，这一章可以加入并提炼的则是延安精神、抗战精神、中国共产党的奋斗史。又如第五章国民党全面统治的崩溃、中华人民共和国的成立，这一部分的内容则要注意梳理历史，认识人民选择中国共产党、选择社会主义道路的历史必然性，提炼"四个自信"。

作业环节，是将大历史与个体结合的最优路径，也是将思政元素落到实处的最佳部分。笔者请每个学生做一次课堂报告，主题为1937年之前家乡的共产党组织发展历史。作业布置之后，每个学生都自行查阅了家乡的地方志、党史材料以及网上所能搜集到的相关史料，最终还原了自己家乡的中国共产党历史，以及他们未曾关注过的革命战士。许多同学在课堂报告时流露出真情实感，一方面对于了解了家乡的党史感到开心，另一方面又从心底敬佩、崇敬前辈先贤们，希望能学习、继承他们的革命精神。

此外，本课程依据实际教学进度安排了一定的实践环节，如参观博物馆、口述史社会实践等。笔者请学生在假期归家时对自己家族中的长辈进行口述访谈，主题为普通人对于近代以来历史事件的体验。有的学生访问了自己的外婆，了解了普通人在抗美援朝战争中的经历与体会，有的学生根据史料和口述材料还原了家庭联产承包责任制的演化，有的学生回顾了改革开放初期温州农村经济发展概况。每个学生都尝试将宏大叙述与个体经验相结合，从一个更立体、全面的角度去思考历史。

这样的教学安排是有其可行性的。首先，最基础的一项条件是开课时间有保障。"中国现代史"课程是历史专业必修课，对历史系大二学生开设。本门课程不存在不开设或因选课不足无法开设的情况。其次，如前文所述，本课程的教学内容与课程思政紧密契合。从内容上看，中国现代史是一部中国从苦难、抗争走向胜利的历史。

而从学生的角度出发，则可收到较好的学习效果，在实际教学过程中确实如此。一方面，用新的方式进行本课程教学，在不影响专业知识的传授情况下，可以提高学习效率，学习的思政内容增多。通过改革课堂教学，充分利用精品在线开放课程的资源，将在线学习与课堂教学、课程思政紧密结合，提高学习效率。教师精心设计课前、课中、课后各项任务，学生根据课程导学线上深度自主学习。另一方面，提高学生学习兴趣，学生学习思政的主动性得到提高。改变教师讲解"满堂灌"的教学模式，有利于培养学生自主学习、自主探究的能力；通过考核方法的改革，更加客观、全面地对学生做出学习评价，有利于调动学生的积极性、主动性与创造性。更重要的是，在新的教学方式中，学生的思想素质、政治水平均能够得到提高。

## 三、小结

"中国现代史"课程思政改革，是在有效地利用历史资源，追根溯源，从深层挖掘并体现文化育人的思想。传统文化中的"仁爱、诚信"等思想，近代历史上的延安精神、抗战精神、实事求是等信念，对于当代大学生政治教育仍有重要启迪作用。本课程坚持批判继承原则，将历史知识与课程思政结合，紧跟新时代要求，充分运用红色历史文化资源，让学生深入了解马克思主义中国化的历程，更好地认识到宝贵的社会主义思想政治理论来之不易。学生通过理论学习，掌握马克思主义唯物史观的基本原理，并能运用唯物史观分析中国现代史中的重要问题，科学地评价历史人物与历史事件。同时，将理论学习与实践学习相结合，通过实地参观、口述史社会实践，学生能够更加直观地了解近代中国社会变迁。

此外，历史教学需要具象化、生动化，融入思政元素后更应如此。因此，本课程在教学方法上与时俱进，采用多种教学方法辅助教学，有助于发挥学生学习的主体作用，更好地建构抽象层面的历史知识与思政内容。通过精心的教学设计，巧妙编排教学内容，让学生能够运用思想政治理论知识，对历史事件进行多维度的思考，剖析历史事件背后的规律性，反思历史事件的治乱兴衰。进而，学生能够通过历史文化的相关启发提高自身的思想道德素质，并坚定政治信仰。

总之，中国现代史课程思政的方向，是希望将历史学科的理性实证精神同增进与提高大学生思想政治素质结合起来。每个时代有不同的发展方向与主体价值，如何在喧哗中保持清醒，学生在历史学习中能够很好地体会这一点，从而映射当下，增强对思想政治理论的信心。对历史演进过程中治乱兴衰的分析，对红色历史文化的梳理，用历史的思维来思考与批判，都是理解宝贵的社会主义思想政治理论的路径。

# 基于立德树人的本科生导师制建设 [①]

厉国刚　胡航桦 [②]

**摘　要**：立德树人是教育的根本任务。高等教育需要以思想价值引领、贯穿教学活动，实现全员育人、全程育人、全方位育人。本科生导师制是一种人才培养和管理模式。遵循"立德树人"这一根本任务，不仅可以使本科生导师制的使命更加清晰，使本科生培养目标更加具体，还能凸显思想政治教育在本科生导师制中的地位。本文阐述了本科生导师制的起源与发展，并分析了"立德树人"的内涵，阐述了基于立德树人的本科生导师制的意义，最后就如何推行和落实提出了建议。

**关键词**：本科生导师制；立德树人；导师队伍建设

《教育部关于全面提高高等教育质量的若干意见》指出："改革人才培养模式，实行导师制、小班教学，激发学生学习主动性、积极性和创造性，培养拔尖创新人才。" [③] 自该意见发布后，各大高校纷纷进行了改革和实践，旨在创新人才培养和管理的模式，为国家和社会的发展提供强有力的人才保障。本科生导师制是浙江大学、中国科学院大学、中国石油大学、上海交通大学、山东大学等多所高校积极探索和创新的人才培养和管理模式。这些高校在本科生导师制上的实践为高校人才培养模式改革积累了宝贵经验。分析

---

① 本文系浙江工商大学 2020 年度校级高等教育研究课题"高水平大学建设视域下的本科生导师制研究"（项目编号 Xgy20047）的研究成果。

② 厉国刚，浙江工商大学人文与传播学院教师教学发展分中心主任，副教授，硕士生导师，博士，研究方向为品牌传播、数字媒体与智能传播；胡航桦，浙江工商大学人文与传播学院 2020 级新闻与传播专业硕士，研究方向为传播学。

③《教育部关于全面提高高等教育质量的若干意见》，2012 年 3 月 16 日，http://www.moe.gov.cn/srcsite/A08/s7056/201203/t20120316_146673.html。

本科生导师制在学生管理、教学活动等方面发挥的作用和面临的问题，有助于不断提高我国高等教育的教学和人才培养质量，不断改进人才培养的模式，为国家高等教育事业的发展献出绵薄之力。

# 一、关于本科生导师制

## （一）本科生导师制的起源与发展

在 14 世纪，英国大学本科生教育的目标为培养各领域的专业人才和研究人员，因此针对此项目标所设立的本科生学业考察制度相较以往更加严苛，在教学高目标的驱使下，部分学生为了能够顺利通过学校的考核，便另寻了专门提供学习辅导的私人教师，"私人导师制"便由此诞生。对于一些出身寒门、家庭不富裕的学生来说，教育资源的分配发生了明显偏移。为了让每个人都能享受到平等的教育，牛津大学和剑桥大学等英国名校开始将"私人导师制"纳入正规的教育体系中，由学校来承担聘请导师的费用，并制定了一系列详细的实施细则和培养方针，例如规定导师和学生时隔多长时间进行一次面对面交谈，规定导师不仅要解答学生在学习上的疑惑，还得解决学生在思想、心理和生活等各方面遇到的种种难题，让学生能在导师的引导下得到全方位的发展。这种"言传身教"式的教学能让学生在潜移默化中得到导师的熏陶。

后来，本科生导师制从英国传到了美国，并得到了进一步的发展，哈佛大学在本科生导师制的基础上改良了以宿舍为基本单位的"学院式生活方式"，让导师和学生在日常生活中得以广泛接触和交流。普林斯顿大学还开创了让高年级研究生担当低年级本科生导师的先河，进一步促进了本科生导师制的发展。

中国最先引进导师制的是 1938 年的浙江大学，时任校长竺可桢先生首次推行该制度。[①] 中华人民共和国成立之后，研究生导师制在全国范围内得

---

[①] 胡贵强：《应用型高校本科生导师制的探索与思考》，《文教资料》2018 年第 6 期，第 125—126 页。

到全面推广和实践。进入 21 世纪后，我国高校开始试行本科生导师制。

## （二）本科生导师制的研究现状

以"本科生导师制"为关键词在中国知网上进行检索，截至 2020 年 12 月底共检索到 2665 条结果，论文发表数量自 2001 年起逐年增多，2016 年发表的相关论文最多。这些论文大致可以分为三类：第一类是将本科生导师制和专业特色联系在一起，探讨具体专业在实践本科生导师制时所遇到的问题和解决对策；第二类是以个别高校为例，以问卷调查法、访谈法等社会学研究方法对某个高校实行本科生导师制的效果进行评估，从中找出制度的缺陷和不足，并尝试提出解决措施；第三类是借鉴国外大学实行本科生导师制的经验，比较国内与国外在实践该模式时遇到的挑战，并联系国情提出完善制度的方法和措施。

以上三类研究成果都在不同程度上总结了实行本科生导师制的意义，研究者们普遍认为：本科生导师制有助于让学生形成合理的知识结构，使其更好地融入大学生活和学习；有利于学分制的实施，老师能引导学生更快熟悉大学的教学模式和考核方式；导师可以因材施教，根据学生的实际情况，有针对性地制订适合其特点的学习方案；有利于培养学生自主学习、创新开拓的能力；有利于导师将教授知识和立德树人有机结合在一起，并实现教师队伍的自我优化。同时，研究者还将我国现行的本科生导师制分为五类，分别是全程本科生导师制、高年级导师制、低年级导师制、英才导师制和学生宿舍导师制。[1] 这五种本科生导师制分别对导师的职责和任务划定了不同的范围和标准。但总体来说，我国的本科生导师制在实践过程中仍然存在一些问题：一是导师和校方在观念上存在误区，将教书和育人割裂开来，对本科生导师体系不重视；二是在高校扩招的影响下，师资队伍存在滞后、人数不足等问题，导致一个导师带多名学生；三是导师因教学和科研任务繁重，无法履行导师制所规定的职责，让本科生导师制名存实亡；四是高校设置本科生

---

[1] 罗国基、周敏丹、王迎娜：《近年来高校本科生导师制研究综述》，《东华理工学院学报》（社会科学版）2007 年第 4 期，第 429—434 页。

导师制流于形式的现象严重，缺乏反馈、监督和激励机制，导致权责不清、评价困难、缺乏有效反馈等问题。

我国高校本科生导师制从 21 世纪才开始得到推广，经历了 20 年的探索和实践，积累了数量相对可观的研究成果，但是这些研究成果存在重复率较高、质量有待提升、研究视野不够广、理论性稍显不足等问题。在研究方法上，以总结前人经验和实证调查为主，缺少对体制的深入研究，导致许多研究的内容与不同学科和专业的适配度不高。笔者认为，研究本科生导师制应结合多学科，从其他学科中汲取丰富的理论知识，学习有效的研究方法，开拓研究视野，使本科生导师制发挥应有之效果。

## 二、基于立德树人的本科生导师制

### （一）"立德树人"的内涵

国务院在 2016 年和 2019 年相继印发了《关于加强和改进新形势下高校思想政治工作的意见》和《关于深化新时代学校思想政治理论课改革创新的若干意见》，这两份文件都强调了高校思想政治教育的重要性，认为加强和改进思政教育是一项基础性工作。

培养什么样的人才、如何培养人才、为谁培养人才是关乎国家未来发展和前途命运的重要问题，也是我国高校教育事业发展中不得不回答的问题。习近平总书记在全国教育工作大会上指出："我国是中国共产党领导的社会主义国家，这就决定了我们的教育必须把培养社会主义建设者和接班人作为根本任务，培养一代又一代拥护中国共产党领导和我国社会主义制度、立志为中国特色社会主义奋斗终身的有用人才。"[1]习近平总书记的发言指明了我国高校教育的根本任务和基本方向。党的十九大报告指出要"培养担当民族复兴大任的时代新人"，归根结底就是要"立德树人"。

---

[1]《习近平：坚持中国特色社会主义教育发展道路 培养德智体美劳全面发展的社会主义建设者和接班人》，2018 年 9 月 10 日，http://www.xinhuanet.com/politics/2018-09/10/c_1123408400.htm。

"立德树人"的前提是"立德"，立什么样的德决定了树什么样的人。立德树人是中华优秀传统文化的重要内容和思想遗产，至今仍在社会建设和文化建设中发挥重要作用。"立德"中的"德"不仅仅是指道德，还包括一个人的思想品质、理想信念、价值观念、政治文化素养等，它综合反映了一个人的精神世界、思想境界和道德水平。强调"德"在教育中的作用是因为离开对德行的培养，教育的方向就会产生偏差。"立德"的根本目的是"树人"，离开"树人"这一目标，"立德"便失去了意义，"树人"即培养有用之人。立德树人不仅解决"培养什么样的人"这一问题，也解决"如何培养人"的问题。

### （二）"立德树人"对本科生导师制的意义

立德树人使本科生导师制的创立使命更加清晰，明确了新时代教育事业的根本任务。本科生导师制作为一种"舶来品"，要充分与我国的现实环境相匹配，解决该制度当中与时代发展和国情不相适应的地方。本科生导师制的创建需要以目标作为牵引，以使命作为导向，而立德树人抓住了社会主义教育事业的本质要求，拓展了社会主义人才培养的内涵，无论本科生导师制在发展的过程中有什么样的变化，其根本目标和使命不变，人才培养的职责不变。

立德树人使本科生导师制的培养目标更加具体明确。高等教育从精英教育向大众化教育的转变，使大学生培养的目标、任务、方法都发生了改变。在此背景下，我们提出将立德树人作为培养方向。本科生导师制的发展历程也是从"私人辅导"转向"大众教育"。由此可见，"立德树人"是本科生导师制发展的必然方向之一，它强调"德"作为人才培养基础一环的重要作用。在立德树人的教育目标之下，培养社会主义人才就要培育和践行社会主义核心价值观，要将其贯穿到课堂教学、学生管理的各个环节中。

立德树人使本科生导师制中的思想政治教育作用更加凸显。思想政治教育是高校教育教学的重要内容，思政教育人才是高校师资队伍的重要组成部分，思政教育在高校学科布局中要有地位。在立德树人的教育目标下，本科生导师制在施行的过程中必须将思想政治教育摆在与专业知识教育同等重要的位置上。本科生导师制自 21 世纪在我国各大高校推行至今，常因观念上的错误而导致收效甚微，以往将"教书"和"育人"割裂开的教育观念严重影响着本科生导师制的发展。立德树人的教育目标将思想政治教育的地位提升到相当的高度，促使大学生在政治觉悟、道德品质、人文素养、科学素养和心理素质等各方面有机、协调发展。

## 三、如何推行基于立德树人的本科生导师制

本科生导师制是一个系统，从激发导师和学生的热情、制定合理的管理制度，到完善评价体系、完成导学目标，这一系列过程都必须保证有效健康且全面客观。针对如何完善本科生导师制的问题，很多学者提出了自己的建议，笔者将这些观点归纳起来后分成以下几点：第一，要建立完善的规章制度，并保证其能够长期、有效、稳定地运行下去；第二，在数量上和质量上加强对导师队伍的建设，聘请在品德、学识、思想等方面综合素质较高的老师作为本科生导师，其在指导学生进步的同时也应不断充实自我、完善自我；第三，转变导师和学生的观念，将育人和教学相结合，鼓励学生不仅要努力追求学业上的成就，而且要注意思想品德等方面的修养。

具体到基于立德树人的本科生导师制，首先需要突出立德树人这一根本目标，这是核心，必须紧紧围绕着这一点。此外，具体来说，需要做好以下几个方面的事情。

### （一）坚持以马克思主义为指导

伴随着经济全球化和互联网的快速发展，多样化的文化和思想潮流呈现出多变、碰撞、猛烈交锋的趋势，大学生由于自身知识和视野的局限性，在思想上存在迷茫或摇摆不定的现象，在推行基于立德树人的本科生导师制的时候，必须坚持以马克思主义为指导的根本原则，充分发挥马克思主义强大的理论魅力。当代大学生肩负着中华民族复兴的伟大使命，若要承担时代责任，就必须成为"有理想、有道德、有文化、有纪律"的社会主义人才。本

科生导师制在制度设计、效果反馈、奖惩考核等方面都需要以马克思主义为原则和根基，从立德树人的维度出发，做到两者之间相互渗透、同向同行、互相贯通。

## （二）立足国情，与时俱进

高校针对大学生设立本科生导师制，不应当坐而论道，将结构化、系统化的制度建设描绘成理想的"乌托邦"，而是要立足国情。在借鉴国外丰富经验的同时，立足中国特色社会主义道路进行实践。联系现实，面对现实，既不照搬国外制度，也不故步自封。能够与时俱进，采取符合时代潮流的手段和工具，不断创新。

## （三）做细做实，注重实效

高校围绕立德树人实施本科生导师制，不仅要在思想上转变观念，在形式上有所创新，还要在内容上做到禁得起推敲。本科生导师制应当做细做实，这是因为思想政治教育必须根植于大学生的日常生活，细微之处见精神。导师们要善于寻找和发现价值教育与学生生活的交集之处，让思想政治教育在生活细节中得到共鸣、强化认同。强调落实，也是为了摈弃形式主义。只有充分履行本科生导师制的各项职责，才能发挥制度应有之效果，真正将立德树人落到实处。

# 第二编：新文科建设篇

# 新文科背景下文科类专业实践教学创新研究 [1]

周志平 [2]

**摘　要**：在当前的国内高校中，虽然文科类专业早就开展了实践教学，但是当前文科类专业实践教学模式依然存在不少问题。新文科时代文科类专业开展实践教学具有很强的必要性，为了能够更好地开展新文科背景下文科类专业的实践教学，教育工作者必须探索和坚持符合新文科时代要求的教学指导思想与原则，并积极创新文科实践教学活动。

**关键词**：新文科；文科类专业；实践教学；创新

在当前的国内高校中，尽管文科课程开展实践教学体现了高等教育发展的方向性、时代发展的紧迫性、学科教学的内在需求性和学生全面发展的必要性，但是实践教学的开展现状不尽如人意，普遍存有如下问题：一是对实践教学的重要意义认识不足；二是实践教学管理制度不完善；三是实践教学模式单一，流于形式，大多文科课程的实践教学在实施模式上单一呆板，在实施过程中应付了事；四是实践教学收效甚微。以上诸多因素最终导致多数高校的文科课程实践教学没有落到实处。学生难以从实践教学中提高动手能力、创新能力、社会适应能力以及分析问题和解决问题的能力，难以从中真正得到锻炼。可见，文科课程实践教学的效果不仅直接影响课程教学目标的实现与高素质人才的培养，还影响到毕业生的未来生活境况与发展。

---

[1] 本文系 2020 年度校级高等教育研究课题"大商科背景下文科类实验教学平台建设与创新研究"（项目编号 Xgy20055）的研究成果。

[2] 周志平，浙江工商大学人文与传播学院副教授，研究方向为新闻传播实践教学、广告传播、影像传播。

## 一、当前文科类专业实践教学模式存在的问题

虽然文科类专业早就开展了实践教学，但是当前文科类专业实践教学模式依然存在不少问题，主要表现在以下几个方面：

第一，以理论课程为中心，实践课程安排少。多数学校为完成相应的学科教学目标，主要以理论学科为导向来设计相关课程，忽视实践学科课程的安排。目前的教育理念仍然以"理论教学"为主，缺乏相应课程的实践学科安排，学生真正的需求无法得到满足。

第二，授课方式以知识灌输为主，学生缺乏自主性。传统实践教学方式仍以教师灌输的方式为主。尽管课堂中穿插着学生分组讨论，但学生讨论缺乏目的性与计划性，学生自主性和学习自由性相对较低。欧美国家的课堂氛围较自由灵活，上课讨论更加开放，强调学生的动手实践能力，教师的功能是辅助和引导学生主动思考和实践。

第三，课程设计不合理，理论与实践各自独立。目前，高校的课程设计不合理，主要表现在课程之间相对独立，没有体系，或相互矛盾，或存在重叠。例如，理论课程中传授的知识比较详细，但在实践课程中却得不到应用，导致学生很难理解并消化理论知识。

第四，过度重视理论，忽略学科实践性。大多文科类专业局限于课本理论知识的传授，忽略了必要的实践性。很多学生仅吸收了少量理论知识，浮于表面。由于缺乏实践支持，理论知识未能有效地转化为学生的内在能力，表现为学生的应用能力普遍较差。

第五，实践学习过程封闭，落后于业界。文科类专业的教学注重理论知识且局限于课本，严重缺乏对社会的关注及与时俱进的精神。众所周知，某些专业的知识会随着时代的变化而发生很大变化，但由于出版的滞后性，课本上的知识经常会落后于业界的发展。

第六，学习成果局限于理论成绩，忽视实践过程评估。OBE 理念中的起点和终点都是学习产出成果，在实行过程中需要重视的是"过程评估"。在目前的教育模式中，不论是教师还是学生都更注重最终的卷面成绩，忽视

平时实践教学的评估，因此形成了一种学习成果局限于"数字成绩"的畸形教育。

## 二、新文科时代文科类专业开展实践教学的必要性

首先，这是高等教育人才培养目标的必然要求。

我国高等教育的目标是培养具有创新精神和实践能力的高级专门人才，发展科学技术、文化，促进社会主义现代化建设。目前，我国高校的大学生在课堂上，尤其是在文科课堂教学上，接受的还只是基础性的理论知识教育，尽管这一部分十分重要，但毕竟不是高等教育的全部内容。人才的培养及其健康成长最终要在自身的不断努力和社会的伟大实践中实现，必须将理论知识与社会实际相联系。

其次，这是学生素质全面发展的客观需要。

高等教育中的素质教育与基础教育中的要求有所不同，它更多的是强调学生对理论知识的学习与实践技能的掌握。文科课程教学不仅是知识的传授，也是能力的训练。要培养学生追求知识、真理的精神和解决问题的方法技能，实践教学环节肩负重任。同时，借助于实践教学环节，学生在对社会的认识与深入了解过程中逐步形成正确的世界观、人生观、价值观。所以，只有通过实践教学环节，才能真正提高学生分析问题、解决问题等实践技能，才能培养理论知识扎实、实践技能娴熟、思想政治素质合格的优秀人才。

再次，这是高素质人才发展的必然趋势。

科技的快速进步、经济生活的多元化、社会关系的复杂化必然要求高素质人才既具备渊博的知识素养，又具有较强的实践技能。近年来，人才市场不仅注重学生对理论知识的掌握程度与考试成绩，而且更加注重学生的知识结构和实践能力。"背多分"与"高分低能"式的毕业生已经没有了需求市场。而知识面广、文理兼通、适应性强、有较强的动手操作能力和创新能力的毕业生则在社会上广受欢迎。因此，社会对人才的这种需求转变要求高校在人才培养过程中，不仅要一如既往地重视对学生进行基础性知识理论的传

授，而且要加强对学生实践技能的培养。

最后，这是文科课程教学的特点。

人文学科知识来源于知识创造者的社会时代背景和独特经历，来源于现实生活。它包含着一定的行动需求，需要人们去理解、行动、实践，通过实地调查和亲身体验来内化知识。因此，文科课程的实践教学是学生内化个体知识经验的重要途径。

## 三、新文科背景下文科类专业实践教学的指导思想

国际高等教育界普遍认为，开设实用性课程，培养实用人才是高校服务社会和适应社会发展的一种重要方式。转变教育理念，加强和注重文科类专业的实践教学已经成为高等教育主动适应社会发展与经济建设需求的重要举措。《中共中央关于制定国民经济和社会发展第十三个五年规划的建议》指出："深化教育改革，把增强学生社会责任感、创新精神、实践能力作为重点任务贯彻到国民教育全过程。"可见对实践能力的关注和重视已经上升到国家战略层面。本文认为，新文科背景下文科类专业的实践教学指导思想与原则如下：

第一，高等院校自身要"三省吾身"。文科专业的实践课程之所以发展落后，很大程度上缘于实践课程体系的不健全、教学内容不够精练、师资力量缺乏、教学保障质量与监督体系缺失。因此，要从根源上解决实践课程的问题，高等院校必须进行"自省"，并遵循以下指导原则：首先，课程的设置要与时俱进，提升实践课程所占比例，满足社会需求；其次，实践课程不是"锦上添花"，而是"雪中送炭"，实践课程的内容一定要体现出持续性和梯度性，实现人才实践能力提升的目标；再次，建立科学合理的课程考核评价体系和健全的质量保障监督体系，保障实践课程的设立、进行和考核均有章可依。

第二，利益相关体要树立"休戚相关"思想。所谓利益相关体，除高等院校办学主体以外，还应该包括学生主体、政府、企事业单位、社会团体等多元主体。高等院校文科专业实践课程的高质量顺利完成，需要利益相关体

共同努力，具体而言：

（1）学生主体：一定要通过学校的引导与教育，明确实践课程具有与理论课程同等的重要性。大学生要加强对自我的认知与定位，明确自己的性格与特质，为自己设立清晰的职业生涯规划，明确大学期间的学习目标与未来规划。在此基础上，提高自身对实践课程的参与度，端正学习态度，保证实践课程的学习效果。

（2）政府主体：要明确地方政府在高等教育人才培养中的责任与义务，高屋建瓴地制定与出台相关法规与政策，鼓励和规范产学研合作人才培养方面的法律法规机制。提高相关职业的准入门槛与专业要求，保证文科专业就业市场的专业性。

（3）企业主体：要与高等院校开展深层次的行业合作、行业交流与行业联合培养，采用"引进来＋走出去"方针，将企业高层次管理人才或实务专家聘请为校内兼职导师，为学生提供实习与就业的专业指导；企业与高校签订校外实践基地协议，学生可阶段性地到实践基地参观学习，避免实践课程流于形式。

（4）社会其他团体：全社会要树立共同培养高等院校本科应用型人才的理念，缩小与发达国家的差距。行业协会要引领与参与高校人才培养，充分开发和利用社会教育资源，发挥人才培养功能；充分开发产学研合作的中介机构功能，提升高校和企业合作教育的效果与效益。

## 四、新文科背景下高校文科专业实践教学活动的创新

创新实践教学活动是一种具有独特课程价值的课程活动内容，特别关注学生的亲历和体验。创新文科实践教学活动时，教师必须重视实践活动的设计安排，强调学生的参与性，重视实践创新效果的达成。同时，教师要为学生积极创造实践教学创新的条件，让学生通过创新的实践教学活动达到人才培养的目标，学有所获。为达到这个目标，新文科背景下文科专业实践教学活动在创新过程中要遵循以下原则。

### （一）创新性

新文科背景下，文科实践教学活动与过去的实践教学活动有很大区别，贵在"创新"。实践教学活动的创新要根据各学校的特点及实际来开展，不必照搬照抄国外高校或国内一流院校的做法和经验，主要结合各地高校文科实践教学制订的人才培养目标，根据各自现实条件和特点更新教学内容和教学活动方式，创设一条符合各地高校文科专业特点的自我创新之路，达到人无我有、人有我精的高度，并积极开展专业融合，打通专业之间的壁垒，多开展新文科的组合实践。

### （二）全员性

实践教学活动的创新不是为少数学生的发展而设置的，它需要全体学生都参与进来。那么，如何吸引学生全员、全程参与创新的实践教学活动呢？首先，内容和模式要"新"，激发学生的参与热情和兴趣；其次，活动的设计要有弹性，让每一位学生在活动中找到和自己相契合的兴趣点，在专业教师指导下圆满地完成教学任务；最后，必须给学生留有足够的空间和时间，让他们充分发挥自己的才能，提高自身的专业素养。

### （三）思政性

实践教学活动的创新必须体现思政性。活动设置从专业特点出发，注重专业素养的培养，但更注重大学生的健康成长，更重视培育大学生的思想政治素质。比如，在教学改革的背景下，地方高校文科专业可以在文科学生中开展各种形式、各种主题的读书活动，由指导教师审核推荐弘扬正能量的优秀书目，让每位学生制订读书计划，从教师提供的书目中选择3—5本书，读后通过自媒体微信平台进行分享。这种读书活动既是提高教育教学质量的好方法，也是提高大学生思想政治素质的有效途径。

## 五、加强文科专业实践教学的建议

### （一）积极推进文科实践教师队伍的建设

实践教师队伍是开展实践教学的主体，在整个文科实践教学体系完善过程中具有重要作用，主要包括文科实践教学管理教师、文科实践教学指导教师。文科实践教学管理教师需要对实践工作的开展进行合理规划，包括实践参与人员、实践安排、实践过程与内容、实践预期效果预测、实践过程中所遇到的特殊问题处理、与实践单位沟通等工作，以保证实践工作的计划性、组织性和有序性。实践教学的指导教师是开展实践工作的直接负责人，要懂得实践的具体内容，指导学生解决一线实习过程中所遇到的专业问题。在实践教学过程中，有些学生可能意识不到实践的重要性，态度上不积极，指导教师还要进行心理上的疏导，使学生积极地参与到实践工作中，将专业指导和心理辅导工作相结合。此外，针对本单位实践师资匮乏的问题，有必要加大实践教师的培养和引进力度。一方面，要重视培养已有教师的实践经验与指导能力；另一方面，可积极聘请企业中的实战人才指导学生实践。在多方面共同努力下，完成实践教学工作。

### （二）完善文科专业实践教学的考核评价体系

文科实践教学是近年来不断被高校重视和推广的一种教学方式，特别是对于新兴专业而言，需要对文科实践教学的运行不断探索，及时发现问题和解决问题。要重视文科实践效果评价指标体系的建设，这样才能发现在实践过程中究竟存在哪些问题。要做好文科实践教学考核评价体系的完善工作：一是评价主体构成的完善，包括老师自评、学生考评、领导评价、实习单位评价等四个部分；二是科学评价指标的确立，可以从学生能力掌握、理论检验情况、对实习企业贡献情况、对将来从事工作的贡献程度等几个方面细化评价指标；三是评价结果的去向，不能只将评价工作当成一种形式，应该突出这种评价结果的实际价值，直接对文科实践教学成绩评价划分等级，并将这种等级融入教师考核评价体系和学生总体成绩中。这种评价体系的建立既能够保证评价的实际效果，又能够督促实践组织者和参与者更认真地开展实践工作，避免文科实践教学工作流于形式。

## （三）构建校内模拟与校外实践彼此互补的实训模式

高校文科类专业人才培养方案可以划分为三个阶段：学科基础阶段、专业方向阶段和实践应用阶段。在实践应用阶段要解决"会应用"的问题，让大学生在实习期间更好地理解行业能力标准，针对自己的不足采用适当的措施提升自己的行业应用能力。首先要建设双赢的校外实践基地。实践基地是联系学校与社会的桥梁，是培养大学生综合运用多学科知识解决实际问题的纽带，也是大学生动手能力和创新意识培养的关键。

高校与用人单位要重视实践基地建设，高校要与企事业单位联合建立校外实习基地，为大学生提供一个锻炼和提高实践能力、创新能力的实践场所。如广播电视专业、中文专业的大学生可以去电视台、报社、网络媒体公司等实习；法学专业的大学生可以去法院、检察院、律师事务所等实习；广告专业的大学生可以去广告公司以及媒体、企业的广告部实习。但在实际操作过程中，高校文科类专业实习实训基地建设最大的问题是硬件建设不能和软件建设相结合，建设和投入使用分离。

文科类专业实习实训基地建设要掌握几个原则：所选的实践基地必须能够承担实践教学体系中确定的实践教学任务；与实践基地的合作必须有实质的内容；明确实践要求、双方义务及考核办法，要有来自学校的专业督导教师和来自基地实习单位的机构督导人员，这样做既有利于大学生实践技能的提高，也有利于基地建设的持续发展；要组建校内实景式实践基地。高校应面向不同学科专业进行校内实践基地建设，主要是建立一些专业模拟实验室或场景式实践基地，让大学生亲身体验业务工作环境，锻炼大学生的动手能力和工作技能。

### （四）寓思想道德教育于课程思政

新时代的新闻人才要自觉遵守和践行社会主义核心价值观，坚定政治立场，引导人们成为良好道德风尚的建设者。要加强学生思想政治工作，各类课程都要与思想政治理论课同向同行，形成协同效应。寓思想道德教育于课程思政，是新闻人才思想道德教育的新路径。新闻传播专业教育课程思政的实现路径主要有：第一，寓思想道德教育于人文素质课程，加强学生理想信念教育，使学生熟悉历史、认清国情、把握大势、增强"四个自信"，坚定中国特色社会主义共同理想和共产主义最高理想；第二，寓思想道德教育于专业课教学，培养学生的务实作风和专业精神；第三，寓思想道德教育于实践教学，培养学生的科学素养和创新思维，加大新媒体技能培训力度，在传媒业务实操中培养学生勤于思考、勇于钻研的科学素养与创新思维；第四，寓思想道德教育于创新创业项目，培养学生的管理能力和合作意识，通过创新创业项目增强学生的主体意识和自主创新能力，使其发挥主观能动性，在团队合作过程中锻炼全媒体能力和合作素养。

### （五）构建专业竞赛与专业学习相结合的实践模式

首先要鼓励文科类专业大学生参加各类专业竞赛。高校可以举办各类丰富多彩的竞赛活动，不仅能有效检验理论教学的效果，而且能激发大学生的钻研热情，调动教师参与的兴致。大学生在活动中可将理论知识运用于实践，并得到检验和反馈。正如著名教育家魏书生所说："即使对毫无直接兴趣的智力活动，学生因渴望竞赛取胜而产生的间接兴趣，也会使他们忘记事情本身的乏味而兴致勃勃地投入到竞赛中。"通过竞赛获得荣誉，还能增强大学生的自信心，进而提高他们学习的积极性。如针对广告学专业的竞赛就有全国大学生广告艺术大赛，省、市各级优秀广告作品大赛，等等，吸引了越来越多的大学生参加。有些高校在参加广告作品比赛方面发展出一套比较完善的策略，如对比赛资讯的传递、比赛策略的研究和比赛队伍的组织，甚至对教师和大学生参赛与奖励等都有很明确的规范。

# 新文科视域下汉语言文学专业实践课探索[①]

李艳梅[②]

**摘 要**：汉语言文学专业主要以理论为主，实践教学所占比例较小。但是面对新时代的人才需求和新文科的建设发展，加大实践教学是汉语言文学专业亟须解决的问题。为适应当前以信息和技术为主的社会状况，培养能实现中国长远目标的人才，在今后的汉语言文学专业的教学中应注重学以致用，了解当前文化产业发展和市场的需求，补充具有实用性和前瞻性特点的实践课程内容。

**关键词**：新文科；汉语言文学；实践课

大学的人才培养是依托专业进行的。不同专业在制订培养方案时，首先提出的是培养目标，专业的各门课程都是对标培养目标而开设的。综合大学虽然不像职业大学那么注重技能培养，但是也要学以致用，因此大学各专业课程体系中都设置了一定比例的实践课。

## 一、汉语言文学专业的实践课设置情况

在我校汉语言文学专业的最新（2019年修订）培养方案中，明确提出了专业培养目标："汉语言文学专业坚持以马克思主义为指导，培养学生具有正确的政治方向、扎实的汉语言文字基础和较高的文学素养，系统掌握汉语言文学的基本知识以及相关技能，具有较强的文学感悟能力、文献典籍阅

---

① 本文系浙江工商大学研究生教学教育改革项目"'研究导向型'课程：外国作家专题研究（3100JYN4118002G-413）"的研究成果，同时也是浙江工商大学课程思政示范课"外国文学史"的阶段性成果。

② 李艳梅，浙江工商大学人文与传播学院副教授，博士，研究方向为比较文学研究。

读能力、审美鉴评能力和运用母语进行书面、口语表达的能力。本专业培养的学生毕业后能够以专业优势在实际工作中发挥所长，可在国家机关、新闻文艺出版部门、科研机构以及企事业单位从事文秘、宣传、编辑、策划、教学、研究等工作。"围绕这一培养目标，汉语言文学专业设置了162学分的课程，其中包括普通共同课、学科共同课、专业核心课的必修课程86.5学分，专业选修课和通识选修课48学分，实践教学21.5学分，另外还有6学分的个性化课程。

汉语言文学专业的课程主要是以理论教学为主，目前我校汉语言文学专业的课程设置中，实践教学环节占总学分的13.3%，所占比例相对较小。实践教学环节具体包括10项内容（课程），其中有三门实践教学课——企业文化考察、文秘实习、教育实习，这些课程能够比较鲜明地体现出汉语言文学专业的特点。其他是大学各专业都共同设置的军训、素质拓展、外语实践、思想政治理论课实践、创新创业、毕业论文和毕业实习内容。总体来看，汉语言文学专业的实践课程占比偏小，课程不多，在专业培养中还未形成以实践性为主的课程群。

汉语言文学专业培养的是社会通才，毕业后学生将面向社会各种行业。在当前新兴产业兴起、人才竞争日益激烈的形势下，如果在学习过程中结合课程内容，组织和引导学生进行多种实践活动，势必对将来走向工作岗位有所裨益。

## 二、新文科建设与汉语言文学专业中实践课的必要性

自2018年"新文科"概念被提出，针对什么是"新文科"，如何建设"新文科"，不同学科领域的学者进行了广泛讨论。作为一个传统文科专业，汉语言文学在学科内涵、教学方法、人才培养目标、人才培养模式以及课程设置等诸多方面，也面临着思考与改变。

新文科建设的提出，不仅是传统文科表层显现的学科变化，更是本质上的学科升级。新文科突显了学科交叉的特点，在新的时代，文科之间深度融合，文科与新兴科技领域交叉，从而产生出新的科学探索和创造领域。所谓

文史哲不分家，汉语言文学与历史、哲学学科的融通是一直存在的，与经济学、管理学、法学、政治学、社会学的联系也比较密切，进行交叉也不是很困难。但是其与自然科学领域，似乎存在着天然的鸿沟。然而在当今时代，科学与技术发展极其迅猛，其不论是在工作中还是在生活中，都与每个人息息相关。汉语言文学专业如不主动寻找机遇，与新兴学科和领域交叉合作，发挥作用，提升自身学科价值，将会面临越来越边缘化的境遇。

当然，新文科的概念不是两个学科或几个学科的简单叠加。汉语言文学专业依旧要立足本学科的核心内涵，与时代共同发展，发挥创新精神，打造新文科特色。所谓实践出真知，首先要主动去了解新兴领域的情况和人才需求，才能思考本学科如何调整和深化。因此，实践教学是重要的一环。通过实践，打通课程（学科）与社会的壁垒，实现本学科与其他学科的交叉。

## 三、汉语言文学专业实践教学的多元探索

汉语言文学专业培养的人才主要集中在教育、新闻领域，在其他行业的文秘、管理、宣传等岗位上也有众多的中文专业毕业者，可见，汉语言文学专业主要是进行社会需要的通才培养。中国改革开放 40 多年来，社会发生巨大变革，经济腾飞，教育国际化，新的领域不断涌现，对人才的需求也发生巨大变化。高校教育如何与现实需求紧密联系，培养社会发展急需、国家建设必备的专业人才，这对高校各专业提出挑战，也带来机遇。

高等教育对学生的培养，首先要面对学生的人生规划与高度知识化和技术化的现代社会需求这一现实。汉语言文学这一传统专业，要加强实践教学，深入现实，关注社会各行业对人才需求的变化，立足本专业的核心调整课程设置，以适应时代发展和社会对复合型人才的需求。

在"专业成才、精神成人"的教育理念下，配合我校的"大商科人才"培养目标，汉语言文学专业已经进行了多种实践教学探索。除了做好现有的实践课程教学，也在思考如何在其他专业的核心课程、选修课程中增加实践性教学。教师从教学内容、知识点与现实联系的角度入手，从多种形式展开实践教学。如观摩学习的形式：在"古代文学"这一专业课上，结合元代戏

曲教学内容，教师带领学生走进剧院，观看昆曲《长生殿》，教材上的文字直接转变为现实世界的精湛艺术表演。又如沉浸式实践教学：在"古代汉语"课上，教师带领学生走进西泠印社，感受古老文字变化中的文化变迁；在"中国现当代文学"课上，老师与学生一同寻访作家故居，在他们曾经生活的环境中，了解和感受他们的成长，更加理解他们作品的深刻含义……

这些课程实践的内容紧密联系社会，走出课堂，增进了师生、学生之间的情感交流；走进社会，加强了对国家、社会的真实了解，同时促进学生从专业角度思考未来职业规划。实践课还促进学生将知识转化为能力，提高自身的实际操作水平。

汉语言文学专业的未来发展必然是立足本专业核心，加强外延扩展，在与其他学科的交汇中形成新的增长点。为了适应社会发展，培养学生实际运用能力，弥补专业实践性不强的不足，在今后的教学中，将进一步强化现有课程教学多种形式的实践内容。在一些实践操作性强的课程中，如网络文学、创意写作等课程中，改变传统理论讲授方式，尝试建立工作坊，与市场需求直接对接，建立产、学、研一条龙服务，走出象牙塔，把握市场经济规律，引导学生关注中国文化产业发展，加强与广告公司、影视剧组等专业实体的接触，创造实践机会，以实践促学习。

大学的专业教学不仅是让学生4年后毕业找到工作，更重要的是培养国家未来发展的建设者，使其成为民族发展的中流砥柱。因此，课程设置中既要考虑现实需求，也要具有一定的前瞻性和普适性，要面向国家与民族的未来，培养富有创造力的人才，而勇于实践是这类人才必不可少的一种特质。

# 新文科背景下汉语言文学专业的机遇与挑战 ①

李玲玲　郭晓蓉 ②

**摘　要：** 新文科背景下的"汉语言文学"专业改革，面对新技术的推动、新需求的产生以及新国情的要求，既是一次机遇，也是一场挑战。究竟面临哪些问题，具有怎样的机遇，在机遇下如何发展专业内涵和学科方向，是本文试图回答的问题。

**关键词：** 新文科；汉语言文学；机遇；挑战

## 一、何为"新文科"

"新文科"成为近些年来的热门话题，而"新文科"这个概念，并没有官方的标准定义。一般认为20世纪80年代，"新人文"（new liberal arts）在美国斯隆（Sloan）基金会资助下在文理学院率先推出。2017年前后西拉姆（Hiram）文理学院又以不同的理念和视角出台了"新人文"教改，国内学者普遍把"新人文"教改翻译成"新文科"改革。③ 这种改革具体指什么呢？教育部新文科建设工作组组长樊丽明指出："2017年美国西拉姆学院率先提出'新文科'概念，他们所阐释的新文科主要是专业重组，不同专业的学生

---

① 本文系浙江省级平台浙江工商大学2020年校级项目"'古代文学史'以研究带动教学的实践探索"（项目编号1140XJ0520148-01）和浙江工商大学2021年新文科研究与改革实践项目"'文献学'的新文科实践改革研究"的阶段性成果。

② 李玲玲，浙江工商大学人文与传播学院副教授，博士，研究方向为古代文学文献与儒学研究；郭晓蓉，浙江工商大学2019级硕士研究生，专业方向为中国古代文学。

③ 曲卫国、陈流芳：《"新文科"到底是怎样的一场教学改革？》，《当代外语研究》2020年第1期，第14—25页。

打破专业课程界限进行综合性的跨学科学习。"[1]

我国的新文科改革，不完全等同于美国的新文科改革。"新文科"一词实际上在"文化大革命"期间就曾出现过，但当时主要是针对"旧文科"而言，由于当时旧文科被指责为"脱离无产阶级政治，脱离工农群众，脱离生产劳动"，[2]新文科就是旧文科的反面，因而奉行"三不脱"。这显然与当下的新文科无关。

实际上，中国当代新文科概念提出之前，文科建设的重要性和迫切性已经被广泛关注。

2016年5月17日，习近平总书记在哲学社会科学工作座谈会上提出，要加快建设中国特色哲学社会科学，并且给出了具体的指导意见，即"按照立足中国、借鉴国外，挖掘历史、把握当代，关怀人类、面向未来的思路，着力构建中国特色哲学社会科学，在指导思想、学科体系、学术体系、话语体系等方面充分体现中国特色、中国风格、中国气派"[3]。

2018年8月中共中央提出"高等教育要努力发展新工科、新医科、新农科、新文科"等"四新"建设。2019年4月29日，教育部、科技部、财政部等13个部门在天津联合召开"六卓越一拔尖"计划2.0启动大会，首次将中国语言文学、历史学、哲学等人文学科纳入基础学科拔尖人才培养计划2.0。教育部高等教育司司长吴岩强调"我们一定要让新文科这个翅膀硬起来，中国高等教育飞得才能平衡、飞得高"[4]。新文科正式启动并付诸实施。

虽然依旧没有正式定义新文科，但是对文科的发展提出了三点要求：新

---

① 樊丽明：《对"新文科"之"新"的几点理解》，《中国高教研究》2019年第10期，第10页。

② 国务院科教组：《全国教育工作会议经验教材选编（大学部分）》，［出版者不详］，1972年，第105页。

③《习近平在哲学社会科学工作座谈会上的讲话》，2016年5月19日，http://jhsjk.people.cn/article/28361550。

④《吴岩司长在高等学校专业设置与教学指导委员会第一次全体会议上的讲话》，2019年6月20日，https://jdx.cdtu.edu.cn/info/2042/3358.htm。

技术的推动、新需求的产生以及新国情的要求。[①] 新技术，指新文科在发展过程中需要有效结合现代科技发展方式，如大数据的运用、互联网的搜索引擎、数据库的建立、人工智能和虚拟仿真技术的结合等；新需求，指随着技术的发展，社会对在专业基础之上能够适当运用互联网、大数据等技能的专业人才需求不断增长；新国情，指随着中国在国际社会上逐渐崛起，在国际舞台上承担更多的责任，同时也面临更为激烈的挑战和竞争，在这个过程中，我们更需要精神动力和文化自信。

这种大背景，对于汉语言文学专业而言，既是机遇，又是挑战。围绕这三个要求，我们该如何提升专业素养，培养符合社会预期的合格学子，展现文化自信？这是汉语言文学专业建设中需要直面的问题。

## 二、新文科背景下汉语言文学专业的机遇

汉语言文学专业的培养目标，主要是使学生打下坚实的文史文献基础，具备一定的文学修养和鉴赏、评论能力，较强的写作能力、古籍阅读能力、外语能力和一定的科研能力。以具体的专业内容而言，以中国传统经典语言文学作品为主要学习内容。然而面对世界的新变革，正如吴岩司长所指出的"新文科的改革势在必行"。那么具体如何执行呢？我们"不仅要传承传统的、经典的文化，还要展示哲学社会科学与新一轮产业技术革命交叉融合产生的新变化"[②]。

根据现有的情况，我们认为汉语言文学专业适应新文科发展需求，具有以下三个方面的机遇，我们适当调整和改变专业培养模式，可以获得更好的专业发展空间。

---

① 黄启兵、田晓明：《"新文科"的来源、特性及建设路径》，《苏州大学学报》（教育科学版）2020 年第 2 期，第 75—83 页。
② 吴岩：《加强新文科建设培养新时代新闻传播人才》，《中国编辑》2019 年第 2 期，第 6 页。

### （一）积极拥抱新技术

随着互联网、大数据和虚拟现实等现代技术手段的发展，我们的生活与学习方式日新月异。过去我们花费大量的时间精力获取资料知识，所得却往往有限。正如叔本华所说："资料知识纯粹只是帮助我们获得某一深入认识的工具而已，这些资料知识本身却没有或者只有很小的价值。"[①]实际上，汉语言文学专业，尤其是古代文学和古代汉语方向的师生，过去在搜集资料上可谓皓首穷经，所得有时却往往需看缘分。

但是现在越来越多数据库资料的出现，给汉语言文学的学习与研究提供了极大的便利。汉语言文学的学习和科研，不再局限于过去的一支粉笔一张嘴，糨糊剪刀加纸笔。如"中国基本古籍库""文渊阁四库全书电子版""二十五史检索系统""瀚文民国书库""全唐诗检索系统""全宋诗检索系统"等数据库，包含海量的文本数据。过去许多研究依靠大海捞针式的广泛阅读，研究探索不仅凭教师与学生的勤奋努力，很大程度上还依赖运气与巧合。现在泛读固然必不可少，但很多重复劳动却可以借助数据库的检索大大减少。教师和学生可以将节省下来的时间运用到更多有价值的学习和探索中去。从某种意义上说，数据库的使用水平和扩展程度，与使用者的研究效率息息相关。

同时虚拟现实技术的发展，也给原来不可能、不可逆的场景提供了现实可能性。如张磊老师"古籍鉴别与修复虚拟仿真实验"，将原本难以实现现实操作的古籍修复活动搬到了虚拟实验平台，学生可以通过实验体验具体的修复与鉴别过程。又如洪之渊老师"山水诗之意境体验虚拟仿真实验"、周建忠老师"《楚辞》象征体系虚拟仿真实验"均通过虚拟仿真景象重现的方式，带领学生感受当年诗人的行踪与心路历程，这些新教学手段的介入，带来了全新的教学体验，大大丰富了学生的实践技能，提高了学习效率。

如果能积极拥抱这些新技术、新方法，显然可以给汉语言文学的教学科研打开全新的空间，进入传统教学无法深入的领域。

---

① 叔本华：《叔本华美学随笔》，韦启昌译，上海：上海人民出版社，2018年，第147页。

## （二）以"人"为本，促进人才培养模式转型

随着网络设备和网络技术的发展，人类的交流模式发生了很大的变化，许多传统产业为了避免衰落的趋势，在互联网时代纷纷转型。与此相对应，企业对人才的需求与以往相比也发生了翻天覆地的变化。如有广告研究者指出："互联网诞生之前，广告业的竞争仅仅依靠追求精妙创意、大制作、大媒体，随着互联网时代的来临，广告的传统模式渐渐开始崩塌，广告不仅在呈现形式上更加多样化，其传播方式也发生了变化，信息流动从单向转向双向，追求互动成为互联网时代广告的精髓之一。"[1]其实何止广告专业追求互动，新闻、出版、编辑、教育乃至公职岗位，越来越多的工作需要互联网的介入，受到互联网的影响或冲击。

具体到汉语言文学专业，我们努力培养的精通中国文学、理解汉语语言现象、具备一定赏析能力和研究能力的学子已经不能完全适应时代的需求。学科的发展，始终要以"人"为中心，以解决人类社会面临的大矛盾、大课题为目标。社会需要具有互联网思维、懂得跨界合作的人才。所以对于汉语言文学专业而言，我们在培养目标和培养方案上可以与时俱进。一切应当以学生发展为中心。在课程建设上，现有的专业教材，正如有的学者批评的，"大多是基于过去专业化知识教育编写的，已不适应当代人才培养的需要"[2]。因此从专业课程的角度，把核心素养课和跨学科课程综合考虑，不仅在文史哲内部跨学科融合，同时适当引入网络编辑、网络搜索与编程类课程将大大有益于学生综合素养的提升和未来就业。根据学生的个人意向及实际水平，分层教学，培养出既具备扎实的中文功底，又具有现代融媒技术的复合型人才，是摆在我们面前的重要机遇。

---

① 姚曦、李春玲：《互联网、大数据、营销传播结构主义视角下我国高校广告教育体系的解构与重构》，《新闻与传播评论》2015 年第 1 期，第 166—167 页。
② 赵世举：《中文专业本科基础课教材建设思考及尝试》，《中国大学教学》2015 年第 4 期，第 87 页。

### （三）推进优秀文化传承，展示民族文化自信心

中国能够自立于世界之林，中华民族能够在贸易战与科技封锁等情况的困扰之下不断发展，仔细推究，其成长的原动力除了商业帝国的崛起，更本质的内部力量应该是 5000 多年的中华文明。

正如习近平总书记在哲学社会科学工作座谈会上的讲话中所说："加快建设社会主义文化强国、增强文化软实力、提高我国在国际上的话语权，迫切需要哲学社会科学更好发挥作用。"①对于汉语言文学专业而言，在新文科背景下，抓住机遇，推广汉语言文学专业下的"大学语文"及通识类课程，至关重要。如果能够在发展民族文化和推广社会文明的进程中发挥自己的价值，不仅可以促进学科内部的传承与发展，同时也可以在文化传播过程中影响周边环境，滋养国人、影响世人，增强民族自信心、自豪感和文化向心力。

## 三、汉语言文学在新文科背景下的挑战

在新文科发展趋势下，汉语言文学专业获得了前所未有的机会，但同时也面临不少严重的问题和挑战。首先从教材建设的领域上说，正如某位学者所言："从某种程度上看，高校教材出版的核心逻辑和市场结构已经相对固化，不太容易从外部打破；针对高校教材的使用，其内部也形成了相对完备的教学模式，以及一整套足以相互论证、自我评估的学术系统。"②如何去教材僵化，是我们必须面对的问题。

同时，理论与现实之间往往存在鸿沟，马克思在《〈黑格尔法哲学批判〉导言》中说："理论在一个国家的实现程度，决定于理论满足这个国家的需要的程度。"③不仅理论如此，技术在一个国家的实现程度，其实也很大

---

① 《习近平在哲学社会科学工作座谈会上的讲话》，2016 年 5 月 19 日，https://jhsjk. people.cn/article/28361550。
② 周粟：《高校出版视域下"新文科"的建设现状、面临机遇与发展趋势》，《艺术设计研究》2020 年第 3 期，第 122 页。
③ 《马克思恩格斯选集》第 1 卷，北京：人民出版社，1972 年，第 9 页。

程度上取决于技术满足这个国家需要的程度。尽管国家提出了实际的希望和需求，但目前无论是教师教学过程还是学生学习过程，很大程度上都还停留在原有的模板上，学生对新技术缺乏了解和热情。这是摆在汉语言文学专业面前的又一道难题。

另外，过分追求专业实用性，有时候也容易引起急功近利的思维方式。错将知识当手段，缺乏持久学习和跨学科融合的动力与兴趣。叔本华说："对于绝大多数的学者来说，他们的知识只是手段，而不是目的。这就是为什么这些人永远不会在他们的知识领域里取得非凡的成就，因为要有所建树的话，那他们所从事的知识或者学问就必须是他们的目的，而其他别的一切，甚至他们的存在本身，就只是手段而已。"[①] 这种把知识当手段的功利主义并不鲜见，一些学生选择汉语言文学，只是为了回避理科学业，而不是出于对汉语言文学的热爱。如何使学生正视汉语言文学的"无用之用"，培养正确的价值观和较高的审美品位，仍是值得重视的问题。

## 四、结语

新文科背景下的汉语言文学专业改革，实际上既是一次机遇，也是一场挑战。如何化挑战为动力，找到汉语言文学专业的定位和方向，是我们每一位中文人必须认真思考的话题。"穷则变，变则通"，但如何将文学与其他学科相组合，如何使其成为文化发展的原动力，还需要继续探索与追问。

---

① 叔本华:《叔本华美学随笔》，韦启昌译，上海：上海人民出版社，2018年，第147—148页。

# 新文科背景下"中国文化概论"课程的建设理念研究 ①

唐　妍②

**摘　要：** 新文科建设作为高等教育改革的重要环节，其成败直接关系着我国高等教育改革的成败。作为新文科建设的有机组成部分，"中国文化概论"此类中文传统课程只有结合高等教育普及化阶段的发展特点与我国高等教育的改革方向，才能将新文科的建设理念落于实处。本文以"中国文化概论"课程改革为例，探寻新文科建设背景下，中文类传统课程的建设路径，打破以中国古代历史发展为脉络的"史"学教育，转而以问题为导向，并结合博物馆考察等社会实践，实现点面结合的多元融合式授课。

**关键词：** 新文科；高等教育；普及化；中国文化概论

## 一、引言

2019年4月29日，"六卓越一拔尖"计划2.0正式启动，标志着国家新文科建设工程正式开启；2020年11月3日，《新文科建设宣言》发布，预示着新文科建设进入实质性改革阶段。以"立德树人、文理相通、学科交叉、跨界融合"为核心的新文科建设理念，必将为传统中文类专业带来新的发展契机。但是如何让象牙塔中的精英式文学研究成为普及化高等教育中"立德树人"的重要环节？如何在"互联网+"时代赋予故纸堆中的传统文化以新的生命活力？这就是本文力图探讨的两大问题。

本文拟以学科共同课"中国文化概论"为基础，以立德树人为旨归，融

---

① 本文系浙江工商大学2020年课程建设项目"'直播+翻转'背景下'中国文化概论'课程的设计与实践研究"（项目编号1140XJ0520147-04）的研究成果。

② 唐妍，浙江工商大学人文与传播学院讲师，博士，研究方向为明清小说。

合文史哲的基本理念，并加以博物馆考察、艺术设计、短视频制作等跨学科体验，重新思索中文学科传统公共课的课程理念和上课模式。一方面为新文科建设发展理念提供一个具体的研究案例，另一方面也为商科类学校本科生人文素养的进一步培养与提升做出一些新的尝试。

## 二、新文科建设的双重理念

当今社会正处于急速变革的转型期，人工智能、虚拟技术、大数据分析等科学技术已逐步渗透到人们的日常生活之中。面对如此瞬息万变的世界，传统中文类课程"躲进小楼成一统"的象牙塔教学模式已无法适应时代的需求，"求变"是其唯一出路。那如何顺应传统中文类课程的"求变"需求，真正达成新文科建设的目标？这就要从新文科建设所面临的两大现状——高等教育进入普及化阶段和新时代对新文科的急切需求入手寻求出路。

### （一）高等教育普及化阶段的理论启示

高教司司长吴岩 2019 年 6 月在高等学校专业设置与教学指导委员会第一次全体会议上特别强调要关注教育理论，他更是向与会者发出了这样的三连问："普及化高等教育的基本特征，大家熟不熟悉？大众化高等教育的特征，熟不熟悉？普及化的高等教育有什么必须要做的？"[1]这一系列的提问对每一个教育工作者而言都具有重要的反思意义。

高等教育发展阶段理论源自 20 世纪 70 年代美国学者马丁·特罗提出的高等教育规模扩张理论。他将高等教育的规模扩张分为三个阶段，即精英化、大众化和普及化教育，具体区分指标为 5%、15% 和 50%。而我国在 2020 年高等教育毛入学率就已经达到了 51.6%。换言之，我国在 2020 年已经进入高等教育普及化阶段。但是正如邬大光在《探索高等教育普及化的"大国道路"》一文中所指出的："在西方，大众化理论是关于高等教育发展

---

① 《吴岩在高等学校专业设置与教学指导委员会第一次全体会议上的讲话》，2019 年 6 月 27 日，https://gjs.njit.edu.cn/info/1064/1599.htm。

的一种'预警'理论，并不是目标理论。"①这一理论的核心不在于彰显高等教育的成果，而是在警醒每一个教育者，当高等教育规模发展到一定阶段时需要做出相应的调整，招生模式、专业设置、大学内部的管理体系等都要有所改变，甚至是大变。具体到课程设置与上课模式上，最大的变化就是大众化阶段采用灵活的模块化课程，而普及化阶段课程之间、学习与生活之间的界限会模糊，整个学习过程不一定要在课堂上完成，极有可能在生活中完成。

以往各个专业的教师追求的是本专业内的知识积累与技术创新，很少跳出自己的圈子，从高等教育的发展规律出发思考专业设置与课程建设，尤其是传统基础类学科。因此，在面对新文科建设中的跨学科融合时显得有些手足无措：难道中国古代文学要变成中国古代文学与科学？其实，若能跳出传统的学科分类，这个问题就好回答了。按高等教育的发展理论，进入高等教育普及化阶段就意味着高等教育已不单是精英教育，也是提高国民整体素质的普及教育。那么若囿于古代文学的范畴，从字词训诂、作家生平到文本细读、内涵阐发等，这样巨细靡遗的顺序型讲授则在很大程度上会令一部分受教育者望而生畏、裹足不前。但是若能从普及化教育理念出发，就能根据受众的不同选择不同的切入角度。比如同样是讲《诗经》，面对大众，可以从我们所熟知的日常事物切入，例如黄花菜其实就是《诗经》中的萱草，即忘忧草，再引发大家思考为何这样普通的食物会变成《诗经》中心向往之的存在，这样就自然地引入了科学角度。于是，植物学、化学、文学与生活就在课程中完成了融合。面对博物馆或考古学专业的学生，可以让他们结合博物馆学考察研究《诗经》中的钟、鼎等青铜器。而面对艺术设计系的学生，则可以请他们根据古人所画《诗经》动植物图，设计服装等。

综合而言，熟悉并掌握高等教育发展理论，是实现传统中文类课程转型的理论基础。

---

① 邬大光：《探索高等教育普及化的"大国道路"》，《中国高教研究》2021年第2期，第4页。

## （二）新文科之"新"

新文科建设除了要把握高等教育的阶段性特点，从理论上解决新文科建设的方法问题，还要从中国的国情入手，把握国际局势，从实践中获得新文科建设的途径。

那么，什么是新文科？我国提出新文科建设的原因何在？概括而言，新文科就是文科教育的创新发展，其内核在于"立德树人、文理相通、学科交叉、跨界融合"。而文科教育之所以需要创新发展，首先是因为与时代的需求息息相关。我们正处于百年未有的大变局时代，习近平总书记就曾指出："这是一个需要理论而且一定能够产生理论的时代，这是一个需要思想而且一定能够产生思想的时代。"[①] 在大变革时代，占学科门类 2/3 的文科，它的发展直接关乎高等教育的发展，文科若不创新，新工科、新农科、新医科的发展则将处处受制。其次，从大学建构模式上来说，现代大学的建立与 19 世纪的工业革命以及其后的科技革命直接相关，学科划分的方式也与社会职业分工细化相一致。但是在科技飞速发展的今天，我们不得不回过头来反思专业过度细化下人文素养的缺失所导致的价值真空。如何在追求知识创新、技术发展的同时，平衡文化的延续与价值的传递？这就是我国积极推进新文科建设的关键所在，也是新文科建设要解决的核心问题之一。

那么，新文科究竟要从哪些方面来进行创新？其对中文类传统课程的创新有着怎样的指导意义呢？吴岩司长在《积势蓄势谋势 识变应变求变》一文中明确提到了新文科的四大任务和使命："新文科要培养知中国、爱中国、堪当民族复兴大任的新时代文科人才；培育优秀的新时代社会科学家；构建哲学社会科学中国学派；创造光耀时代、光耀世界的中华文化。"[②] 放在首位的就是顺应时代需求培养新时代的中国文科人才，而这也是与本科课程建设关系最为密切的一点。

---

① 《习近平在哲学社会科学工作座谈会上的讲话》，2016 年 5 月 19 日，http://jhsjk.people.cn/article/28361550。
② 吴岩：《积势蓄势谋势 识变应变求变》，《中国高等教育》2021 年第 1 期，第 6 页。

这是一个信息技术高速发展的年代，也是一个信仰极度缺失的年代，在这样的时代环境中成长起来的新一代学生，一方面信息接收能力强、思维活跃，但另一方面却存在民族国家认同感较弱、专注力不足等问题。新文科就是要在这样的环境下，一方面调整传统学科过分重视历史维度，缺乏未来维度的问题，另一方面挖掘传统中的优秀文化，增强学生的文化认同感与自豪感，从而化被动型学习为主动型学习。下文将以"中国文化概论"课程建设实践为例，进一步探讨新文科建设理念与方法。

## 三、新文科背景下的"中国文化概论"课程建设实践

下文将以学科共同课"中国文化概论"为研究对象，并结合前两轮授课的情况（正常线下授课与疫情期间线上线下混合式教学），围绕新文科的立德树人与学科融合的教学理念，进一步探讨和实践中文类传统课程的教学新模式。

### （一）多元融合

教学内容上，在保证文史哲内部融合的前提下，融入博物馆学、艺术设计、信息技术等跨学科内容，打破传统"中国文化概论"课以中国古代历史发展为脉络的"史"学教育，采用问题导向式授课。

"中国文化概论"课的传统授课方式大体有两种：一种追求纵向历史维度的完整性，即从先秦一直讲到明清；另一种则追求横向内容的覆盖率，即从地理、思想、政治、民族、文学，一直到科技，乃至中西关系。无论是哪一种讲授模式，在实践过程中，我们至少会遇到以下两个问题：第一，课程学时与课程内容极度不匹配，要在 16 周 32 课时的情况下，将天文地理、思想变迁等一一道来几乎不可能，这就导致很多内容都只能点到为止，无法深入；第二，课程内容缺乏记忆点，课堂教学实效不佳，学生往往是边学边忘，课后主动温习的更是少之又少。在信息碎片化时代，学生的注意力比较分散，传统的追求"高、大、全"的课程体系已无法适应现代中文课堂的需求。

因此，笔者在课程内容上做了较大的调整，将课程分为 10 讲（具体参见表 1），每讲以特定话题展开，各自独立，又互有关联，一到两周一个话题，每个话题由一个关键词引发，不仅涉及传统中较为重要的中国古代哲学思想，也涵盖了现今大家关注较多的饮食文化、金银饰品、中西文化比较等，以此来提高学生的问题和研究意识。如：讲儒家思想不执着于具体文本的梳理或是历史脉络的展现，而是围绕其核心"仁"字展开，从孔子的多舛命运解释其对"仁"的坚守和实践，并请学生思考为何儒家弟子要将《学而篇》作为《论语》的开篇。再比如第九讲"宋代饮食文化"，笔者同样放弃了宋代饮食文化的宏观展示，而是从苏轼这个老饕的顶级食谱讲起，再讲其与皇家宴席和民间风味之间的区别，以及其背后的文化差异，与此同时，也让学生思考为何我们不讨论食材和工艺更为精细的清代饮食，而要选择讲宋代。

"中国文化概论"课之所以选择话题式授课，是因为这样可以较好地切割课程内容，将不同的知识点融入不同的话题中，可长可短。一方面可以提升学生的兴趣，强化学生的记忆点；另一方面也方便教师梳理知识点，并进一步将课程录制成短视频，供学生在课后学习。

**表 1 "中国文化概论"课程大纲**

| 课程顺序 | 课程内容 | 可参观博物馆 |
|---|---|---|
| 第一讲 | 文化概说：何谓文化 | 浙江省博物馆武林馆区 |
| 第二讲 | 中国文化的精神与特点 | 浙江省博物馆孤山馆区、西湖美术馆 |
| 第三讲 | 中西文化比较 | 浙江大学艺术与考古博物馆 |
| 第四讲 | 孔子与《论语》 | 浙江图书馆孤山馆区古籍部、孔庙 |
| 第五讲 | 《庄子》与"道" | 杭州博物馆 |
| 第六讲 | 《心经》与"空" | 浙江美术馆 |
| 第七讲 | 儒释道的博弈：《西游记》之"心" | 良渚博物院 |
| 第八讲 | 《红楼梦》中的一僧一道 | 中国茶叶博物馆 |
| 第九讲 | 宋代饮食文化 | 南宋官窑博物馆、中国杭帮菜博物馆 |

续　表

| 课程顺序 | 课程内容 | 可参观博物馆 |
|---|---|---|
| 第十讲 | 诗词小说中的"奢华之色" | 中国丝绸博物馆 |

## （二）"互联网+"混合式教学模式的渗透

教学方式上，在传统课堂授课的基础上，以学习通和钉钉直播为线上授课平台，建设直播为主、录播为辅的网络课程，以便在特殊时期亦能保障课程内容的正常输出。与此同时，制订更为合理的线上与线下授课比例，线上授课相对便捷，尤其是特殊时期，其优势更为明显，但是线上授课受技术条件限制较多，且无法营造传统课堂的氛围，形成学生和学生之间的正面激励。因此，寻找合理的线上线下授课比例，而不是简单的一刀切划分，应是新文科背景下"互联网+"教学方式探索的一个关键问题。

另外，充分利用现代教学APP，扩展授课空间。比如，可以根据课程讲授话题，在学习通上按章节上传扩展资料，包括一些优质视频链接。学生可以根据自己的喜好对相应内容进行扩展式学习，再比如，让学生在课堂学习过程中完成一些趣味小测试，作为阶段性复习之用。

## （三）杭州人文地理优势的融入

教学实践上，结合杭州的人文优势，让学生走出课堂，通过一系列的博物馆考察实践，发现生活中的中国文化之美，增强民族自信。

杭州历史悠久，人文古迹众多，自然风光秀丽，不单是吴越国与南宋的都城，更是京杭大运河的起点、世界非物质文化遗产西湖的所在地，有着特殊的文化底蕴。我们要想打造一门以弘扬中国传统文化、立德树人为根本目的的课程，怎么能忽略这一地域优势呢？因此，"中国文化概论"课除课堂讲授与讨论环节外，还设置了相应的实践课程。要求每个学生以自主组队的形式确定博物馆考察主题，并进行不少于1次的杭州博物馆小组考察，然后以小组汇报的形式向其他小组成员展示中国传统文化之美。在博物馆考察实践中，学生为了向其他小组成员更好地展示自己小组的考察成果，会自主查阅历史文献、发掘文物背后的故事、拍摄短视频融入自己的理解等，真正实现了化被动学习为主动学习。而笔者所要做的就是在课程开始之初，结合自身的博物馆参观体验，向学生介绍不同博物馆的位置、特点等，供学生选择，然后在学生实践过程中给予一定的指导，并在他们展示汇报时做一个聆听者。

## 四、结语

新文科建设作为高等教育发展的重要一环，其改革的成败会直接影响到中国未来高等教育的走向。而中文类传统课程能否结合高等教育的发展阶段理论与我国的国情，走出象牙塔，实现高等教育的多样化、个性化和现代化，则关系着新文科建设的成败。本文以"中国文化概论"课程实践为例，探寻新文科建设背景下，此类中文传统课程的建设路径。该课程一方面致力于打破传统"中国文化概论"课程"史"的讲述法，转而以问题为导向，分别设立 10 个话题，在保证中国文化传统精神输出的同时，使学术性探讨与生活体验、时事发展相融合，尽可能地打破学科之间的隔膜，实现文科内部多学科在同一话题中的融合；另一方面，强调学以致用，让学生走出课堂，通过走访杭州的博物馆，切实感受传统文化的魅力，以及杭州的文化底蕴，然后回到课堂自己来回答中国文化的魅力何在、如何传播传统文化等问题，增强学生对中国传统文化的认同感与自豪感。

# "反者道之动"

## ——略论大学文学概论课程教学教法改革[①]

张　瑜[②]

**摘　要：** 大学文学概论课程的教学难点在于其理论性、抽象性过强，本文认为教改的方法不仅仅在传统的生动举例说明上，更重要的是在教学顺序上加以调整，变演绎的教学思维方式为归纳的教学思维方式，从贴近学生实际出发，引导学生进入理论的殿堂。

**关键词：** 文学概论；文学理论；体系；归纳；演绎

文学理论是文艺学重要的分支之一，在大学中文系是以"文学概论"课的名义教授的。近年来，文艺学界对大学文艺学学科的反思逐步深入，但是重点都是从教材、内容的具体细节的调整上着手的，较少从教学的角度来思考文学理论问题。事实上，在现代社会中，大学已成为推动文艺学发展的重要场所，有时大学文学教学甚至能够影响某些文学理论的生存、传播和发展。20 世纪美国的新批评文学理论独霸大学文学课堂近半个世纪，它能影响深远与其"宜于教学"的特征是分不开的。本文拟从教学的角度探讨文学理论教学实际情况，提出自己的教改设想，以求起到抛砖引玉的作用，推动文学理论教学改革的发展。

美国著名的文学理论家韦勒克、沃伦在其名著《文学理论》中曾经把文艺学划分为文学理论、文学史和文学批评三个分支，并指出这三个分支在研

---

① 本文系 2020 年校级教学改革项目"'反者道之动'——'文学概论'课程教学教法改革初探"（项目编号 1140XJ0520148）的研究成果。
② 张瑜，浙江工商大学人文与传播学院教授，博士，研究方向为文学理论、美学。

究范围、对象、任务、功能上都有所不同。文学理论不同于具体的文学批评和文学史①，其研究对象是文学基本原理、概念、范畴和方法，而不是具体的文学作品、作家和文学史。文学理论为文学批评和文学史提供了大量的概念、范畴、指导方法和原理。因而文学理论具有较高的理论性和抽象性，同时文学理论也极为强调理论的体系性和完备性。这些特征自然就给文学概论课的教学带来了相当的难度。

新时期打开国门以来，中国文艺学界在"拨乱反正"和"思想解放"的背景下，借鉴并吸纳了各种西方文论，经过自己的反复摸索、尝试，逐步摆脱了传统的"苏制文学理论"模式，到 20 世纪 90 年代初已初步形成能够被国内广泛认同的、稳定的文学理论体系，这个文学理论体系是以马克思的活动论为轴心的，在坚持审美意识形态理论的基础上吸纳了美国文学理论家艾布拉姆斯的文学四要素等西方文论的观点②，把文学理论的内容具体划分为四个方面：文学本质论、文学创作论、文学作品论和读者接受论③。文学本质论主要阐述文学的本质、特征和性质；文学创作论主要阐述文学创作的特征、过程和创造原则；文学作品论则主要阐述文学作品的类型和体裁、形式构成和文学风格等内容；读者接受论则主要阐述文学接受的性质、文学接受过程、阅读欣赏和文学批评等内容。

新时期以来出版的绝大多数文学理论教材主要是按照这个体系编写的，而大学的文学概论课也主要是按照这个体系依次授课的。

这个理论体系的优点是显而易见的，它体系完整，较全面地涵盖了文学活动的各个方面。但是其缺点也很明显，就教学而言，整个体系是以演绎思维的方式进行的，先从文学本质论入手，在阐述文学的本质、特征和性质等

---

① 韦勒克、沃伦：《文学理论》，刘象愚等译，北京：生活·读书·新知三联书店，1984 年，第 31 页。韦勒克的观点自新时期以来被中国文艺学界广泛认同和吸收。
② 艾布拉姆斯：《镜与灯——浪漫主义文论及批评传统》，郦雅牛等译，北京：北京大学出版社，1989 年，第 5 页。艾布拉姆斯的观点自新时期以来也被中国文艺学界广泛认同和吸收。
③ 童庆炳主编：《文学理论教程》，北京：高等教育出版社，1998 年，第 7—8 页。该书可视为新时期以来出版的文学概论教材的典型。

观点后，再依次阐述创作、作品和读者接受方面的内容。尤其是第一部分文学本质论，由于较多涉及文学理论的哲学基础问题，而不贴近文学的具体实践，因而显得过于抽象，术语艰深。加之文学概论课在各高校的一年级开设，由于我国中学体制中没有专门开设哲学等理论课程，这就造成大多数入学的新生缺乏理论修养，对于理论的认知和理解都较为生疏，因此第一部分文学本质论的教学内容对学生而言往往最难学，对老师而言则最难教。面对大量艰深的术语和理论观点，学生容易产生对理论的畏难情绪和厌倦心理，进而会影响学习的兴趣和决心。这就势必会影响到文学理论的教学效果。

针对上述存在的问题，以往的文学理论教改方法大多强调教师要多举作品实例来印证理论观点，这是有一定的合理之处的。但是，并不是所有的理论观点都能用具体的实例加以说明的，特别是深层次的理论，而且这种做法尤其不利于培养学生的抽象理论思维。更重要的是这种教改方法无法从整体上改变从观点出发再去找材料来证明的先入为主的思维方式。采用这种思维方式，就必然只能采用灌输的教学方式。而理论教学，是不能采用强制灌输的教学方式的，这是理论教学效果最差的教学方式。我以为要开展文学理论教学改革，就应该从这里入手。

马克思在《资本论》的写作中曾经谈到理论的研究方法和说明方法是不同的，研究必须收集丰富的材料，分析它的不同发展形态，并探寻出各种形态的内部联系。这里运用的主要是归纳的方式，"这点一旦做到，材料的生命一旦在观念上反映出来，呈现在我们面前的就好像是一个先验的结构了"[1]。理论著作、教材都已是理论研究的结果了，从中，我们看不出它的研究过程。为了建立理论的体系性，它的说明方法、阐释方式是可以也是应该以演绎的形式进行的，但是教学方法，我认为不同于理论说明方法，而更接近研究方法、归纳方法。理论的教学是不该完全从演绎角度以先入为主的灌输方式进行的，而应从具体丰富的现象出发，引导学生分析和归纳，通过研究，一步步深入表象后的本质。这样不仅避免了强制灌输的方式，让学生感

---

[1]《马克思恩格斯选集》第2卷，北京：人民出版社，2012年，第93页。

到要学习的理论是自己研究得出的结果，从而引发和提高理论学习兴趣，而且还培养了学生的研究归纳思维和理论研究能力，引导学生走进理论研究的殿堂。

由此，我主张现行的文学理论在教学上应该区别教材体系和教学顺序，教学顺序不应该完全按照教材体系来进行，还应该考虑到教学对象和教学效果。我建议将上述文学理论体系四方面内容，即文学本质论、文学创作论、文学作品论和读者接受论的教学顺序，颠倒过来，从读者接受论入手，然后依次为文学作品论、文学创作论和文学本质论。并在 2020—2021 学年第 1 学期，于汉语 1901 班的文学概论课上进行实践，取得了良好的效果。我认为，这样做对教学而言至少有以下三个益处。

第一，从读者接受论入手，而不是从抽象的文学本质论入手，更贴近学生实际。读者接受论涉及的是文学接受、消费、欣赏、批评方面的内容，对于指导学生阅读文学作品有实际意义。阅读是接触文学最自然的方式，在传统文学理论中，作者处于中心地位，因此在文学活动中，作者总是处在活动的起点，而读者总是处于文学活动的末端。但是在当代文学理论的发展中，特别是伴随着 20 世纪 60 年代接受美学的兴起，读者的地位变得越来越重要，人们已经普遍接受了这样的观念，没有读者的参与，一个文学活动就绝不是完整的文学活动。成为作家的人毕竟是少数，人们与文学的关系最主要的还是阅读消费关系，因此如何阅读作品成为当代文论关注的重心之一。美国新批评派的贡献就在于"教会了整整一代人如何阅读作品"，新批评派强调文学教学需要规范化的方式，学生要求学到一套术语、一套批评程式来分析作品，而不是模糊的因人而异的感受。从读者接受论入手，不仅能够贴近学生的实际需要，激发学习兴趣，克服学习理论的畏难心理，而且也是适应当代文学理论发展趋势的。

第二，这个教学顺序体现了由易到难、循序渐进的教学思路。由于阅读是接触文学最自然的方式，从这里出发就自然涉及作品构成方面，进而就必然涉及文学的创作问题。从读者接受论入手回避了现有的从文学本质论入手的方式，学生不必与一大堆艰深的文学和哲学术语直接接触，也不会先入为主地讨论文学的本质问题。文学的本质问题，即文学是什么这个问题，是文学理论中最基本也是最难以解答的问题，在文学活动的各个阶段都会涉及。但是直接抽象地阐述这个问题和结合文学活动具体情况来阐述这个问题的效果显然是不同的，采用我们主张的教学顺序就能够以循序渐进的方式水到渠成地阐明该问题，而不会使学生首先产生突兀的、被灌输的印象。

第三，采用这种教学顺序利于培养学生的研究思维和研究能力。从读者接受论入手，进而是文学作品论、文学创作论和文学本质论，这种教学顺序体现了一种归纳的思维方式，这是一种研究方法，而演绎思维的缺陷就在于它的结果已经包含在提问中。大学要培养学生以求知为目的的研究能力，才能适应未来实践工作中研究问题和解决问题的要求，文学理论课不仅仅传授文学理论的基本知识，而且也在无形中承担起培养学生研究能力的任务。

总之，文学理论的教学必须考虑到教学对象和教学效果，而不是单纯地只从理论体系性出发。理论的教学必须避免以先入为主的强制灌输方式进行，应该从学生的实际出发，逐步引发和提高学生的理论学习兴趣，循序渐进地使学生步入艰深的理论殿堂。

# 吟诵法在中国古代文学史教学中的回归性创新 ①

王丽梅 ②

**摘　要：** 汉语音义一体的特征，使得中国古代文学的诗文作品兼具文学性与音乐性。对于诗文中文乐关系的认识经历了直觉和自觉两个阶段，对文乐合一特征的认识和自觉运用促进了中国古代文学的持续发展，并使得吟诵成为文学创作与鉴赏的传统方式。吟诵法包括吟唱诵念四种类型，灵活运用吟诵法具有拓展教学手段、活跃课堂的实际效用。同时，吟诵法也是一种自我体悟、自我成长的途径，学生通过吟诵实现知识学习、心灵体悟、情绪抒发等多重效果。吟诵法既是对传统教学方式的回归，也是大数据时代背景下教学手段的创新。

**关键词：** 吟诵法；教学改革；文化传承

中国古代文学史是我国高等院校设置最早的专业课程，也是当今各类高校汉语言文学专业的主干课程之一，是汉语言文学专业培养学生扎实过硬的专业基础、提高学生综合素质的重要途径。遗憾的是，在实际教学中，中国古代文学因教学内容与中学语文多有重复、教学观念僵化、教学方法陈旧、教学手段单一等，其教学效果不尽如人意，教学遇到了前所未有的困难。从教学内容上来说，"00 后"学生通常较早地接受了国学的教育，他们在中小学语文课程中接触到相当大比例的"古代文学作品"，而且他们在课外培训班接受的"小古文培训""诗词培训""史地通识"等课程也覆盖了传统古代文学的一些基本教学内容。大学的古代文学教学内容与之旧有的知识重复较

---

① 本文系 2020 年度省级平台校级教学项目"古诗文吟诵与'中国古代文学史'教学改革研究"（项目编号 1140XJ0520148-06）的研究成果。
② 王丽梅，浙江工商大学人文与传播学院副教授，博士，研究方向为中国古代文学。

多，因此，教学内容的改革已经到了刻不容缓的地步。同时，互联网大数据时代也改变了学生传统的学习模式。互联网搜索技术的广泛应用，使得学生具有极强的获取信息的能力，单纯以传授常识性知识为教学内容的传统教学已经无法满足教学实际的需要。从教学方法、教学手段来说，传统课堂上以教师为主的讲授方法过于单调、粗糙，无法激发学生学习的热情，长期以来的课堂教学模式已不再适用于现有的教学对象，无法实现专业教学目标，严重影响了学生学业水平，不利于专业的长久发展。

在国学复兴和大数据的时代背景下，以传统的吟诵法学习中国古代文学是对传统文化的回归，但对于学生来说又是新鲜的方法，不仅能唤起学生的学习兴趣，还可以实现学生的自我成长。

## 一、弦歌不辍：中国文学的诗乐传统

汉语所特有的平上去入的声调、平仄相间的用字方法使汉语成为具有鲜明音乐性的语言，中国传统的诗文词曲皆以字音为核心自然生成文章意蕴。中国古代文学一直与音乐保持着同构关系，天然具有文学性与音乐性。

关于文乐之间的联系，先秦时期人们就有明确的认识，《尚书·虞书》以"诗言志，歌咏言，声依永，律和声"将"诗"与"歌"区分而论，"诗"强调表达的内容，"歌"强调发音的特点。虽然先秦时代没有对"诗"与"歌"的关系进行理论总结，但是在实际生活中，"诗"往往是可以"歌"的。如《史记·孔子世家》记载："三百五篇，孔子皆弦歌之。"《孔子家语》亦记载："孔子不得行，绝粮七日，外无所通，藜羹不充，从者皆病。孔子愈慷慨讲诵，弦歌不衰。"[1] 从周朝开始，"诗"以"歌"的方式传播，也以"歌"的形式授学，如《墨子·公孟》"诵诗三百，弦诗三百，歌诗三百，舞诗三百"[2]，即"诗三百"运用的真实反映。至汉武帝设立乐府采诗以配乐，"诗"与"歌"合而为一，诗歌和音乐的密切关系从体制上得以确立。随着对"诗"与"歌"关系理解的深入，中国文学史出现了文人诗歌创作的第一

---

① 王志新主编：《孔子家语》，北京：团结出版社，2018年，第228页。
② 墨子：《墨子》，方勇译注，北京：中华书局，2015年，第432页。

个高峰，即《古诗十九首》。六朝时期，沈约等声韵学家发现汉语"四声"规律，提出了"以四声协五音"的创作方法，文人创作对语言音乐性的考量成为自觉。沈约提出"夫五色相宣，八音协畅，由乎玄黄律吕，各适物宜。若使宫羽相变，低昂互节，若前有浮声，则后须切响，一简之内，音韵尽殊；两句之中，轻重悉异。妙达此旨，始可言文"[①]，音乐性成为"诗"的重要特征，由此"诗歌"成为中国古代文学的重要体裁，"诗"的文学性与"歌"的音乐性内化为一个概念，不再区分。平上去入的音调高低错落，平仄长短、高下清浊、轻重疾徐的音声相间，共同构成了中国古代诗文的音韵之美，"诗""歌"一体的传统使得诵读吟唱成为古代读书人基本的创作方法和阅读方法。当今吟诵学的代表叶嘉莹先生说："我以为中国古典诗歌之生命，原是伴随着吟诵之传统而成长起来的。古典诗歌中的兴发感动之特质，也是与吟诵之传统紧密结合在一起的。""声音里有古典诗词一半的生命，而吟诵则是我们体会中国古典文学音声之美的门钥。"为此，她大力推广诗词吟诵教学。目前，吟诵是中国传统文化的绝学，"诗"与"歌"的分离，"文"与"乐"的割裂，使中国古典文学的教学难以进入佳境。

## 二、吟唱诵念：教学方法的多样化

中国传统的诗文吟诵适用范围非常广泛，不仅韵文系统的诗、词、曲和骈文可以吟诵，散文亦可以采用吟诵的方法进行学习和创作。桐城派集大成者姚鼐特别强调吟诵，他反复指出："诗古文务要从声音证入，不知声音，终为门外汉耳。""大抵学古文者，必要放声疾读，又缓读，只久之自悟；若但能默看，即终身作外行也。"[②]

吟诵有广义和狭义之分，狭义的吟诵包括诵念吟唱四大类。"诵"和"念"即通俗意义上的"读"，没有音阶曲调。"念"是用口语白读，"诵"则强调要念得清晰、准确，且要充满情感，可以说是一种艺术化的"念"。

---

① 沈约：《宋书》卷六十七"谢灵运传论"，北京：中华书局，1974 年，第 1779 页。
② 姚鼐：《与陈硕士》，《惜抱轩尺牍》，卢坡点校，合肥：安徽大学出版社，2014 年，第 120 页。

"吟"和"唱"更强调音乐性，有固定的曲调，其中，"吟"是像唱歌一样地诵读，仍是一种诵读方式，而"唱"更强调其音乐性，即通俗意义上的"歌"。"吟"的曲调往往是即兴的，而"唱"的曲调则相对固定。广义的吟诵是将有旋律的读法统称为"吟"，包括"吟"和"唱"；没有旋律的读法叫作"诵"，包括"诵"和"念"：这两大类合称"吟诵"。"吟诵"充分发挥了汉语所独具的文学和音乐二重性：文学性注重"文"，在于达意；音乐性注重"声"，在于抒情。所以吟诵不仅成为古典诗文创作的主要方法，也成为读者阅读和欣赏的重要手段，"文章之精妙，不出章句声色之间，舍此无可窥寻矣"①。

吟唱和诵读有相对固定的一些规则，如"依字行腔""依义行调""平长仄短""阳低阴高"等。一般来说，吟诵需要遵守相应规则，但是在实际吟诵中，这些规则可以灵活运用。每一首诗、每一篇文，既可以吟唱，也可以诵读。从常规而言，诗和词多采用吟法，而文和赋多采用诵法。通过吟诵，学生可以体会句读、语气、声调、情绪等汉语诗文的原有韵味，正如曾国藩所说："非高声朗诵则不能得其雄伟之慨；非密咏恬吟则不能探其深远之趣。"②

具体吟诵时，除去上述基本规则外，尚需因文体差异采用不同的声调、不同的语速与不同的音高，这有利于学生在诵读中体会中国古代文学作品不同文体的特征。如《诗经》、《楚辞》、古诗等古体诗不拘声律，旋律简单，在反复吟唱中体味韵律和章法；而讲究四声、平仄等特性的格律诗词曲则需要按照"依字行腔"的方法进行吟诵，让学生在吟诵中体味声律长短高低错落之美。散文的吟诵方法则按照先秦散文和后世散文分成两种处理方法：先秦散文因其风格古朴，吟诵多不用较长尾腔；后世散文则因重气势、讲神情，吟诵上强调旋律抑扬顿挫和跌宕起伏，并辅以较长的特殊尾腔，酣畅淋漓地传情达意。沈德潜说："诗以声为用者也，其微妙在抑扬抗坠之间。读

---

① 姚鼐：《与石甫侄孙》，《惜抱轩尺牍》，卢坡点校，合肥：安徽大学出版社，2014年，第134页。
② 曾国藩：《曾国藩家训》，檀作文译注，北京：中华书局，2020年，第13页。

者静气按节，密咏恬吟，觉前人声中难写、响外别传之妙，一齐俱出。"[①]通过声音形式把不同文体特征生动形象地展现出来，让学生通过不同声音来体会文体特征和情感内涵。曾国藩说：

> 尔欲作五古七古，须熟读五古七古各数十篇。先之以高声朗诵，以昌其气；继之以密咏恬吟，以玩其味。二者并进，使古人之声调，拂拂然若与我之喉舌相习，则下笔为诗时，必有句调凑赴腕下。诗成自读之，亦自觉琅琅可诵，引出一种兴会来。古人云"新诗改罢自长吟"，又云"煅诗未就且长吟"，可见古人惨淡经营之时，亦纯在声调上下工夫。[②]

在同一篇诗文中，吟唱诵念的方法使用亦比较灵活，可以"先之以高声朗读，以昌其气；继之以密咏恬吟，以玩其味"，亦可以"急读以求其体势，缓读以求其神味"。

在"中国昆曲：音乐文学[+]的典范"专题教学中，我们请来浙江传媒学院昆曲专家刘志宏博士。刘志宏博士以昆曲为核心，细致地讲解了中国古代文学发展过程中的文乐关系。昆曲继承了中国古代文学的韵文传统，以"依腔填词"和"倚字行腔"以及南北曲合套的方式进行创作与演唱，文本、音乐和表演完美结合。刘志宏老师讲解了昆曲清唱时曲文的发音方法、词牌和曲牌等知识，同时，对李白《关山月》、李煜《浪淘沙令·帘外雨潺潺》、马致远《天净沙·秋思》、汤显祖《牡丹亭》【皂罗袍】等作品进行了现场吟唱。学生们直观地学习了中国古代文学"合乐而歌"的传统，受益良多。吴芳敏同学坦言："文学性与音乐性的融合与展示，真正让昆曲在我们面前'活'了起来。书本上冷冰冰的曲谱，变成了耳畔悠扬动听的笛声；剧本上苍白的台词，变成了耳旁充满韵味的戏腔。"林跃同学亦感慨："昆曲不再只是印刷在我们课本上的一个名词，而是成为一门展现在我们眼前的鲜活的表

---

① 沈德潜：《原诗　说诗晬语》，南京：凤凰出版社，2010年，第82页。
② 曾国藩：《曾国藩家书》，潘爱平评注，长春：吉林文史出版社，2016年，第80页。

演艺术。"杨晓涛同学说："刘老师讲的内容很多，但其中让我感触最深的是昆曲的演唱。作为昆曲的好搭档——箫，吹响之时便让人觉得悠远绵延，这恰恰同昆曲一般给人婉转缠绵之感，似是一纤巧女子在烟雨蒙蒙之中轻柔抚弄西湖碧水，微波荡漾，回环往复。词曲高低的声调更是牵在听者心头的一根线，起起伏伏，给人以沉浸式的体验。"[①] 课堂上，学生们学习【皂罗袍】的演唱，在反复吟唱中体味曲文的情致。可以说，正是因为有了吟唱诵念的自我体验，学生们才体会到文本所传达出的真实内蕴和情感意味。因此，在中国古代文学的教学中，大力推广吟诵是一项值得探索并具有真实意义的实践。

## 三、吟诵唱念与自我成长：教学内容的交互化

使用吟诵唱念的方式组织教学，不仅可以使老师的课堂教学生动高效，也可以使学生进行自主学习。吟诵是一种即兴的阅读方式，虽然有相对固定的吟诵方法，但并没有一个僵化的模式，吟诵者可以根据自己的情感状态与体认深度进行自我创造，可以说吟诵唱念不仅是对作品进行简单还原，而且加入了读者自己的情绪和感悟，是一种再创造的过程。读者和作者通过吟诵唱念实现了跨越千年的交互。诗词曲赋的吟诵唱念在中国有着两千年以上的历史，凡读书人皆能吟诵。因此，对于中国古代文学史的教学而言，一旦学生们掌握了吟诵唱念之法，就可以进入自我学习、自我成长的快车道。学生们既可以继续体味课堂教学内容，又可以拓展学习的内容，中国千百年来的优秀文学作品将长久地成为学生抒情感怀、体悟人生的媒介，中国古代文学作品所蕴含的天人合一的文化精神、旷达高远的人生追求将成为学生自我成长的内在力量。

吟诵没有固定的曲谱，因而也就没有固定的曲调，读者可以根据自己的理解和情绪进行吟诵，声音的强弱、音速的疾徐、旋律的曲直都以阅读者为核心，不断地发生变化。因此，吟诵唱念成为一种自我体悟、自我学习的

---

[①]《浙江传媒学院刘志宏老师为人文学院学子举办学术讲座》，2021 年 4 月 23 日，https://mp.weixin.qq.com/s/7V1yF0fFSfTysLZ4ZlWMgQ。

途径。诗文"缘情而作",吟诵因情而异,在情感表达上,诗文与吟诵天然具有内在的联系。学生在吟唱诵念之中,声音出乎口而情感入于心,与诗词曲赋的情感实现深度融合。清代散文家梅曾亮说:"其能成章者,一气者也。欲得其气,必求之周秦汉及唐宋人文,其佳者皆成诵,乃可。夫观书者,用目之一官而已;诵之而入于耳,益一官矣。且出于口,成于声,而畅于气。"①在自我抒发的愉悦中,在沉浸式的审美体验中,学生完成了对自己心灵世界的探索、生命的感悟和情感的抒发。这种潜在的作用,可以化解学生们日常生活体验中的苦恼与烦闷,也能在古人以家国为念的高尚情怀中升华自己的人格,完成价值观的构建。

叶圣陶曾说:"吟诵就是心、眼、口、耳并用的一种学习方法。从前人读书,多数不注重内容与理法的讨究,单在吟诵上用工夫,这自然不是好办法。现在国文教学,在内容与理法的讨究上比从前注重多了;可是学生吟诵的工夫太少,多数只是看看而已。这又是偏向了一面,丢开了一面。唯有不忽略讨究,也不忽略吟诵,那才全而不偏。吟诵的时候,对于讨究所得的不仅理智地了解,而且亲切地体会,不知不觉之间,内容与理法化而为读者自己的东西了,这是最可贵的一种境界。学习语文学科,必须达到这种境界,才会终身受用不尽。"②叶嘉莹也说:"我以为吟诵之目的不是为了吟给别人听的,而是为了使自己的心灵与作品中诗人的心灵能借着吟诵的声音达到一种更为深微密切的交流和感应。"吟诵通过口、眼、心三位一体的训练方法,通过因声求气而得神、入境的渐进途径,在潜移默化中实现对学生的性情教育、道德教育。因此,在课堂教学中采用吟诵法进行诗文教学既是为往圣继绝学,又能让学生领会中国传统文学的美好,较好地完成教学目标。

---

① 梅曾亮:《柏枧山房诗文集》卷二《与孙芝房书》,彭国忠、胡晓明校点,上海:上海古籍出版社,2005年,第43页。
② 叶圣陶:《叶圣陶教育文集3》,北京:人民教育出版社,1994年,第237页。

# 《论语》教学中的思想解读 [①]

万晓丽 [②]

**摘　要：**"半部《论语》治天下"说明了《论语》对治国的贡献，整部《论语》以论述修身为主，因此应表述为"以《论语》修身来治国"，这与孔子的生平及修身的价值有关。文化传承要知其然，更要知其所以然，做到客观、公正。

**关键词：**《论语》；修身；治国

## 一、引言

被誉为"至圣先师"和"万世师表"的孔子创立了儒家学说，后人在此基础上发展出儒家思想，该学说对中华文明产生了深远的影响，是中国传统文化的重要组成部分。自汉代"罢黜百家，独尊儒术"以来，儒家思想长期居于主导地位，同其他思想一道与时俱进、应物变迁，为中华民族的生生不息、发展壮大提供了重要的滋养。

作为儒家思想的源头，《论语》凝练了儒学宗师孔子的思想，自宋元以来便流传着"半部《论语》治天下"一说。在国学兴盛的今日，引用者多半不会对它的真实性表示怀疑，但也有少数学者针对这句话进行了详细的考

① 本文系浙江工商大学 2020 年省级平台校级教学项目"《论语》选读教学团队的整合与建设"（项目编号 1140XJ0520148-03）、2021 年浙江工商大学校级课程思政教学研究项目"文化自信与文化认同融入古代汉语课程教学研究"和 2021 年浙江工商大学高等教育研究课题委托课题"高校深化新时代教育评价改革路径与策略探究"的研究成果。
② 万晓丽，浙江工商大学人文与传播学院讲师，博士，研究方向为古代汉语语法及理论。

证，认为该典故背后有一定的社会政治因素，并非《论语》本身的功效①。不管这句话是为了迎合儒生自我吹嘘的心态，还是赵普确实依靠半本《论语》辅佐宋太祖有功，都如洪先生所言，"《论语》中有很重要的政治原则，凡为政者不可忽略"②，那么《论语》中的治国之道究竟如何？文章以《论语》为对象，针对此问题进行探究。

## 二、《论语》的思想阐释

儒家提倡"内圣外王"，《礼记·大学》中具体阐释为："古之欲明明德于天下者，先治其国；欲治其国者，先齐其家；欲齐其家者，先修其身；欲修其身者，先正其心；欲正其心者，先诚其意；欲诚其意者，先致其知，致知在格物。物格而后知至，知至而后意诚，意诚而后心正，心正而后身修，身修而后家齐，家齐而后国治，国治而后天下平。"③格物、致知、正心、诚意、修身、齐家、治国、平天下是儒家经典思想的凝结，其中格物、致知、正心、诚意都是修身的前提和基础，而修身、齐家、治国、平天下由小到大说明了儒家学说的社会功效，最后的平天下是儒家学说要实现的终极目标。

### （一）修身思想阐述

《论语》是以"仁"为道德教育的目标，以"礼"为道德教育的核心，以"义"为道德教育的最高准则，以"孝悌""忠恕"等为道德教育的基本规范，最终实现"君子"的道德理想人格。"仁"是孔子道德教育的目标，"孝悌""忠恕""恭""宽""信""敏""惠"等是实践"仁"的道德要求，"礼"是孔子道德教育的途径，"仁"以"礼"为准则，"义"与"仁"相辅相成，"不义"则无以为"仁"。"君子"的理想人格教育，首要的是加强道德修养，要"修己"，要"爱人"，还要"行义言忠信"。而这些阐述都是个

① 蒋非非：《流传千载的一句谎言：半部〈论语〉治天下》，《光明日报》2007 年 11 月 23 日。
② 观点最早见于洪业：《半部论语治天下辨》，《洪业论学集》，北京：中华书局，1981 年，第 405—421 页。
③ 胡平生、张萌译注：《礼记》，北京：中华书局，2017 年，第 1162 页。

人修身的内涵。

"仁"，从人，从二，亲也。《论语》中提到"仁"高达100多次[①]，因此有学者认为"孔学"即"仁学"。"仁"的概念自《尚书》就有，指的是人的美好品德，《论语》丰富了这一概念的内涵。

"爱人"（《颜渊》）、"泛爱众，而亲仁"（《学而》）、"节用而爱人"（《学而》）、"夫仁者，己欲立而立人，己欲达而达人"（《雍也》）、"己所不欲，勿施于人"（《颜渊》）等都说明了"仁"的关键在于"爱人"。什么是"仁"？在《论语》中"仁"可以指善良、正直、朴实的品德，子曰："刚、毅、木、讷，近仁。"（《子路》）相反，"巧言令色，鲜仁矣"（《学而》），"能行五者（恭、宽、信、敏、慧）于天下为仁矣"（《阳货》），"居处恭，执事敬，与人忠"（《子路》）为仁。"仁"还可以指社会交际中的道德品质，杨伯峻认为"忠恕"是"仁"的真谛，"夫子之道，忠恕而已矣"（《里仁》）。孔子不仅提出了"仁"所包含的具体内容，而且指出了实现"仁"的方法，子曰："己欲立而立人，己欲达而达人。能近取譬，可谓仁之方也已。"（《雍也》）这是待人的积极方针。又说"己所不欲，勿施于人"（《颜渊》），并称之为"恕"，这是待人的基本原则。

据徐复观阐释，"仁"的第一义是一个人面对自己而要求自己能真正成为一个人的自觉自反[②]，这说明"仁"属于修身。"仁"的前提是"人"，肯定"人"的作用要大于"天"，"子不语怪、力、乱、神"（《述而》）说明孔子对于天、命、鬼、神、怪等"六合之外"是采取敬而远之的态度。"未能事人，焉能事鬼""未知生，焉知死"（《先进》），从孔子这些论述中可知，他确立"仁"的概念，是以"人"为前提的。他认为"人能弘道"（《卫灵公》）。当他的弟子樊迟问他什么是"仁"时，他回答"爱人"，问什么是"知"（智），他回答"知人"（《颜渊》）。孔子还有"其人存则其政举，其人亡则其政息""为政在人""仁者人也"等论述，正是基于此才会有为政之道

---

① 杨伯峻统计有109次，陈荣捷（1969）等统计有105次，黄怀信（2007）统计为110次。

② 徐复观：《徐复观文集》，武汉：湖北人民出版社，2001年，第199页。

的"民本"思想。

《论语》中除了"仁","信"也较多。"信"作为立身处世的基本原则，可以表示诚信，如"与朋友交而不信乎？"（《学而》），"入则孝，出则悌，谨而信，泛爱众，而亲仁"（《学而》），"人而无信，不知其可也。大车无輗，小车无軏，其何以行之哉？"（《为政》），"不逆诈，不亿不信。抑亦先觉者，是贤乎！"（《宪问》）。

作为理想人格塑造的"君子"是一切美好品德的化身。子曰："君子务本。"这里的"本"是根本，君子的根本在于"孝悌"，能有孝悌之心，就能有仁心仁德，好像树木之生于根。孝悌，是人之为人应具有的基本道德，也是修身的基本法则。除了"孝悌"，君子也重视"好学""信""和""矜""行"等品德，如"君子食无求饱，居无求安，敏于事而慎于言，就有道而正焉，可谓好学也已"（《学而》），"君子所贵乎道者三：动容貌，斯远暴慢矣；正颜色，斯近信矣；出辞气，斯远鄙倍矣"（《泰伯》），"君子和而不同，小人同而不和"（《子路》），"君子矜而不争，群而不党"（《卫灵公》），"君子欲讷于言而敏于行"（《里仁》）。在孔子的思想中，"义"是道德教育的最高准则，"不义而富且贵，于我如浮云"（《述而》）。"义"也是君子应该具有的品质，"君子之于天下也，无适也，无莫也，义之与比"（《里仁》），意思是说君子对于社会上的事情，没有固定的法式，一切以是否合理为准则，合理性是一切行为的最高原则，而这些合乎"义"的事情，一般多是遵从"礼"的，"礼以行义，义以生利，利以平民"（《左传·成公二年》）。正因为君子具有多方面的才能，因此，子曰："君子不器"（《为政》），"文质彬彬，然后君子"（《雍也》）。

### （二）治国思想阐述

《论语》中虽然有论述治国、治家之道的，但大都基于统治者自身的修养。治国者要具有"恭""宽""信""敏""惠"五种品德，"恭则不侮，宽则得众，信则人任焉，敏则有功，惠则足以使人"（《阳货》），"其身正，不令而行；其身不正，虽令不从"（《子路》）。"修身"的品德，如

"德""义""信"在治国上面依然通用，如："为政以德，譬如北辰，居其所而众星共之。"（《为政》）"上好礼，则民莫敢不敬；上好义，则民莫敢不服；上好信，则民莫敢不用情。"（《子路》）"子夏曰：'君子信，而后劳其民；未信，则以为厉己也。'"（《子张》）"道千乘之国，敬事而信，节用而爱人，使民以时。"（《学而》）"子贡问政。子曰：'足食，足兵，民信之矣。'子贡曰：'必不得已而去，于斯三者何先？'曰：'去兵。'子贡曰：'必不得已而去，于斯二者何先？'曰：'去食。自古皆有死，民无信不立。'"（《颜渊》）

《论语》中的民本思想可以从《论语·尧曰》看出。"子张问于孔子曰：'何如斯可以从政矣？'子曰：'尊五美，屏四恶，斯可以从政矣。'子张曰：'何谓五美？'子曰：'君子惠而不费，劳而不怨，欲而不贪，泰而不骄，威而不猛。'子张曰：'何谓惠而不费？'子曰：'因民之所利而利之，斯不亦惠而不费乎？择可劳而劳之，又谁怨？欲仁而得仁，又焉贪？君子无众寡，无小大，无敢慢，斯不亦泰而不骄乎？君子正其衣冠，尊其瞻视，俨然人望而畏之，斯不亦威而不猛乎？'"

## 三、修身与治国的关系

从篇幅上来看，《论语》大部分论述的都是如何修身，对于治国之道虽有论述，但在量上并不是很多，并且治国之道依然脱离不了修身，如"子禽问于子贡曰：'夫子至于是邦也，必闻其政。求之与，抑与之与？'子贡曰：'夫子温、良、恭、俭、让以得之。夫子之求之也，其诸异乎人之求之与？'"（《学而》）子禽和子贡的问答，从侧面反映出孔子"温、良、恭、俭、让"的高尚人格，同时，也含有弟子对老师的敬仰之情。对于国家政事，在遇到道德高尚的人时，都可与之探讨。从这里也可以看出"修己"可以使"政来"，一个人要注重个人的修养，当人品得到广泛认可的时候，就易于得到上层人士的高度认可，这样才有机会了解更多、更鲜为人知的国家政事。关于这点，《论语·宪问》中有明确论述："子路问君子。子曰：'修己以敬。'曰：'如斯而已乎？'曰：'修己以安人。'曰：'如斯而已乎？'

曰：'修己以安百姓。修己以安百姓，尧、舜其犹病诸！'"。这里孔子认为"修己"的典型价值功能——使百姓都安乐，连尧、舜都很难做到。

我们赞同徐复观以"为己之学"贯通孔子的思想，所谓"为己之学"，即追求知识的目的乃是自我的发现、开辟、升进，以求自我的完成。而孔子所发现开辟的自我即"仁"。他不仅以"仁"统贯诸德，而就"仁远乎哉，我欲仁，斯仁至矣""为仁由己，而由仁乎哉"等语言推求，"仁"必然是生命之内所呈现出的一种道德精神状态，才能如此现成。归根到底，《论语》中的治国之道还是以"修身"为基点，从"为己之学"中生发出来的，那么"半部《论语》治天下"更准确地来说应该是"以《论语》修身来治家国天下"。

很显然，《论语》强调的"修身"在面对复杂的家国天下时是不足以解决问题的，那么为什么孔子会将"修身"提到如此高的地位上呢？我认为主要有以下两点原因：

第一，孔子自身经历的局限性。春秋时期，各种社会矛盾交织，错综复杂，社会无序，社会各阶级、各阶层的人们惶惶不可终日。孔子把这种社会政治局面称为"天下无道""礼崩乐坏"，他对这种局面忧心忡忡，希望恢复"天下有道"。因此，孔子不仅是一位优秀的学者、思想家，还是一位活跃的社会活动家，他有着强烈的社会责任感，以改变社会现状为己任，试图建立一个新的社会秩序。为此，他不辞劳苦，不避艰险，周游于列国，在传播自己思想的同时，渴望得到一个执政的机会，推行自己的政治主张。但30岁之前孔子做的第一个官是季氏吏，也就是鲁国三大家族"三桓"之一季氏家族的小吏，是负责管理仓库的。孔子做的第二个官是司职吏，是专管牧场养殖工作的官吏。孔子35岁那年，鲁国由于贵族斗鸡引发了政变，孔子逃到齐国做了高昭子的家臣，也就是各国卿大夫的臣属。由于晏婴与孔子的执政理念不同，齐景公听从晏婴劝阻，最终也没有重用孔子。直到鲁定公九年，51岁的孔子终于被任命为中都宰，而后又被提为大司空一职（相当于住建部部长）。但他上任的第一件事情不是大力宣传"修己"的以德治国，而是修订礼制依法治国。孔子被赏识的时间仅仅持续了4年，孔子的经历也不得不为其思想限定了身份色彩，实践经验较少的孔子只能由"己"出发，进而"修身"来实现自己的治世之梦。

第二，"修身"对于"平天下"具有积极的推动作用，"半部《论语》治天下"并不是说以《论语》来治理天下，而是由统治者来推行《论语》，以《论语》中的"仁""义""孝悌"等观念来教化百姓，从而提升个人品德，以此来达到维持天下秩序的目的，从这个角度来说，"修身"也是为政者有效的管理手段之一。

## 四、结语

通过对《论语》思想的归纳性阐述，进而对"半部《论语》治天下"做进一步考察，本文认为整部《论语》是以"修身"为重点，虽对"治国"之道有涉及，但都与为政者自身的品德素养有关。因此，"半部《论语》治天下"的准确说法应该是"以《论语》修身来治天下"，本文结合孔子生平及修身的作用进一步阐释了造成这种现象的原因。

诚然，中国的传统文化是当今社会文化发展的动力源泉，作为教师在传授优秀的中华文化时，不仅要教会学生知其然，更要知其所以然，要使学生养成思辨地看待中国传统文化的能力，从而更好地继承发展中国传统文化。

# 比较文学批判思维教学探索

## ——以"世界文学"理论教学为例①

程丽蓉②

**摘　要**：文献综述和研究现状分析是课题研究的基础，也是训练学生批判思维的一个很好的途径。"世界文学"理论是近年比较文学研究界的热点问题，体现着比较文学学科理论的重要发展，折射着世界格局、文化理念、文学观念以及文学思潮的变化，反映出人文学界学术视野与理念方法的变迁，呈现出一定的逻辑理路，非常适合作为案例进行批判思维教学。我们在"比较文学"本科双语课程教学中，以"近十年'世界文学'理论文献综论"为研究论题，探索"案例教学＋小组合作＋线上线下结合＋课堂内外结合"的教学模式，将学术研究前沿成果、学科史知识、课题研究方法以及思辨创新探索结合在一起，培养提升学生在知识掌握与观点辨析基础上的思辨能力和创新能力。

**关键词**：世界文学；逻辑理路；比较文学；批判思维

## 一、引子

文献综述和研究现状分析是课题研究的基础，也是训练学生批判思维的一个很好的途径。"世界文学"理论是近年比较文学研究界的热点问题，体现着比较文学学科理论的重要发展，自歌德以来逐渐演变更迭，折射着世界

① 本文系浙江工商大学 2021 年"西方文化与文学"研究生精品示范课项目成果之一。本文的写作基于学生研究小组的教学实践。学生研究小组由汉语言文学专业 2019 级的 5 名学生组成，包括程婧雯、李程程、王玥琪、周军妙、边雪莹。
② 程丽蓉，浙江工商大学人文与传播学院教授，博士，研究方向为中西小说与叙事理论比较研究、文艺与传媒、性别与传媒跨学科研究。

格局、文化理念、文学观念以及文学思潮的变化，反映出人文学界学术视野与理念方法的变迁，呈现出一定的逻辑理路，非常适合作为案例进行批判思维教学。有鉴于此，我们在比较文学基本理论教学中，结合"比较文学"概念和可比性问题的教学内容，切入"世界文学"概念和理论问题的探讨，以"近十年'世界文学'理论文献综论"为研究论题，探索"案例教学＋小组合作＋线上线下结合＋课堂内外结合"的批判思维教学模式，将学术研究前沿成果、学科史知识、课题研究方法以及思辨创新探索结合在一起，以此研究案例引导学生管窥和体验学术创新的道与技。在案例教学中，通过小组合作研究，结合课堂内外、线上线下学习，带领学生体验和实践整个论题研究过程，以小组合作带动全班学生的主动参与学习和思考，培养提升学生在知识掌握与观点辨析基础上的思辨能力和创新能力，取得了良好的教学效果。

我们探索"教学相长"的创新模式，整个教学过程从提出问题、探索问题、辨析问题、解决问题到复盘提升，形成了完整闭环。具体环节包括：教师结合教学内容在课堂上自然提出研究论题，以召集学生自愿组成研究小组；研究小组在教师线上指导下合作进行文献搜集整理、文献综述分析、思维导图制作；小组课堂展示分享文献综述和思维导图；教师课堂评析"世界文学"理论研究的逻辑理路和学生的思维路径，启发学生辩证地思考并在综述基础上提出自己的问题和改进方案；学生小组线上合作重新制作思维导图和文献综述，前后对比体现效果；师生线下餐叙分享研究经验体会，进一步提升学生的思辨意识和对学术探索的兴趣。

## 二、"世界文学"问题教学现状分析

自 1827 年歌德提出"世界文学"概念以来的 150 多年中，这一理论问题被各类学科领域的理论家们不断论述，至 21 世纪上升为学术热点问题，众多学者参与讨论，涉及比较文学、文学史、文艺学、文学经典、人文地理学、空间研究、语言学、翻译学等诸多学科领域话题，形成了超越学科领域、民族国家和文明背景的讨论热潮。截至 2021 年底在知网搜索关键词

"世界文学"得到的文献数量就已经超过 1570 条，通过 Google Scholar 搜索"world literature"得到的文献数量超过 2650 条，近 10 年的专著数量超过 19 部，相关文献数量庞大。对于比较文学而言，这一理论问题关涉比较文学的基本概念、可比性原则以及比较文学学科发展进程和趋势等学科基本理论，既关联学科发展史又体现学科发展前沿，既包含丰富的学科知识又体现相当深度的学科理论思考。如果采用传统的讲授式教学，在有限的一次课堂教学时间内，很难处理好如此浩瀚的知识信息，更难真正引导学生理解不同理论观点的背景并主动思考和辨析。

在"比较文学"本科双语课程教学中，"世界文学"问题主要与学科基本理论部分中的"比较文学"定义、可比性问题，学科发展史部分中的学科起源和 21 世纪新发展部分有深度交集。传统的讲授式教学，通常是讲解"比较文学"定义时将之与"总体文学""国别文学"和"世界文学"定义关联起来，提出"世界文学"的 5 种代表性定义，即便加入最新的定义理解，也仅仅是教给学生这几种不同定义的知识而已。在讲解可比性问题时，通常结合从法国学派、美国学派提出的同源性、类同性到中国学派提出的异质性、变异性的演变，结合达姆罗什的"世界文学"定义，让学生了解可比性问题内涵的变化。讲解学科史时，一般会结合 19 世纪后期歌德提出这一概念的时代文化背景、中西文化交流背景以及欧洲不同国家的学科发生状况，将"世界文学"作为时代文化观念和文化交流理想，铺垫为比较文学学科产生的背景，并会讲到马克思提出这一观念的物质生产背景。讲到 21 世纪新发展时，又往往大而化之将"世界文学"问题热归因于全球化背景，不可能有时间给学生详细讲解不同理论观念的立场方法、逻辑理路，只能提供一些参考文献让学生课外自学，但学生自学到什么程度、学习效果如何，完全不可控、不可见。总体来看，传统教授方式停留在知识传授层面，受客观时间条件限制，加之"教"和"学"双方面的主观局限，难以真正践行启发性的、主动参与的、批判探讨式的"教与学"。

有鉴于此，围绕"'世界文学'理论研究"这一案例，我们探索采用线上线下结合、课堂内外结合、师生小组合作的方式，进行案例研究、示范展示和深化互动，利用批判思维指导教学，着力于引导学生在知识掌握、文献搜集研读的基础上厘清理论脉络，探究不同理论观点背后的底层逻辑，形成清晰的知识结构和思维路径，培养学生的批判思维和学术兴趣，从概念生发和逻辑理路着手，启发学生主动探索创新。

## 三、批判思维导向的"世界文学"问题教学过程

按照整个教学内容进度安排，仅有一周时间完成整个教学过程，总体分为 10 个环节展开，每个环节环环相扣，先后衔接紧密：（1）课堂学习线上视频讲座片段，提出问题；（2）课后学生自愿组成研究小组并明确问题和任务；（3）微信群指导研究小组搜索文献；（4）研究小组反馈文献搜索情况和所得资料；（5）教师进一步指导学生梳理研读文献并形成综述报告和思维导图；（6）研究小组课堂展示分享主要文献、文献综述和思维导图；（7）全班同学参与评析；（8）教师课堂评析并着重进行思考方式和逻辑理路梳理的指导；（9）课后研究小组根据评析意见和教师提供的逻辑思路修改文献综述和思维导图；（10）师生餐叙，进一步比较前后思维导图和文献综述的差异及其成因，提升学生对这一学术问题的逻辑理路和思考方式的理解，提升其思辨和探索的兴趣。

第（1）（2）环节是提出问题阶段。我们通过结合曹顺庆先生"变异学与比较文学学科前沿"线上视频讲座有关可比性、学科新发展与"世界文学"研究转向翻译变异问题的关系部分内容，联系前面课程内容中提到的"世界文学"定义问题，将"世界文学"理论单独提出作为一个小专题进行观察研究，限额 5 名学生自愿组成研究小组，在老师指导下展开专题研究。

第（3）（4）环节是探索问题阶段。教师首先指导学生进行文献搜索，通过关键词 + 相关性排序及引用率排序等方式，在知网、Google Scholar、Amazon Book 及各大图书馆检索文献，提取重要的代表性文献。同时，师生互动分享下载文献的途径方式，比如：Sci-Hub，https://www.scihub.net.cn/；ResearchGate，可下载大部分研究论文或课题；Library Genesis（Libgen），http://libgen.rs/，可下载大量学术出版物；Z-library 无须翻墙，

即可下载专著。在此过程中，学生主动提出问题：搜索文献的年份有无限制？英文资料对国家／作者的选取倾向是怎样的（研究重心）？搜索量有无要求？资料汇总是否包含"原文献／专著"与"文献和专著中主要观点的分析概述"这两个部分？文献梳理到什么程度？英文文献专著需要用英文概述、中文概述还是双语？等等。教师给予进一步明确。这样，学生在文献检索阶段进一步明晰了研究对象、研究范围和研究任务。

第（5）（6）环节是辨析问题阶段。研究小组分头行动，搜集梳理并翻译主要研究文献成果，按照自己理解的逻辑进行分类整理，形成1万多字的研究综述，包含52帧内容的PPT展示报告，并制作思维导图，如图1所示。

第（7）（8）环节是分享探索成果和解决问题阶段。这部分是关键步骤，在课堂上进行，目的在于以研究小组的展示和分享带动全班同学参与学习、评析，并通过教师的评析，在论证"世界文学"理论相关知识信息的基础上，深入剖析其底层逻辑理路，引导学生理解和思考知识背后的基本逻辑。

研究小组用PPT和思维导图展示搜集到的主要文献、代表观点和基本脉络，并对其思路进行说明。之后，全班同学参与评析、补充和质疑，深入理解"世界文学"理论的有关知识和观点差异。在此基础上，笔者作为教师再评析和示范，引导学生回到逻辑推理的概念原点去理清150多年来"世界文学"理论演变的逻辑理路，并启迪学生沿着这一理路，展望这一理论问题的未来创新思路和逻辑。笔者指出，"世界文学"概念还不是思考这一理论问题的逻辑起点，应该再推后到"世界"概念和"文学"概念的理解上，这两个概念关联延伸出的众多问题与时代历史进程交织起来，才会演变出后来不同时代不同视角的"世界文学"观念："世界"概念溯源及创世神话，可析出"世界"是按照时间、空间、人、物、神等要素组成的，各要素相互组合就会出现不同的世界观念，历时、共时看问题，也会产生不同的观念，包括本土（Local）、民族（National）、国家（State）、全球（Global）、星球（Planetary），神学世界观、人文主义世界观、后殖民主义世界观、生态主义世界观、非人类中心主义世界观、虚拟（符号、象征）世界观，以及中心与边缘及其互动变化等；"文学"概念溯源及古希腊时期，历经反映论、情感

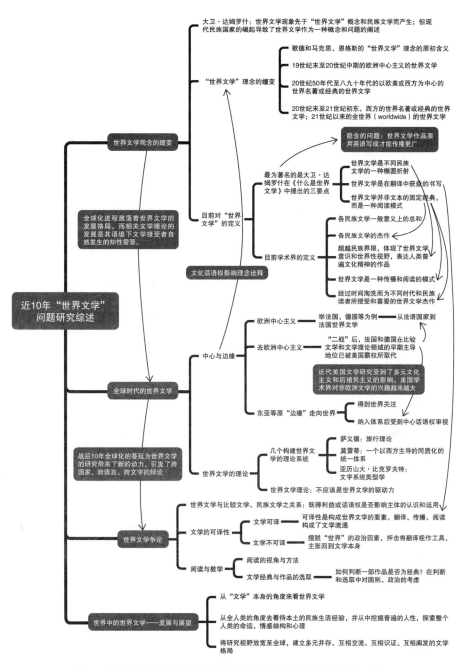

图1 "世界文学"理论研究思维导图（学生研究小组绘制的第一稿）

论、语言论、读者反应批评和接受美学等变化，围绕文学诸要素轮动切换关注中心，现在轮到以"媒介"（传播、转化）要素为关注中心。以此类推，基本上可以预见将来"世界文学"理论的发展将会朝着"后疫情""去全球化""'虚拟'世界＋文学的媒介维度"方向发展。这两个主干线索中的不同要素或观念再发生交织互动，又会延伸出翻译、变异、传播（阅读、教学）等若干问题。采用这种从概念出发将逻辑推理与时代历史进程结合的方式，可以很好地捋清知识脉络和逻辑理路，看似纷繁复杂的论著文献，其观点思路基本上都可纳入其中，从而帮助学生建立起关于"世界文学"理论问题结构化的知识和逻辑框架，启发他们从不同时代阶段和视角进行分析判断和思考。

第（9）（10）环节是复盘提升阶段。课后研究小组根据课堂讨论和评析意见，以及老师提供的逻辑思路，修改梳理综述，并修改思维导图，如图2所示。

对比前后思维导图，可见学生对问题的理解有明显进步，逻辑理路清晰很多，不过离真正完全理解还有一定距离。因而，师生餐叙环节，我们就再次有针对性地进行比较解析，在轻松交流的情境中陶冶学生的学术情怀，培养他们深度思考的习惯。同学们表示，会再仔细琢磨，进一步完善综述和思维导图。我们关于"世界文学"理论这个专题的学习虽然告一个段落，但同学们运用批判思维进行思考和学习不会停止。

## 四、批判思维导向的"世界文学"问题教学效果

餐叙过程中，笔者有意识地了解学生对于我们这种"案例教学＋小组合作＋线上线下结合＋课堂内外结合"的批判思维教学模式的意见和建议。同学们纷纷谈到了自己在这次教学活动中的体会和所得，主要内容汇集如下。

程婧雯：在此次课题研究活动中，我主动担任课题小组长，在做好自身工作的同时，领导小组同学课外讨论、合理分配各项工作、梳理整合探讨要点，并在课堂上向全班同学展示了小组研究成果。老师这次别开生面的教学方式有几个方面让我感受颇深：首先，资料搜集与摘要提取。在此之前我对

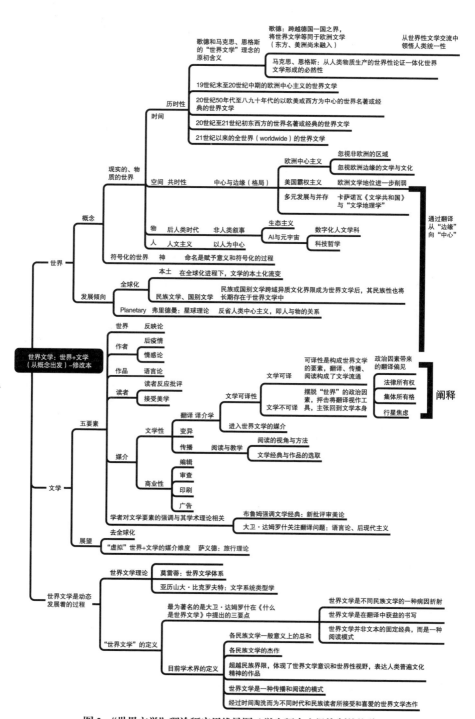

图2 "世界文学"理论研究思维导图（学生研究小组绘制的终稿）

学术资料的搜查仅限于知网，而这次课题研究让我了解到 Z-library、Google Scholar、ResearchGate、读秀、Library Genesis、Sci-Hub 等多种搜索中英文研究资料的有效方式，让我们学生的视野从"中国"走向"世界"。其次，专著论文定位阅读。我主要负责英文专著部分。在阅读时，我深深震撼于大卫·达姆罗什 *World Literature in Theory* 一书的智慧，而艾米丽·阿普特的 *Against World Literature: On The Politics Of Untranslatability* 则从翻译偏见、法律所有权、集体所有权（Possessive Collectivism）和行星焦虑（Planetary Dysphoria）四个方面阐述了文学在政治学层面上的不可译问题，其反省人类中心主义的思考令人耳目一新。再次，在思维导图制作与反思方面，老师给了我们莫大的启发，清晰地评析了我们的思维逻辑，并提供给我们另一种基于概念的思维模式，围绕着"世界"与"文学"两大核心，让我们能够更明晰地理解"世界文学"理论的发展脉络和精神内核。

王玥琪：此次小组研究活动让我受益良多，在程老师的步步带领下，我和小组其他同学第一次体会到了做研究、做课题的基本流程，这是我在本科阶段从未有过的经历。在查找和阅读大量论文的过程中，我深切感受到了中外学者对于"世界文学"这一领域的关注点以及写作思路和风格的巨大差异。这不仅让我对"世界文学"研究领域有了更深的了解，也让我感受到了高效的小组合作和小组讨论所带来的共同进步的成就感。在此次活动中，通过自己的亲身实践，我在文献梳理、文献综述、整合思维导图等方面的能力都有了一定提高，对今后自己如何开展研究也不似以往那般迷茫，有了一定的方向感。

李程程：在本次研究活动中，我主要负责英文论文的查找与要点提取工作，通过英文语境的沉浸式体验，我的英语阅读能力和关键语句提取能力得到了一定的提升；阅读时，我也利用思维导图梳理其中的要点，以便小组讨论交流。在程老师的帮助下，我们5个同学将综述成果一步步有条理地完善，大家合作非常愉快，虽时间紧张，但依旧收获良多，这也将是我大学生活中一次宝贵的研究经历。

周军妙：非常开心且幸运能够参与本次小课题的研究，获得老师如此耐心的指教。在这短短的一周时间里，几乎零课题基础、零研究经验的我，在老师的指导和小组成员的相互帮助下，有了颇多宝贵的收获。搜集、阅读并梳理英文文献资料，这看似简单的一句话概括，实际上经过了不少时间的摸索。好在老师向我们介绍了许多查阅、梳理资料的方法途径，成员们也纷纷进行分享与补充，使得研究效率大大提高。遇到困惑时，老师总会及时地为我们答疑解惑，理清思路。在一次次畅谈中，成员们交换彼此的发现与见解，不断调整、完善我们的思维框架，最后合力完成了本次小课题的基础研究。通过本次实践，我学习到了文学研究的一些基本方法与思路，获益最多的是思维上的拓展与锻炼。尽管我们的思考与总结存在不少疏漏，但在这个过程中已经实现了对原先自我的一种超越，让我们在文学研究这条路上向前迈进了一步。最后，再次感谢老师给了我们这次难得的机会以及如此多的指导，还要感谢每个披星戴月的夜晚里互相陪伴与共同努力的小伙伴们！

边雪莹：这次小组合作研究是我在科研道路上迈出的第一步，对我自身亦是非常难忘的经历。课题工作刚刚起步时，面对知之甚少的研究领域和庞杂的信息，我们几个同学难免感到焦头烂额，但在程老师的悉心指点下，我们很快对研究的方向有了清晰的认知。接下来，在经历了一次又一次小组讨论、论文修改、综述构思后，终于诞生了较为完整的研究成果。通过本次研究，我对于课堂上学习的知识有了更为深入的了解。有机会参与到课题的构思以及研究工作中，不仅拓展了专业知识面，而且锻炼了论文撰写、构思等实践能力。学生得遇良师不易，再次感谢程老师的谆谆教诲，让我们获益匪浅。也感谢课题组的同伴们，是她们的鼓励与包容支持着我，使我从未停下前进的脚步。期待下次更好！

## 五、批判思维导向的"世界文学"问题教学反思

作为实践"案例教学 + 小组合作 + 线上线下结合 + 课堂内外结合"这一教学模式的教师，笔者也针对这一教学活动进行了分析和反思，深深体会到，相比于传统的单向讲授模式，这种结合专题案例进行小组合作探究的比较文学批判思维教学模式具有以下优势。

第一，线上线下结合、课堂内外结合，可以有效地利用网上视频讲座和网络搜索文献进行教学，极大扩展知识容量和时间使用效率，也非常有利于学生英文文献阅读水平的提高。

第二，研究小组合作非常有利于激发学生主动学习和思考的积极性，有利于培养学生的文献检索整理能力、逻辑分析能力、辨析判断能力和团结合作能力，提升其思考力和行动力，使教学重心从知识传授转移到能力培养上来。

第三，课堂内外、线上线下交流互动，增进了师生感情和相互了解，有利于教师后期更有针对性地教学。学生搜集的材料也可弥补教师掌握材料的不足，有利于及时更新教学资源。教学过程中，教师言传身教，同学相帮相扶，引导学生形成良好的工作伦理和职业道德意识，真正实现教书育人同步。

当然，这种教学模式对教师本人的思维素质要求较高，付出的时间精力更多。教师也可能存在难以顾及全班学生接受程度的情况，在今后的教学实践中还可以进一步探索改进和完善。

在一周时间的小组研究合作过程中，笔者与学生一起讨论、分析、思考、改进，学生勤奋高效、认真严谨的学习态度和学习劲头令人感佩，使笔者深刻感受到作为教师教书育人的责任和幸福，这巨大的动力将使笔者更加全心投入教学，努力改进教学方式、探索教学改革，以培养真正具有批判思维的具有独立思考力的人。

# 对外汉语词汇教学的认知原理及教改策略

## ——以类固定短语为例 [①]

陈　伟 [②]

**摘　要：** 词汇教学是对外汉语教学中较为基本又较为复杂的教学内容，词汇本身内容丰富，为对外汉语词汇教学提供了充实的素材。其中类固定短语介于自由短语和固定短语之间，也被列入对外汉语词汇教学之中。类固定短语的对外汉语教学需要学生有一定的认知基础，其中构式－语块理论、原型范畴认知理论以及类推机制都是较为重要的。基于这些认知基础，从而提出语块教学、情景模拟教学、分类与对比相结合教学等教学策略，以更好地帮助类固定短语相关的对外汉语教学。

**关键词：** 类固定短语；构式－语块；原型范畴；类推；教学策略

## 一、引言

对外汉语词汇教学一直是学术界的研究重点，无论是理论方面的探讨，还是教学实践方面的个案分析，都有不同的发展。关于对外汉语词汇教学，首先应考虑的是对外汉语词汇教学的基本单位，对此学术界在字、词、语这三个方面一直存有争议。此外，随着西方语块研究的兴起，"语块教学"进入对外汉语教学的研究之中，使得对于对外汉语教学基本单位的探讨更加深入。很多学者在探讨"词汇"这一概念时，将其分为词与词语，词语可包括

① 本文系浙江工商大学 2020 年省级平台校级教学项目"线上线下混合教学模式下现代汉语课程的学习管理机制探索"（项目编号 XJ0520148-04）和 2020 年浙江省教育厅项目"现代汉语句法语义的不对称研究"（项目编号 KZ0420901）的研究成果。
② 陈伟，浙江工商大学人文与传播学院讲师，博士，研究方向为语言学。

成语、熟语、惯用语等。其中，有一类介于自由短语和固定短语之间，文炼最早将其称为"类固定短语"①，齐沪扬对其进行了分类研究②，张斌先生也指出：一些四字短语，从形式上看很像成语，而实际上是根据交际需要临时创造出来的，它们的特有形式和功能跟成语近似，这些句式组成的结构，基本稳定，属于这种聚合关系的动词或数量短语可以替换，称之为"类固定短语"③。

汉语中存在大量的类固定短语，如由"七……八……""不……不……""现……现……""左……右……"等成分所连接的四字格"七上八下""不男不女""现学现卖""左思右想"等，这些四字格都由固定的连接成分和可替换成分构成，能产性较高，同时也造成形式上相同而意义丰富的多类四字格。这些类固定短语具有较强的灵活性，从而对汉语学习者来说，会产生极大的困难。从目前的研究来看，研究类固定短语这一类现象的对外汉语教学较少，多数集中在个别类固定短语的对外汉语教学上。潘先军在分析类固定短语的结构和语义的基础上简单地提出建议④；于艳平以部分对外汉语教材为平台从偏误类型和偏误原因两个角度考察分析留学生类固定短语偏误，并提出教学建议⑤。总的来说，关于类固定短语的对外教学研究并不充分，但是大量的类固定短语的存在使其不容忽视。因此，本文以类固定短语为词汇教学的对象，分析其特点，探讨其对外教学的认知原理，并指出其对词汇教学策略的影响。

## （一）类固定短语的形式特点

类固定短语在形式上一般由四字格构成，所以从形式上来看像成语，但

---

① 文炼：《固定短语和类固定短语》，《世界汉语教学》1988 年第 2 期，第 65—67 页。
② 齐沪扬：《有关类固定短语的问题》，《修辞学习》2001 年第 1 期，第 8 页。
③ 张斌：《现代汉语语法研究十讲》，上海：复旦大学出版社，2005 年，第 56 页。
④ 潘先军：《类固定短语与对外汉语词汇教学》，《汉字文化》2009 年第 2 期，第 60—62 页。
⑤ 于艳平：《留学生类固定短语偏误分析与教学建议》，《语文教学通讯》2017 年第 2 期，第 73—76 页。

是类固定短语具有成语不具备的特征，其一般含有不变量的连接成分和可替换成分，如"有……有……""无……无……""不……不……""现……现……""一……一……""上……下……""左……右……"等。因此，一方面，类固定短语的凝固性比固定短语弱，因为其中含有可替换成分，每一类的类固定短语数量不定，能产性较高；另一方面，类固定短语相对于自由短语，则具有凝固性，因为类固定短语中含有固定的连接成分，在造词过程中其成分不变，如以"现……现……"为固定成分，可产生众多此类的类固定短语。

类固定短语内部的结构关系较为复杂，几乎包括了现代汉语中短语结构类型的全部，有联合结构、主谓结构、述宾结构、偏正结构、连动结构、兼语结构、述补结构等类型，此外还包括一些不好划分句法结构的部分，从而形成了类固定短语的丰富多样性。

## （二）类固定短语的语义特征

类固定短语是一个非常复杂的系统，其多样性及较高的能产性，造成此类短语在语义上的丰富性，但总的来说，类固定短语的语义也有一定的规律。类固定短语的语义特征，可以分为以下两类。

### 1. 语义的可推导性

类固定短语内部较为复杂，但是部分类固定短语像自由短语一样，其整体语义可以从构成成分中推导出来，换句话说，其整体语义等于各个成分的简单相加。我们将此称为语义的可推导性。齐沪扬对类固定短语特征的归纳中，有一点便是短语意义比较单一，即类固定短语的意义就是字面意义。[①]如由连接成分"现……现……"构成的类固定短语：现测现拍、现买现喝、现点现做、现点现杀、现包现蒸、现炸现吃。从例子可以看出"现 V1 现 V2"这一类的类固定短语的语义是"现在 V1，现在 V2"，表达出现在进行时的两个动作。这一类的类固定短语较为简单，学习者可以根据其构成成分

---

① 齐沪扬：《有关类固定短语的问题》，《修辞学习》2001 年第 1 期，第 8 页。

推导出语义，容易理解。

**2.语义的不可推导性**

在类固定短语中，除部分语义可以通过成分意义的简单相加而知外，大部分类固定短语语义已凝固，具有固定的整体义，我们称之为语义的不可推导性。这一类的类固定短语实则更倾向于固定短语的特征。但根据相关学者对类固定短语的分类，我们仍将此归于类固定短语，而它们的语义凝固，具有不可推导性。如"七死八活""不折不扣""家长里短""开天辟地"等。这些类固定短语从表面上我们可以理解其意义，但是它们都具有深层特指含义，如"不折不扣"表示的是完全、十分的意思。对于这一类的类固定短语的教学，相对于语义可推导的一类较难，重在学生能够记忆，根据不同的词记住不同意义并且会使用，但总体来说此类的对外教学也有规律可循。

## 二、类固定短语对外教学的认知原理

类固定短语作为词汇系统的特殊一类，既有固定短语的特征，又有自由短语的特征，造成其在对外汉语教学过程中既难又易的状态。难在类固定短语复杂多样，语义丰富；易在类固定短语部分语义凝固，同一类短语有规律可循。类固定短语的对外教学属于第二语言习得的范围，第二语言的习得与人类的认知方式等有着密切的联系，因此，类固定短语的对外汉语教学也是一种心理认知过程，具有一定的认知基础。

### （一）构式 – 语块理论

每一类类固定短语的内部都是复杂多样的，但也是有规律可循的。鉴于类固定短语在形式上具有整体性，语义上具有不可推导性，因此构式 – 语块理论对类固定短语的对外汉语教学具有一定的指导作用。

Goldberg 对构式的定义以及相关特征做出了详细的解释，此外他还强调，语言中存在大量的并非通过常规语法规则组合而成的结构，这些结构通过掌握常规的语法规则是难以推衍出来的，必须经过专门的整体学习才能掌握。也就是说，对于一些结构，可通过整体学习而习得。而这里的"整体学习"和心理学中的"语块"（Chunk）相当，都突出强调学习者对学习对象的整体习得，这也正符合类固定短语的相关特征，使得学习者在学习过程中可以从形义结合的整体角度掌握类固定短语。这里的整体习得针对的不仅仅是一个类固定短语，还有某一类类固定短语。在同一类的类固定短语中，它们具有个性的同时也具有共性，学习者对此可整体习得。

构式－语块理论，一方面从形式和意义上将部分类固定短语定义为一种语块，另一方面更是强调在学习过程中，学习者对形义结合的类固定短语的整体习得。因此，在类固定短语的对外汉语教学过程中，教师和学习者都应该贯彻构式－语块理念，从而达到更好的教学效果。

## （二）原型范畴理论

范畴化（Categorization）是一种基本的人类高级认知活动，它指的是基于体验，以主客体互动为出发点，对外界事物（事物、事件、现象等）进行主观概括和类属划分的心智过程。[1] 原型范畴理论（The Prototype Theory）强调以相似特征作为范畴化的参照标准。在某一个范畴中，一个成员之所以获得原型的身份，是因为人们与它接触的机会多于其他成员[2]。原型范畴理论在对外汉语教学过程中具有指导作用，在典型成员的教学基础上可以进行扩展补充教学，从而使学习者具有全面的教学体验。因此，我们可以将以典型的类固定短语为原型聚合而成的具有相似特征的所有类固定短语称为"类固定短语"范畴。同样，在类固定短语范畴的内部，又存在不同的下层范畴。下面以"七 X 八 Y"范畴为例说明类固定短语的范畴化，鉴于"七嘴八舌"早已固型，并使用频繁，因此将两者作为此范畴的原型，详见图1。

---

① 王寅：《认知语言学》，上海：上海外语教育出版社，2006 年，第 96 页。

② 曹逸群：《原型范畴理论视角下的网络词汇研究》，《海外英语》2018 年第 12 期，第 186—187 页。

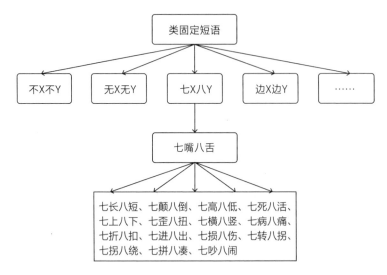

图1 "七嘴八舌"型范畴图式

在"七嘴八舌"型范畴中，以"七嘴八舌"为典型成员，形成了与此具有相似特征的其他成员。"七嘴八舌"的意思是"人多口杂，你一言，我一语，说个不停"。因此我们可以抽象出"七……八……"的意义是"多"，无论所指对象是什么，但是整体意义为"多"。如："七横八竖"指的是"有的横，有的竖，杂乱无章。形容纵横杂乱"；"七死八活"指的是"如同多次死去活来一般。形容受尽痛苦"。因此，在典型成员"七嘴八舌"的意义以及抽象出来的格式的整体意义基础上，学习者将会得到对此范畴成员的意义更好的理解。以原型范畴理论为指导，基于典型成员的对外汉语教学，可根据不同的汉语水平学习者传授不同的教学内容，达到举一反三的效果。

类固定短语这一基本范畴层次下，包含各种下层范畴层次，此外还可根据不同类型的类固定短语再进行层次划分，从而形成众多的范畴层次，便于学习者分类和对比学习。

## （三）类推机制

类推在语言演变中发挥着重要的作用。所谓"类推"，也称"类比"，索绪尔说：类比形式就是以一个或几个其他形式为模型，按照一定的规则构成的形式。[①] 简单地说，类推是以一种或多种其他形式为模型，按照一定的原则创造出来的其他形式。在典型的类固定短语的基础上，通过联想，改变一些成分而可以创造出新的类固定短语。一方面，类推是类固定短语产生的机制；另一方面，类推在对外汉语教学中可以使学习者通过已知的概念而不断习得新的概念。所以，对非母语的汉语学习者来说，类推是一种较为有效的方法。如学习者可以从"现吃现做"类推到"现吃现买""现炸现吃"等类固定短语，同时也可以类推联想到"现点现做""现学现做"等与"现吃现做"相关的类固定短语。再如对外汉语教材《博雅汉语·高级飞翔篇 I》中涉及的类固定短语有：一男半女、全然不知、深信不疑、一模一样、有去无回、滚滚而去、欢天喜地、浮躁不安、当仁不让、自耕自织、无怨无悔、破土而出、千方百计、无所不能、千变万化。学习者可以通过在前面课文中学习到的相关类固定短语而采用类推的方法辅助在后面课文中类固定短语的学习，从形式上去类推，由已知的概念来学习新的概念。

## 三、对词汇教改策略的影响

鉴于词汇系统在现代汉语中的复杂多样，词汇教学在整个对外汉语教学环节中是较为重要也是较为复杂的教学活动。想要做到顺利而有效地解释好一个词并让学生掌握并不简单，因此，就需要相对应的教学策略。关于对外汉语教学的教学策略，很多学者基于某一特定的教学对象、特定的教学内容、特定的理论或教材等来进行研究。本文以类固定短语为教学内容，以类固定短语对外汉语教学的认知原理为理论指导，提出相关的类固定短语的对外汉语教学策略。

### （一）语块教学策略

类固定短语从形式上可看作语块，这样便于学习者的整体学习。学习过程实际上是学习者认知结构的建构过程，就是学习者将外来的信息经过感

---

① 索绪尔：《普通语言学教程》，高名凯译，北京：商务印书馆，1980 年，第 226 页。

知、筛选、归纳、概括、搜索、重组等一系列认知操作来组合并纳入自己原有的知识系统，形成新的认知结构。① 基于构式－语块理论，在类固定短语对外教学过程中，语块教学策略是非常重要的。

语块教学策略是掌握已知词汇的组合方式，先从形式上进行整体学习，并增加词汇知识的深度。一般来说，类固定短语都是固定或半固定的，并且类固定短语本身由不可替换成分和可替换成分构成，更有助于学习者整存整取。语言的记忆和存储、输出和使用就是以这些半固定、模式化了的板块结构作为语言交际的最小单位的。② 例如："无……无……""不……不……""一……一……"等。利用语块学习，可以让学生在掌握大量词汇的同时获得学习词汇的一种方法，利用已知的固定或半固定的结构去学习新的概念，从而避免母语的负迁移，减少偏误。如上文提到的教材《博雅汉语·高级飞翔篇I》中的类固定短语"一模一样"，可以根据这一词，学习"一……一……"语块的相关词"一心一意""一家一户""一草一木"等，也可以学习由数字构成的相关类固定短语"千方百计""千言万语"等。

因此，在类固定短语的对外汉语教学过程中，教师可以利用"语块"这一概念进行整体教学，同时辅助大量的操练，使得学习者掌握它并将它用于交际中。

## （二）情景模拟教学策略

类固定短语在某些方面具有成语的特征，因此在对外汉语教学过程中也适用情景模拟的方法进行教学。模拟情景可以有效地把陈述性知识转化为程序性知识③，从而使学习者更容易掌握学习内容。情景模拟主要强调的是在教学过程中教师通过情景的设计，让学习者清楚地了解到类固定短语的意义，

---

① 王添森：《基于认知风格理论的对外汉语教学策略》，《汉语学习》2009 年第 2 期，第 91—97 页。

② 郝友：《词块——对外汉语词汇教学中待开发的资源》，《湘潭师范学院学报》（社会科学版）2006 年第 6 期，第 158—160 页。

③ 方艳：《论对外汉语教学中模拟情景的创设》，《金陵科技学院学报》（社会科学版）2005 年第 3 期，第 100—107 页。

同时学习者通过直接的感官接触，获得鲜明的形象体验，有助于学习者联想能力的培养。

例如，教师在讲授"一模一样"这一类固定短语时，可以利用图片、声音、现场实物等方式辅助创造具体的情景，使学生直观地感受类固定短语的意义，并可以采取模仿声音或表演来理解词义或者根据词汇形式造词等方式进行操练，以助更好地理解并运用。

情景模拟教学可以帮助学习者更为直观地感受所学词汇的意义以及运用，培养学习者将词汇与实物相关联的联想能力。

### （三）分类与对比相结合的教学策略

类固定短语是一个复杂的系统，但其内部可分为不同的类型。齐沪扬根据替换成分的多少，将类固定短语分为替换两个成分和替换三个成分两种。[①]还有学者从语言学的角度对类固定短语进行分类。同样，在对外汉语词汇教学中，利用分类可以将同类型的类固定短语归类，便于教学的整体性，也可进行扩展补充学习。此外，词汇的学习还应借助对比的方法，一个词语的意义和用法在对比中更能显现出来。一些类固定短语在形式上都较为相像，但是意义上有很大的区别，因此在对比中可以掌握不同的类固定短语。将分类和对比相结合，符合一定的认知基础，可以更有效地让学习者掌握更多不同类型的类固定短语，同时也可以了解它们之间的区别。

## 四、结语

词汇教学在对外汉语教学中是基础，也是较为重要的环节，词汇的掌握影响着其他教学环节的进行。关于词汇教学，不同学者对其不同的方面进行了探讨，并有所进步。类固定短语介于自由短语和固定短语之间，也是对外汉语词汇教学的基本内容。类固定短语在形式上一般由四字格构成，有可替换成分和不可替换成分，因此，类固定短语的能产性较高，构成了复杂的系

---

① 齐沪扬：《有关类固定短语的问题》，《修辞学习》2001年第1期，第8页。

统。在语义上，类固定短语可分为语义的可推导性和不可推导性，这使得类固定短语在教学过程中形成又难又易的状态。在类固定短语所具有的形式和语义特征之上，其对外汉语教学具有一定的认知基础。构式－语块理论为类固定短语整体习得提供理论基础的同时也在教学过程中为教师和学习者双方提供方法指导；原型范畴理论为整个类固定短语系统提供了分类标准，便于学习者进行分类和对比学习；类推为类固定短语的产生提供机制，也使学习者在学习过程中通过已知概念去学习新的概念。在这些认知基础之上，可采用语块教学策略、情景模拟教学策略、分类与对比相结合的教学策略，使汉语学习者更好地掌握类固定短语的形义特点，将此运用到实际生活中。

# 电影课教学中影片叙事特征比较的几个维度

程大荣①

**摘　要：**影片叙事特征比较是电影类课程的重要教学方法之一。影片叙事特征比较主要有叙事时间、叙事结构、叙事风格等维度。叙事时间指故事在叙事文本中所呈现的时间状态；叙事结构是影片整体排列组合的形式，两者紧密关联；叙事风格指影片叙事整体上呈现出的具有代表性的面貌。

**关键词：**电影教学；叙事特征；叙事时间；叙事结构；叙事风格

从 21 世纪初开始，浙江工商大学就开设了电影欣赏解读方面的公共选修课，先是"外国电影"，后改为"欧美电影"，一直延续至今，历时近 20 年。汉语言文学、文化市场管理专业分别负责专业选修课"外国电影专题"课、"中外电影专题"课，历时 10 多年。电影类课程设置在长期教学实践过程中，逐渐形成了以 20 世纪 70 年代以来的经典影片解读为核心的教学内容体系。主要解读影片包括朱塞佩·托纳多雷《天堂电影院》（意大利）、克日什多夫·基耶斯洛夫斯基《蓝》和《维罗妮卡的双重生活》（法国）、丹尼·博伊尔《猜火车》（英国）、福尔克·施隆多夫《铁皮鼓》（德国）、汤姆·提克威《罗拉快跑》（德国）、佩德罗·阿尔莫多瓦《关于我母亲的一切》（西班牙）、米尔科·曼彻夫斯基《暴雨将至》（马其顿）、尼基塔·米哈尔科夫《套马杆》（俄罗斯）、弗兰西斯·福特·科波拉《教父》和《教父（续集）》（美国）、赛尔乔·莱翁内《美国往事》（美国）、科恩兄弟《冰血暴》（美国）、昆汀·塔伦蒂诺《低俗小说》（美国）、大卫·林奇《穆赫兰道》（美国）、大卫·芬奇《七宗罪》（美国）、保罗·哈吉斯《撞车》（美

---

① 程大荣，浙江工商大学人文与传播学院副教授，研究方向为电影文学。

国）、肯尼斯·罗纳根《海边的曼彻斯特》（美国）、岩井俊二《情书》（日本）、陈凯歌《霸王别姬》（中国）、姜文《阳光灿烂的日子》（中国）、贾樟柯《三峡好人》（中国）、刁亦男《白日焰火》（中国）、王家卫《重庆森林》（中国香港）等经典作品。教学方法上，主要以影片叙事特征解读为经，以影片叙事特征相互比较为纬。影片叙事特征比较主要有叙事时间、叙事结构、叙事风格等维度。

## 一、叙事时间

叙事时间是相对于故事时间而言的。故事时间指故事发生、发展、结局的自然时间状态，叙事时间即文本时间，指故事在叙事文本中所呈现的时间状态。

《蓝》《关于我母亲的一切》都是前后连贯的历时性线性叙事时间。《蓝》叙述朱莉一家发生车祸，朱莉在医院治疗时试图自杀，朱莉在疗养院时拒绝采访，朱莉回乡间别墅，朱莉搬到闹市区；《关于我母亲的一切》叙述曼纽拉儿子艾斯德班因车祸去世，曼纽拉为完成儿子遗愿到巴塞罗那寻找艾斯德班的父亲罗拉，曼纽拉因露莎母亲介意露莎儿子小艾斯德班携带艾滋病毒离开巴塞罗那回到马德里，曼纽拉重回巴塞罗那与嫣迷、阿悦重聚：都是以故事时间的自然进程为叙事时间的方向，文本时间与故事时间相一致。同中有异的是，《蓝》的叙事时间是模模糊糊、隐隐约约的，也许是几天，也许是几十天。这种叙事时间的淡化使影片具有超越时间的意义。《关于我母亲的一切》的叙事时间是相对清晰的，曼纽拉重回巴塞罗那时甚至出现了"两年后"的字幕。

《天堂电影院》是一个时间的颠倒。影片把童年多多、青年多多的故事置于中年多多回忆的情景中来叙述，将多多40年左右的人生故事压缩为3天左右的银幕故事，使影片结构严谨，叙述紧凑。中年多多进入回忆到回忆结束中间三次闪出闪入的时点选择——多多把昏迷的艾费多拖下楼梯、露天电影场艾莲娜不期而至、艾费多让多多去罗马闯荡，使影片叙述张弛有度、收放自如。

《罗拉快跑》是一个时间的穿越，时间的穿越形成时间虚幻的重复。和曼尼通电话情急之下尖叫时房间里电视机上的酒瓶炸裂，罗拉似乎具有某种超自然的潜在能力，这种潜在能力艺术化地赋予罗拉穿越时间隧道回到过去的可能性。罗拉不满于突然来到眼前的现实结局，两次回到起始的11:40，重新开始20分钟的奔跑。于是我们看到，生命中的20分钟，罗拉奔跑了60分钟。为了拯救爱人，为了拯救爱情，罗拉成为那个在20分钟里奔跑了60分钟的奔放热烈、一往无前的女人。

《暴雨将至》是一个时间的循环。影片讲述"言语""脸""照片"三个似乎松散的故事。"言语"是科瑞和萨米娜的故事，"脸"是安妮和亚历山大、尼克的故事，"照片"是亚历山大回乡的故事。三个故事都按照时间顺序来叙述。"言语"和"脸"、"脸"和"照片"的交合处，前一故事结束、后一故事开始的时间连接呈开放状态，但"言语"的故事结束于萨米娜的死，而"脸"的故事里安妮办公桌上曾经出现死去的萨米娜和坐在箱子上的科瑞的照片，亚历山大离开伦敦前往机场，"照片"的故事开始于亚历山大回到马其顿故乡，三个故事的时间整体上向前推进，而"照片"故事的结尾却奇迹般地回到了"言语"故事的开头。于是，影片线性延伸的时间，变形为一个电影叙事史上异峰突起的圆环。时间的循环表现了面对时间的迷茫与疑惑。对时间的疑惑，其实是对历史的疑惑。"和平是例外，不是规则"，历史说到底是战争和屠杀的循环。而对历史的疑惑，归根结底，是对人性的愤懑。萨米娜的死、尼克的死、亚历山大的死，突如其来的杀戮，尤其是来自亲人的杀戮，也许是因为宗教，也许是因为种族，也许是因为土地，但就终极意义而言，是因为深陷暴力旋涡的人性。

## 二、叙事结构

叙事结构是影片整体排列组合的形式。叙事结构与叙事时间、叙事空间紧密相关。叙事结构通常分为线性结构、非线性结构两大类。有的学者把线性结构定义为经典好莱坞事理结构，把非线性结构分为现代电影心理结构和后现代电影超验结构。线性、非线性常常成为区分经典好莱坞事理结构、现代电影心理结构、后现代电影超验结构的主要特征，但并不绝对。

线性结构是影片叙事结构的通常形态。《教父》《七宗罪》《蓝》《关于我母亲的一切》等都是线性结构的影片。不同的是，《教父》《七宗罪》《关于我母亲的一切》严格按故事因果顺序进行叙述，突出故事的发展起伏，追求故事的完整性和叙事的连贯性，可以界定为经典好莱坞事理结构，而《蓝》虽然按时间顺序叙述，但以显现主人公心理变化为叙述重心。因此，《蓝》是一部线性结构的影片，同时也是一部现代电影心理结构的影片。

《天堂电影院》是一部包含了大段倒叙的线性结构影片。《天堂电影院》包含了中年多多对童年多多和青年多多的回忆，回忆形成的倒叙部分成为影片的主要篇章段落，但童年多多和青年多多的故事依然是中年多多故事的一部分，倒叙并没有改变影片时间的方向。

《教父（续集）》《海边的曼彻斯特》都是双线叙事结构。《教父（续集）》里少年维多逃离西西里来到美国，成年后逐渐成为教父，迈克复仇、拓展家族生意，维多的故事和迈克的故事两条线索平行叙述。《海边的曼彻斯特》里现实时空李·钱德勒获悉哥哥去世后回曼彻斯特处理哥哥后事，对如何安置侄儿帕特里克两人无法达成一致，过去时空李·钱德勒和哥哥、童年帕特里克驾驶游船钓鱼，李·钱德勒家里失火失去三个孩子，夫妻离婚，两条线索交织叙述。同为双线叙事结构，《教父（续集）》是不同人物不同时空的两条线索，《海边的曼彻斯特》是同一人物不同时空的两条线索。《教父（续集）》的两条线索都是外视角客观叙事，《海边的曼彻斯特》的过去时空则是李·钱德勒的内视角闪回叙事，影片通过19次闪回，构建了李·钱德勒的创伤故事。

《美国往事》《撞车》都是多线索叙事结构。《美国往事》通过青年面条（黑道人物大卫·艾隆索的绰号）、少年面条、老年面条三个时空来回穿梭叙事，呈现黑帮的恢宏传奇历程，表现美国梦想的实现和失去。《撞车》汇集了黑人探长格拉罕姆和中美裔女友吉姆、黑人青年安东尼和皮特、巡警瑞恩和托米、黑人电视导演卡梅伦和妻子克里斯汀、高级法官瑞克和妻子简、墨西哥裔锁匠丹尼尔和女儿伊丽莎白、伊朗裔店主莫赫德和女儿多莉、韩裔蛇头崔国栋和他的妻子八组人物。八组人物各自发展，相互交集，全景式呈现洛杉矶社会现实，传达对生活和人性的感受。《撞车》可定义为多线索网状叙事结构。

《三峡好人》《重庆森林》都讲述了两个各自独立的故事。《三峡好人》是两个山西人到奉节寻找亲人的故事：煤矿工人韩三明到奉节寻找妻子和女儿，护士沈红到奉节寻找丈夫。《重庆森林》是两个都发生在尖沙咀重庆大厦的爱情故事：警察223何志武和女杀手的故事，警察663和午夜特快店员阿菲的故事。不同的是，《三峡好人》沈红的故事嵌在韩三明的故事里，《重庆森林》两个故事则一前一后排列。我们可以把《三峡好人》定义为嵌入式板块结构，把《重庆森林》定义为双点式板块结构。

《暴雨将至》《低俗小说》都是圆环形板块结构。不同的是，《暴雨将至》的环形结构建立在超现实的三个故事叙事时间的循环上，《低俗小说》则是打乱五个故事的时间顺序重新排列组合形成叙事的圆环。或者说，《低俗小说》的圆环形结构建立在时间的颠倒、错乱上。相比较而言，《暴雨将至》建构了一个严谨而完整的圆环形板块结构，《低俗小说》建构了一个碎片化的圆环形板块结构。

《罗拉快跑》中超现实的三次奔跑，形成了叙事上的复沓式板块结构。《罗拉快跑》的复沓结构与基耶斯洛夫斯基《机遇之歌》、彼得·休伊特《滑动门》相似，都建立在叙事时间重复的基础上，只不过看上去《罗拉快跑》是"我要再来一次"，《机遇之歌》《滑动门》是"让他再来一次"。黑泽明《罗生门》是复沓式板块结构的经典作品，但《罗生门》的复沓构建在剧中不同人物对同一事件的不同复述上。《罗生门》是现代的复沓式板块结构，《罗拉快跑》是后现代的复沓式板块结构。

## 三、叙事风格

电影叙事风格指影片叙事整体上呈现出的具有代表性的面貌。电影叙事风格主要分为现实主义叙事、现代主义叙事、后现代主义叙事等。

《天堂电影院》体现了现实主义叙事的生活真实原则。影片无论是故事的起承转合、现实时空和过去时空的闪入闪出，还是细节的表现、镜头的剪辑、影片的配乐，都体现了现实主义经典叙事的极致状态。影片开头部分从中年多多半躺在床上到小多多做祭童，神父审查影片，小多多上学，广场上人们的活动，是通过电闪雷鸣下中年多多卧室里的风铃声、小多多做祭童时打铃的声音、神父审查影片时手里的摇铃声、学校上课的铃声、小镇的钟声来衔接，体现了剪辑上的独具匠心。观众一边看电影一边念出对白，接吻镜头看得最多的神父说"我不看黄色电影"，疯子坐在广场柱子顶上，获悉父亲死在前线后多多和妈妈一起去民政部门，回来的路上多多看着《乱世佳人》的海报微笑，随处可见的细节准确而富有表现力。舒缓低沉的音乐也总是贴切地传达着中年多多回想过往时的伤感惆怅和一往情深。

《蓝》充满着现代主义叙事的象征性。行驶在郊野公路上的汽车后排车窗伸出的蓝色玻璃纸，乡间别墅的蓝色房间，蓝色房间里的蓝色吊灯，朱莉从蓝色吊灯上扯下的那一串蓝色玻璃块，奥立维来到乡间别墅见朱莉时手里拿着的蓝色文件夹，那支未完成的乐曲响起时画面弥漫着的蓝色和漂浮着的蓝色色块，朱莉四次跃入的那一汪浓得化不开的蓝色游泳池：蓝色象征着朱莉的全部记忆。朱莉在水中的沉浮，似乎就是朱莉在记忆中的挣扎。朱莉被囚禁于蓝色记忆，只有走出记忆，朱莉才能抵达自由，而法国国旗上的蓝色，象征着现代文明基石的自由。《蓝》是关于一个冷静、理性、高傲的美丽女子在遭遇自身偶然命运重击后走出记忆囚禁的自由之歌。

《罗拉快跑》看似简单的故事里有着丰富的游戏化、不确定性和自我悖逆等后现代主义逻辑。罗拉的奔跑、罗拉奔跑的速度、罗拉奔跑速度所迸发的激情，是《罗拉快跑》最性感最动人的地方，但《罗拉快跑》的背后却令人感伤迷茫。"一个游戏的结束，也就是另一个游戏的开始。"（《罗拉快跑》片头引言）罗拉的三次奔跑，是罗拉的三次闯关游戏。游戏看似重复，但每一次游戏的过程都迥然相异。罗拉每次奔跑倾尽全力，但命运总是给出不同的答案。三次奔跑，多种因果关系，传达着互相悖谬的命中注定和偶然机遇下人生充满着的不确定性。这种不确定性令人沮丧迷茫，但这种不确定性蕴藏着的无限可能性，也会激发人们燃起斗志去直面命运的挑战。

## 四、结语

影片叙事特征的比较，除了叙事时间、叙事结构、叙事风格外，还有叙事视角、叙事方式、叙事语言等维度。叙事视角内涵清晰，所指明确，一般分为全知视角（零视角）、内视角（人物视角）、外视角三种。叙事方式的所指宽泛游移。狭义的叙事方式一般指顺叙、倒叙、插叙、补叙、平叙，广义的叙事方式包括结构方式和剪辑方式等。叙事语言是电影艺术媒介、方式、手段的总和，元素众多。在电影类课程教学中，抓住特色鲜明、追求艺术创新、富含艺术韵味的叙事特征进行比较性分析解读，可收触类旁通、事半功倍之效。

# 偶然的百科全书
## ——探析《罗拉快跑》故事机制

张亦辉 [1]

**摘　要**：本文在电影赏析课程教案的基础上撰写而成，是电影教学的个性化尝试。本文以后现代经典影片《罗拉快跑》为例，以文本细读式的拉片方式，探析了故事与偶然的内在关系，阐述了故事建构的形式机制，也讨论了偶然在故事性艺术中的哲学内涵。

**关键词**：《罗拉快跑》；偶然；故事机制

### 一

骤然响起的电话铃声，拉开了《罗拉快跑》的叙事帷幕。与此同时，银幕的中间显现出一部鲜红的老式拨号电话机。

让电话及其铃声作为影片叙事的开端绝非偶然。

乍一看，电话既日常又普通，好像只是跨空间交流与沟通的工具，可实际上，电话这种貌不惊人的生活用具恰恰暗藏着偶然性玄机。当电话铃声骤然响起的时候，当我们拿起听筒的时候，我们其实根本无法预知在电话那头是哪部电话机，拨号的究竟是谁（老式电话可都没有来电显示），至少在理论上，与你的电话相连的电话，囊括了这个世界上的任何一部电话（不包括

---

① 张亦辉，作家，浙江工商大学人文与传播学院副教授。出版过小说集《布朗运动》和《人是怎样长出翅膀来的》；中年后转向文学随笔的写作，陆续在《人民文学》《世界文学》《北京文学》等杂志刊出，多次入选年度随笔排行榜。曾出版《小说研究》《叙事之魅：中外小说十讲》《穿越经典》《叙述之道》《叙述》等专著。近年在浙江图书馆做了三十多场文学与电影讲座，并获聘客座教授。曾获 2018—2020 年浙江省优秀文学作品奖。

不能打外线的分机和临时出故障的电话），几乎有无限之多。这个电话既有可能是只有一墙之隔的熟稔的邻居打来的，也有可能是置身于地球另一端的完全陌生的人打来的，如果天堂或地狱里也有电话，那么，这个电话甚至可能是上帝或魔鬼打来的。（还记得影片《死亡诗社》里那个"上帝打来的电话"的玩笑吗？）

与被动接听的电话相比，主动打出去的电话也好不了多少。你有可能拨错号码（这种情况时常发生），因此接听的有可能是一个完全陌生的人；即使没拨错号，你打给上帝的电话，接听的也可能是魔鬼。

每当电话铃声响起，我们的心跳都难免会加快，呼吸不再那么均匀，因为我们无法猜度这个电话是谁打来的，我们更不知晓这个电话将告知你什么（且不说成天接到的骚扰电话与诱骗电话）。你手里虽然握着熟悉的电话听筒，可紊乱幽暗的电话网络却通向未知性、悬念以及不可思议的可能性，一句话，就是通向神秘和偶然性。所以，不仅有那么多悬疑片和恐怖片都是围绕着电话机及铃声来开场并构架的，连基耶洛夫斯基的电影《红》这样的艺术电影，也是用电话铃声以及繁杂的电话线网络的无限延伸画面来开启整个影像叙事的。我记得在现代派小说中，博尔赫斯的《交叉小径的花园》也是从一个偶然的电话开始那个准侦探叙事的。

毫无疑问，电话机和铃声几乎是偶然的象征，是文学艺术领域里屡试不爽的叙事道具，是灵敏的叙事开关，是高效的叙事契机。

当罗拉听到铃声并拿起电话机，当她与曼尼开始急切地交谈，我们看到，偶然性果然已经介入了他们的生活与爱情，并瞬间让罗拉的命运濒临绝境：

曼尼丢掉了十万马克，她必须在二十分钟内想办法搞到这笔巨款，否则曼尼将没命！

## 二

叙事作品（以小说与电影为例）的核心以及建构机制无疑是偶然性。

偶然性对于文学叙事具有双重意义，既有内涵方面的，又有形式方面的。

从内涵方面看，"在植根于时间的偶然性中才能抓住存在"（海德格尔），也就是说，偶然是探究与破解生存之谜的方便之门，它几乎是命运的象征。偶然性契合着生活的变幻无常，对应着时空的神秘莫测，暗示着世界的捉摸不定。就像谁也看不见的透明的鱼游弋在无垠的大海深处，偶然性存在于人类理性的微弱之光所照射不到的广阔而又黑暗的领域，它玄奥、未知，难以揣度。关于偶然，我们唯一能够弄明白的大概是：它压根儿不以人的意志和理性为转移，我们既不知道它始于何时，也不知道它终于何处。一个无法预测的小小的偶然，往往轻而易举地改变了一个人的一生，一次再偶然不过的偶然性，便足以决定一场战争的胜败或左右一段历史的走向。偶然性除了与必然性和逻辑性反义，除了与平行的铁轨一样的机械、单调、重复格格不入，它还意味着不确定性和不可知性，意味着溢出习惯与常规的一切可能性。而我们都知道，"小说就是对存在的非理性领域的勘探"，"小说的目的就是揭示生活的多种可能性"（均为昆德拉语），因此，偶然性就自然而然地成了文学叙事的对象和题材。事实也的确如此，我们所读到的任何一篇小说、我们所看过的任何一部电影，几乎都与偶然性有关，都蕴藏着丰富的偶然性细节与因素。即使像《老人与海》这样的小说，故事如此简单，但实际上它也包含着一个典型的偶然性事件：钓鱼（连上帝也不知道能不能钓到，什么时候钓到，钓到的是什么鱼）。老人桑提亚哥偶然地钓到一条如此壮观的大马林鱼，是这部伟大的中篇小说的核心。

而从形式上看，偶然性可以神不知鬼不觉地在本无联系的人物和事态之间建立这样那样的联系，也可以使本无结构的涣散的生活产生并形成所需的结构；而偶然性所特有的令人惊讶的意外效果，则对悬念、包袱的设置和结局、高潮的安排特别有用。所以，偶然性被如此频繁地运用于各种小说和电影作品之中，它似乎天然地隶属于叙事性作品，几乎成了最常见的叙述机制和最有效的结构工具。在具体的操作过程中，偶然性往往诱导、影响并促成艺术家对故事的构思和谋篇，是叙事最初的出发点和契机，它常常也决定着一篇小说或一部电影的情节之曲折起伏和节奏之跌宕顿挫。偶然性能够导致作品的起承转合，偶然性也可以左右叙述的方向和速度，强化之则构成悬念和戏剧冲突，铺展之则直接演变为故事结构本身。比如陀思妥耶夫斯基的小说《罪与罚》，为了让大学生拉思科尔尼科夫从犯罪的臆想走向现实的行凶杀人，除了凭借陀氏对人性的极深的洞察与研究、对人物的罕见的心理刻画外，还想象并创造了两个推动型的偶然性细节：有次在路边小酒馆里偶然听到两个年轻军官的聊天，他们认为放高利贷的老太婆阿廖娜这样的人就不应该活着，完全可以对她实施杀富济贫——这为主人公提供了犯罪的精神支撑；而在另一次路过一条小巷的时候，主人公听到那对做小生意的贫困夫妻偶然提到了第二天下午，阿廖娜的弱智妹妹会跟他们一起摆摊卖东西——这为主人公提供了杀人的行动时机。

因此，从某种程度上说，艺术家的工作就是对偶然性的想象、顿悟和捕捉。小说也好，电影也罢，都是偶然性的艺术。

## 三

我们看到的许多电影，都集中表现并思考了偶然性。比如基耶洛夫斯基的早期作品《盲目的机遇》，就是运用偶然性叙事，揭示了生命的困境与命运的无常。影片主角 Witek 是医科大学的学生，在父亲死后，他面临重新选择自己生活（摆脱父亲的影响）的抉择。他退了学，准备前往巴黎，而赶火车晚了"五秒钟"，这"五秒钟"成了整部影片的转折点：若他赶上了，会经历怎样的人生？若赶不上，人生又将如何？基氏选用三个迥然的结局叙述了生命的多种可能性，并表达了这样的观点，命运的本质其实是偶然性——Witek 赶上了火车，在车上他遇到了一名共产党员，最后被拉入伙儿；Witek 没赶上火车，被车站的警察逮捕，后强制劳动 30 天，认识了一个政治犯，后来从事运送违禁图书的工作；Witek 没赶上火车，在车站碰到了他的一名女同学，后来他回到了学校，他们结婚，两人乘飞机外出，却再度被偶然性击中：机毁人亡。在基氏后来的影像作品中，偶然性一直如影随形，像一个隐身的内在的主角，决定着故事的走向与人物的命运结局。

好莱坞电影《滑动门》的叙事几乎与《盲目的机遇》如出一辙：女主人

公的人生故事，完全取决于是否乘上地铁这一偶然性因素；而《木兰花》这样的电影，为观众展现了生活中的偶然性怎样机缘巧合，决定着纷纭的世界，改变着人物的命运。

相比之下，《罗拉快跑》对偶然性的探索与表现则是空前的，无论是密度还是强度，无论是性质还是功能，都超越了以往的影像作品，它几乎是偶然的集大成者，是偶然的纪念碑，是偶然的百科全书。

## 四

从叙事学的角度，偶然可以分为三类。

第一类偶然性让故事发生，我们可以把它叫作发生型偶然。

故事除了是故往之事，也是事故和变故的意思。

如果只有必然性，一切都按部就班地有规律地进行着，这个世界上就不会有故事。比如一个人，早上必然地起来，必然地刷牙，必然地吃早餐，必然地坐同一路公交车去上班，必然地在办公室喝茶看报上网，然后是必然地吃中饭……这样的话，生活就像一部被必然性所控制的机器，只有流程与重复，却没有变化与故事。生活就会平静如水。

当且仅当，某块偶然性的石头掉进了必然性的水面，水潭才会有波动与浪花，才会有故事性涟漪图案的呈现。比如某一天坐公交车的时候，你意外地遇到了一个小偷，或倏地看到了身前的女孩那漂亮的碎花连衣裙下有一只"咸猪手"，乘车的必然性流程瞬间中断，偶然性变故即刻降临，你那天的生活就与任何一天都不同，你可能已经进入某个故事之中。

发生型偶然的叙事功能，说白了就是"起承转合"中的"起"字。

《罗拉快跑》的结构虽然像一个电子游戏，故事也极为简单，但却有丰富多样的发生型偶然的联合驱动与推波助澜：

其一，罗拉骑电动车与曼尼汇合，半路上进小店买烟时，电动车却被小偷顺手牵羊骑走了。这个偶然性细节就像发动机，就像"第一推动"，引发了后面连锁反应般的一系列偶然与细节。

其二，罗拉只能改坐出租车，慌忙中，报的街名可能不够清楚，出租车司机竟然把她带到了一条读音相近却南辕北辙的街道，从而完全错过了与曼尼的汇合。这个细节的偶然性在于，坐出租车本来是最靠谱的方式，也是最不会发生意外的方式，却偏偏让罗拉遇上了这样的差错。

其三，没有罗拉的陪同，曼尼只能单独去完成毒品交易，因此似乎注定要"有事"。导演为了让事情的发生更可信更真实，继续想象和设计了偶然性因素。曼尼的交易过程倒是非常顺利，可由于地点偏僻，他既无法打电话，又打不到出租车，只能走到附近的地铁站去坐地铁。进入车厢后，上来一个胡子拉碴邋里邋遢的流浪汉，而且见鬼般（偶然）摔倒并趴在了曼尼的脚边。古怪地出现并奇怪地趴在脚边的流浪汉，或多或少对曼尼有些心理上的扰动，而就在这时，恰在此刻，两个乘警不早不晚忽然走进车厢，本就心虚（刚刚完成毒品交易的人能不心虚吗？）的曼尼，一下子莫名地处于紧张状态（流浪汉与乘警加在一起的合力作用），于是我们看到他本能地离开了车厢，稀里糊涂地走到了站台上。等他想起那装着十万马克的塑料袋还放在车厢座位上，并急忙转身准备回到已经移动的车厢，两个乘警为了安全起见，架住曼尼，怎么也不让他回到车厢……等他赶到下一站，那个塑料袋早已不翼而飞——被流浪汉捡走了。如果没有流浪汉和乘警加在一起的偶然性干扰，如果曼尼顺利坐上地铁，那十万马克也不会丢失。

就这样，偶然丢失了十万马克的曼尼，把他与罗拉都推进了急转直下的命运隧道，从而为罗拉的奔跑拉开了序幕。

## 五

电影中的罗拉奔跑了三次，起点（家）、路径（经过的街道以及相遇的路人）、目的（获取十万马克）和终点（螺旋酒吧的十字路口）其实都一模一样，但结局却迥然不同，生死异位（每一次死的人都不同，十万马克的获得也大相径庭）。究其原因，当然也是偶然性因素的作用与影响。

故事起动发生之后，接下来就是所谓"承转合"，我们不妨把导致或制约故事转折、变化并走向终局的各种偶然性因素合在一起，叫作制约型偶然。

把电影《罗拉快跑》中的制约型偶然列举分析如下：

其一，恶邻居和他的狗。罗拉三次下楼，都会在楼梯上偶遇恶邻居和他的狗，而且每次遇到的情况都有些微的偶然性差异，一次罗拉被吓得回头张望，一次被恶邻居伸出的脚绊了一跤滚下楼梯，还有一次反转过来，罗拉大声呵斥并跳跃而过。三次不同的偶然相遇，自然导致罗拉的奔跑有三种不同的开端，并遥相呼应着三种不同的故事结局。因为，开始就是结局，比赛之前就是比赛之后（片头的题名）。

其二，手枪走火。第一次奔跑，罗拉没有在父亲那里取得十万马克，却意外地知道自己的出生秘密。为了获得十万马克，曼尼只能铤而走险抢劫超市。超市保安被罗拉击倒之后，曼尼和罗拉各拥有一把手枪，曼尼让罗拉拿着保安的手枪控制住保安，罗拉慌乱中打开枪栓并不慎走火，因为罗拉从没使用过手枪，这次走火倒有些偏于必然，况且也没有导致故事有什么转折，但它为后面的走火做了铺垫，从而增强了叙事逻辑。真正偶然的是后面的那次警察手枪走火，从超市逃出的罗拉和曼尼被警察围住，当曼尼把钱袋扔向空中的时候，那个看向天空的窄脸细眼的警察居然手枪走火，而且击中了罗拉胸口，导致了第一次奔跑的结局：从超市抢得十万马克，两个人两把枪，罗拉死亡。这次手枪走火的偶然性体现在：第一，警察手枪走火实属罕见；第二，走火的手枪不偏不倚恰好击中目标并致命。也许，让那个警察瞄准射击，倒未必能这么精准呢。

其三，救护车与车祸。第二次奔跑的结局被一场意外的车祸所决定，当罗拉从银行抢得十万马克来到螺旋酒吧十字路口，穿过街道跑向罗拉的曼尼却被那辆红色救护车撞飞并死亡。从惯常的必然的角度看，救护车本来是抢救生命的工具，但此前救护车司机因为偶然撞碎了那块巨大透明的玻璃，影响并干扰了他的心理，于是，他驾驶的这辆救护车就不幸从救人工具变成了杀人工具。这次奔跑的结局就成了：从银行抢得十万马克，两个人两把枪，曼尼死亡。

其四，赌博与巧遇。第三次奔跑的故事结果由两个偶然共同导致。先看罗拉，因为错过了与父亲的见面，罗拉不知所措，她的表情显得无奈与困惑，奔跑的脚步变得犹疑和紊乱（与前面两次奔跑的坚定与积极形成了对照），以至于差一点撞上一辆货车。她本能地站在了马路当中，那司机破口大骂，停止了奔跑的罗拉就这样抬头看见了路边的赌场。走投无路的罗拉就这样走进了赌场，用一百马克的一枚筹码（为了增加叙事的真实性与可信度，故意让罗拉口袋里的钱不足一百马克），通过连续两次押在俄罗斯轮盘赌的二十点（后面会展开分析），偶然地奇迹般赢得十万马克。这个世界上，难道还有比赌场蕴藏着更多偶然性的地方吗？紧接着，镜头切过，我们看到曼尼同样遇到了一个不可思议的偶然性：他居然在电话亭边看见了那个骑着单车的流浪汉（也将在后面分析），并在追逐了半天后终于拿回了那十万马克。这两个人再度相遇，其概率差不多等同于大海捞针，其偶然性不言而喻。这次奔跑的终局似乎皆大欢喜：两个人各有十万马克，一把手枪，两个人都活着。当然，死亡还是发生了，我们看到曼尼在追赶流浪汉时造成的车祸导致了众多生命的消失，包括罗拉父亲与他的朋友梅耶，那个偷罗拉电动车的男子（以偷开始以死结束，又一次的开始就是结局），还有其他路人。看起来，死亡总是难免的，尤其是在充满偶然性的故事里。

## 六

还有一类偶然性，它的作用主要不在于作品的结构与形式，而在于作品的内容与蕴涵方面，所以，不妨把它命名为内涵型偶然。它的存在，构筑了故事的主题，彰显了世界的神秘莫测、生活的变幻无常和命运的难以捉摸。

比如，那个偷骑罗拉电动车的男子，他最后巧合般地死于车祸，冥冥中似乎真的有报应；比如，第二次奔跑时，在一个街道转角，罗拉竟然与那个流浪汉擦肩而过，让我们不禁感叹，世界很大，世界也很小；再比如，罗拉在三次奔跑时与同样的路人相遇，由于每次都有偶然的细微差异，这些路人的人生与命运就判然有别（所谓蝴蝶效应），让我们觉得所谓命运，压根不以人们的意志为转移，远非主观努力的结果，而只是偶然的玩物。

第三次奔跑还埋伏着一个比较隐秘的内涵型偶然的种子。当曼尼追上流浪汉，拿回十万马克，那个流浪汉却提出一个要求，让曼尼至少把手枪送给他，单纯的曼尼居然答应了这个要求，接着影片就为我们呈现了一个特写镜头：流浪汉拿着那把手枪，一脸诡异的表情。我们可以想象，从此，这个世界会增加多少风险与偶然。

如果进一步分析，我们将会发现，这一类偶然性与故事的进程和结局也并不是完全无关。比如罗拉与路人的不同相遇，自然会干扰和影响到罗拉的奔跑过程与最后的结果（就像是连锁反应，也像数学上的微积分）。最典型的是罗拉与父亲朋友梅耶的相遇，对故事结果就明显有制约作用。前两次奔跑，罗拉都跑过或跳过梅耶从巷口开出的轿车引擎盖，对梅耶的影响与干扰并不大，结果只是造成与另一辆车（其实就是曼尼的黑社会老大朗尼开的车：导演制造的又一个巧合与偶然性）的侧面相撞的事故（一次车头相撞，一次车尾相撞）。但第三次奔跑时，由于奔跑过程中偶然性影响的累积，罗拉趴在了梅耶的轿车引擎盖上，梅耶的车停了下来，让他躲过了与那辆车的侧面相撞，那辆车于是乎顺利通过。可那一刻，你仔细听的话隐约可以听到影片制造的声效：那辆车驶过时发出一种诡异不祥的仿佛驶向地狱般的声音。俗话说躲得过初一躲不过十五，我们很快就看到，由于曼尼闯红灯追赶流浪汉的干扰与影响，这两辆不是冤家不聚头的轿车，在那个致命的十字路口迎面相撞，制造了一起更大的车祸，从而直接导致了梅耶和罗拉父亲的死亡结局。

也就是说，这类偶然具有双重意义，既有内涵方面的，又有形式方面的。就像艺术作品的形式与内容不可分解一样，偶然性的分类阐析其实只是一种方便，是一种权宜之计。

## 七

当然，从本质上看，偶然性对这个世界的作用与影响也是双重的。

一方面，偶然让个体命运无法自控与把握，生命过程常常显得被动并趋向悲剧，比如罗拉被走火的子弹击中，比如曼尼被救护车撞死；可另一方面，正是由于偶然性的存在，生活才不至于沦为机械的重复，人生才不至于那么令人厌倦，这个世界才会有变化与可能，才会有新意和活力，才会有希望甚至有奇迹发生，比如罗拉的一百马克瞬间变成十万马克，比如曼尼找回了丢掉的钱。

　　而从终极的角度或者在上帝面前，所有的偶然也许都并非偶然，或者说，偶然其实就是必然：比如宇宙必然会爆炸，也必然会寂灭。所以，人类区分偶然与必然并借助这样的概念展开所有思考，其实也都是权宜之计。

# 新文科视野下"微电影制作与传播"课程混合式教学模式的探索与实践 ①

郑竹逸 ②

**摘 要：** 互联网时代的特殊性和新文科建设的要求给新闻传播学教育带来机遇和挑战。本文基于建构主义学习理论，提出"微电影制作与传播"课程线上线下混合式教学改革项目中以学生为中心、教师为指导的教学模式，通过课程设计培养学生的知识迁移能力和实践应用能力。

**关键词：** 新文科；混合式教学模式；微电影；建构主义学习理论

## 一、引言

2019 年 4 月，教育部、科技部等部门联合启动"六卓越一拔尖"计划 2.0，提出要全面推进新工科、新医科、新农科、新文科的发展建设，面向全国高校的所有专业，实施一流专业、一流课程建设的"双万计划"，以提升高校创新能力和社会服务能力，打赢全面振兴本科教育攻坚战。在互联网经济和技术高速腾飞的时代，社会生产和生活受到 5G、人工智能、大数据、虚拟现实、物联网等科学技术的深刻影响，全世界范围内涌现出"互联网 + 教育""互联网 + 金融"等新概念和新业态。这一变化同时也引领了新闻传播学科人才培养模式的变革。

建构主义学习理论（Constructivism Learning Theory）由瑞士学者皮亚杰（Jean Piaget）最早提出，提倡在教师辅助下的以学生为中心的学习，强

---

① 本文系浙江工商大学 2019 年校级线上线下混合式教学改革项目"微电影制作与传播"（项目编号 1140XJ2919132）的研究成果。
② 郑竹逸，浙江工商大学人文与传播学院讲师，硕士，研究方向为新闻学、新媒体传播。

调教学的过程不是单纯的知识传递，而是学生在教师的教学设计指导下进行知识建构的过程。建构主义学习理论有助于激发学习者的主观能动性和创造性思维，因而对高校教学改革的深化起到了助推作用。混合式教学这一概念在过去的20年间不断发展变化，从简单地将"线上"与"面授"做结合轮替，到强调学生的主体地位，教师结合学生的思维特点，对照业界的需求，灵活安排教学资源，将面对面教学和在线学习各自的优势整合起来更好地服务于培养新文科应用型人才。

## 二、新文科内涵与新闻传播人才培养

习近平总书记在哲学社会科学工作座谈会上的讲话中指出，"新形势下我国哲学社会科学地位更加重要、任务更加繁重"，并提出"面对世界范围内各种思想文化交流交融交锋的新形势，如何加快建设社会主义文化强国、增强文化软实力、提高我国在国际上的话语权，迫切需要哲学社会科学更好发挥作用"。[①]国家和社会的发展，离不开对人才的需求。新时代既需要自然科学人才，也需要社会科学人才，这对新文科建设提出了更高层次的要求。我国是一个文化大国，但与西方交流的种种经验表明，中华文化的传播力欠佳。基于"四个自信"的新文科建设有利于开拓"讲好中国故事"的有效路径，充分利用新型信息传播手段向世界展现一个经济大国、科技强国甚至是文化大国的独特魅力。

教育部高教司司长吴岩在新文科建设工作会议上谈到新文科建设的历史使命时指出："要培养知中国、爱中国、堪当民族复兴大任的新时代文科人才；培养优秀的新时代社会科学家；构建哲学社会科学中国学派；创造光耀时代、光耀世界的中华文化。"[②]文科教育必须加快创新发展的步伐，新闻传播学学科的发展建设要着眼于新时代新闻传播专业人才培养。

---

① 《习近平在哲学社会科学工作座谈会上的讲话》，2016年5月19日，http://jhsjk.people.cn/article/28361550。

② 2020年11月3日，由教育部新文科建设工作组主办的新文科建设工作会议在山东大学（威海）召开，会上发布了《新文科建设宣言》。教育部高教司司长吴岩做题为《积势蓄势谋势　识变应变求变》主题报告。

目前，新闻传播教育面对的主要困境包括：第一，人才培养理念和手段的更新落后于媒介技术的发展；第二，大量新闻传播专业毕业生不能对口就业，导致传媒业界缺乏全媒体人才。针对以上两点，新闻专业人才培养和教育要将教学改革深入技术和实践领域。

新闻传播学科的发展与媒介技术的更迭息息相关，新闻传播人才的培养要具备技术思维。新闻教学要与互联网技术深度融合，依托线上平台线下课堂，调动学生学习积极性，提高知识内化的效率。5G、8K、VR、AR、AI等技术的广泛应用也要求新时代的新闻人才能够快速适应挑战。能够掌握技术手段、技术工具并能够高效应用甚至反哺创新，是当今新闻传播行业实践领域中要求具备的一项核心竞争力。在注重技术思维和能力培养的同时，也不可忽略媒介素养、人文情怀、民族自豪感和自信心的教育。

在接轨实践的人才培养方面，作为教师要搞清行业趋势、行业需求，在教学过程中带动学生以"项目制""团队化"的方式全面模拟业界工作方法和流程，使学生在具备过硬媒介技术的基础上提升对媒介产品的运营和管理能力，帮助学生在就业及创业的竞争中以过人的能力脱颖而出。

## 三、基于建构主义的混合式课程教学理念

20 世纪中期之后，学习理论经历了由行为主义学习理论向认知主义学习理论的转变。认知主义学习理论相较于行为主义学习理论更重视学习者的思维过程，强调学习者在学习过程中主动建立新的认知结构的过程。在认知主义学习理论的体系下，整体式学习的概念被突显。它认为学习的过程就是学习者基于原有的知识体系叠加新知识并形成新的认知结构的过程。相比于过去的行为主义学习理论，认知主义学习理论显著加强了对学习过程中学者主观能动性的重视程度。[1]

建构主义是在学习理论发展到认知主义后的进一步深化。该理论认为知识是在个体与环境的交互作用中被不断建构的，它处在一个不断变化发展的

---

[1] 郭凌云：《西方近百年课程设计理论演变述评》，《黑龙江高教研究》2019 年第 2 期，第 55 页。

过程中。而学习则是学习者以固有经验为基础，通过与外界的互动从而主动建构新的知识图系的过程。建构主义理论倡导"以学生为中心，以教师为辅助指导"的学习模式，认为教学不单纯是一个知识传递的过程，而是学生在教师的指导帮助下进行合作性建构的过程。[①] 基于建构主义的教学目标在于培养学生分析问题、解决问题的能力。在建构主义理念指导下的课程教学，有利于学生拓展创造性思维，增强其主观能动性，但同时也对教师的教学过程掌控能力有着较高的要求。

根据建构主义学习理论的指导，合理有效的课程教学一般可以理解为：学生的认知结构的构建是通过每节课的教和学来完成的，学生是知识的积极建构者，教师则担任辅助者，教学的中心由教师向学生转移。基于建构主义的混合式课程教学模式需要就以下四点做出思考。

第一，注重考察和提升学生原有认知结构。

通过"广播电视新闻制作与编播""新闻摄影""纪录片专题研究"等课程的学习，学生已经建立起对视听语言基础的认知。有部分学生甚至利用业余时间在互联网平台做内容生产者，或是自发组织参加相关学科竞赛。根据建构主义理论，学生原有的知识或认知结构是学生进行建构化学习的必要条件，教师应该注重新知识的导入设计，从而帮助学生查找知识图系中的漏洞，提升结构化和系统化水平。[②] 另外，导入环节设计的功能就像一座桥梁，连接起新旧知识，使学生获得同化新知识的认知框架，为后续学习打好基础。

第二，打通意义建构渠道，构建新型学习情境。

建构主义理论认为学生的知识获取不是来自教师的填鸭式教学，而是通过各种高质量的学习资料来激发学习的动力并进行意义建构的。[③] 教师要为

① 黄睿：《基于建构主义学习理论的"引导—探究"教学模式的构建》，《湘潭师范学院学报》（社会科学版）2005 年第 5 期，第 133 页。
② 吕雪晴、王华清、刘满芝：《基于建构主义学习理论的网络教学模式构建》，《教学与管理》2006 年第 6 期，第 77 页。
③ 吕雪晴、王华清、刘满芝：《基于建构主义学习理论的网络教学模式构建》，《教学与管理》2006 年第 6 期，第 77 页。

学生提供良好的学习情境，如学习资料（优秀微电影片源、获奖作品背景资料、业界专家面授、线上理论知识学习平台）及启发性的问题情境（如给予学生小组活动经费并要求学生合理控制预算，要求学生利用所学制作符合市场需求且激发正能量的影视作品等）。通过设计问题情境激发学生的主观能动性和好奇心，实现认知能力的提升。

第三，通过解决问题来激发学生的求知欲和促进新知识的内化。

学生在课内外实操过程中可能遇到各种实际问题，他们既要利用解决问题的过程不断获取新信息，又要基于原有的知识经验对问题做出分析、推论和拓展，进而形成有效的解决方案。教师要注意利用课堂中讲授知识点的机会对学生在实践中遇到的问题给予指导和修正，帮助学生接受新知识、激活旧知识，促进两者之间的相互作用，提高学生运用多种知识解决问题的能力，并促进学生认知结构的构建和完善。

第四，设立应用场景以促进知识迁移。

建构主义学习理论要求通过学习使认知结构进一步深刻化、灵活化、整体化，学生需要将知识应用到具体的场景或解决问题的过程中去，完成知识的成功迁移。[①]教师在考虑设计有助于知识迁移的教学内容时，要通过各种辅助手段增强学生学习的主动性，强化对知识的意义建构和内化。

## 四、"直播 + 翻转 + 实训"——"微电影制作与传播"的混合式教学实践

在疫情防控的背景下，2020 年上半年全国范围内掀起了网课大潮。高校师生在短时间内熟悉和适应了线上直播这一授课方式。对于像"微电影制作与传播"这类实操要求极高的课程来说，必须顺应在线直播的特点进行全新的教学改革设计。传统的微电影类课程授课方法主要以理论讲授和优秀案例分析（拉片）为主，学生自主创作作品为辅。而从名称上看，本课程的教学重点在于制作和传播两个环节，意味着学生需要在各个教学阶段积极参与到

① 黄睿：《基于建构主义学习理论的"引导—探究"教学模式的构建》，《湘潭师范学院学报》（社会科学版）2005 年第 5 期，第 134 页。

微电影项目中，而非简单地学习理论知识以及拍摄制作影片。如何在特殊时期继续达到本课程一贯的教学水平和学习效果？这就要求教师在过去几轮授课所积累的教学经验的基础之上，对原有教学方案进行大幅改革。根据高校在线授课方式的特点，教师提出了分阶段式教学方案：第一阶段网上授课，以"直播+MOOC资源学习+在线讨论"为主要授课形式；第二阶段线下面授，以"教师辅助下的学生为主体的微电影创作实践"为教学方法。

第一阶段教学实施办法：教师根据"微电影制作与传播"课程的教学目标之一——"熟练运用微电影创作的基础理论知识，掌握影视短片的剧本创作技巧"，选择了中国大学慕课平台上的2门在线课程资源，并对线上课程的内容重新做整合与筛选，形成了独特的MOOC学习资源。所选择的2门线上课程为教师本人参与录制的浙江工商大学省级精品在线课程"纪录片专题研究"及华侨大学"微电影创作"课程。由于在实操阶段学生可能选择的创作方向有"纪录微电影""创意微电影"等，教师分别选择了2门课程中的"光影岁月：认识纪录片""岁月留声：品读经典纪录片""流派纷呈：纵观纪录片思潮""结构与视角：纪录片剪辑论""认识微电影""微电影创意与脚本写作""微电影制作工具""微电影画面拍摄技法"这8个部分作为线上学习内容。

在开学之初，教师通过课程直播明确了本课程分阶段式教学的要求，告知学生在返校前主要通过直播及MOOC资源进行学习。慕课内容为微电影制作提供理论基础，直播部分着重于在教师引导下的学习体会分享及拉片交流。每次直播课中，教师会根据下周学习内容的重点难点提前布置思考讨论题，学生在直播课后的1周时间内在线完成视频课程的学习、课后讨论作业。教师根据讨论作业的完成情况，选取有代表性的问题在次周的直播课中进行讨论和解答。同时每位同学还需要完成至少1次的详细拉片作业，并发送到慕课平台，再由教师及其他学生做回应和点评。

第二阶段教学实施办法：在确定具体返校时间后，教师让学生自行分组并确定各自岗位分工。岗位设定方法依照业界微电影拍摄通行标准，每组配备有：导演1人，制片1人，编剧1人，摄影1人，剪辑1人，灯光/录音1

人，剧务 1 人。学生须在 6 周内完成从剧本创意到影片后期制作及宣发在内的所有流程。

返校后的首次线下授课中，教师提出微电影拍摄选题要求，包括"抗疫先锋事迹""倡导大学生全面发展""前亚运时期的浙江形象宣传"等。每组学生通过课堂讨论确定拍摄主题，由编剧负责脚本创作。在次周的课上各组分享剧本创意来源和创作情况，互相提出改进意见，教师在结合学生的创作理念的基础之上进行点评，提出修改方案，帮助学生提高作品创作的可行性与可看性。

后续线下课程的内容安排与微电影制作的步骤环环相扣。在确定了剧本主体后，导演及摄影师带领组内成员规划拍摄的场面调度、画面构图、摄影技巧、补光、录音等要素，每次线下课程由各组分享讨论，教师给出修改建议。与此同时，以制片为核心的管理营销团队根据剧本及预期拍摄效果的要求开展勘景、选角等工作，并制订拍摄计划及经费预算。各组拍摄经费来源分为两大块：一是教师从教改经费中划拨（每组 500—700 元），二是制片带领组内同学进行市场推广并吸引商家以实物或现金的方式赞助，主要赞助商包括考研机构、餐饮店、书店等。管理团队的职责还包括：对作品进行前期宣传，例如开通公众号及视频号，定期发布有关内容以积累人气；提前宣传作品点映活动及首映式活动；将作品成片通过互联网渠道进行发布；等等。

在完成拍摄准备工作后，各小组正式进入微电影拍摄阶段，拍摄周期一般为 1—2 天。在该阶段，学生充分应用前一阶段进行的周密规划成果组织拍摄工作，严格按照制订的拍摄计划执行各项工作，由导演负责内容制作，制片负责维护剧组正常运转，组员各司其职，高效完成拍摄任务。教师与学生一起走进片场，进行微电影拍摄制作的指导，促使学生更好地将所学知识应用于实践，训练学生的知识迁移和创新能力。

在后期制作阶段，教师通过线下课程分析经典微电影的剪辑技巧，各小组现场整理拍摄素材，与教师讨论素材的取舍及使用方法。完成粗剪后，教师给出修改意见，剪辑师做二次剪辑并完成精剪工作。课程结束前，各组按要求举行点映活动，配合线上线下作品宣传。在结课前，以班级为单位举行首映式，各组呈现完成版作品，分享制作心得，互评打分。教师邀请业界专家走进课堂与学生互动并点评。

与传统的课程评价方式不同，本课程主要采用形成性评价模式，侧重点从成绩、得分等转移到学生是否通过课程学习和训练具备了运用知识的能力。教师根据学生在本职岗位上的执行能力和效果给出该生的个人成绩，并根据微电影作品最终展示情况给出小组成绩（教师、专家、小组互评通过加权的方式算出平均分），按比例核算学生的期末成绩。平时成绩得分则主要取决于学生在直播课的到课率、课堂参与度，在慕课平台的学习和互动情况以及线下课程中的课堂参与度。同时，教师运用线上资源，对学习者的作业、测验、讨论版和问卷等数据进行统计分析，通过线上线下混合式教学模式实施过程中得出的成效和存在的问题进行教学反思，在后续实践中不断改进和优化教学方案，进一步提升课程教学效果。

## 五、结语

线上线下混合式教学模式改变了以教师讲授为主的传统教学模式，强化了教学活动中学生的主体地位，变被动学习为主动学习，教师在实施教学的过程中将精力更多地放在对教学过程的监督与对学生学习效果反馈的分析上，并且依照线上数据和课堂表现情况及时做好反思和调整。"微电影制作与传播"课程的教学实践，表明该模式既能提升学生线上主动学习专业知识的积极性，又能在课堂教学中提供师生互动的平台，帮助学生将理论知识转换为实践技能，并通过课程内容培养学生树立正确的价值观。课程的实操部分有利于学生对所掌握的技术进行综合应用，为其未来在传媒业界的实践和发展打下坚实基础。

# 新闻采写类实践课程的沉浸式教学设计 ①

刘　征　李至颖 ②

**摘　要**：本论文通过走访各知名高校，调研高校新闻采写类实践课程的教学设计以及效果，并结合本人教学经验，尝试探索新闻采写类实践课程的沉浸式教学设计；结合外出采访，变课堂教学模式为大编辑部的形式，完成沉浸式教学设计。

**关键词**：沉浸式教学；实践课程；走访高校

新闻采访与写作是一门注重实践的课程。对于学生来说，他们对该门课程的期待是在学习之后能够获得一定的新闻采访与写作的技能。由于目前大学对教职学历的要求越来越严格，很多大学都要求博士研究生学历，因而，从新闻业界进入大学从事教学工作在程序上有些困难。在目前的师资配套基础上，如何满足这个实践类课程的需要？这是目前新闻采访与写作类的实践课程经常面临的一个问题。

为了更好地上好此类课程，教师除了加入一些经验性总结外，还需要在教学中加入相当比例的实践环节，以增加新闻采写实景的沉浸感；并满足学生对新闻学从理论到实践的了解需要，使其掌握一定的采写技能。

---

① 本文系 2019 年浙江工商大学校级课题"商大纪事：浙江工商大学离退休老领导口述商大历程"（课题编号 Xgyw2004）的研究成果。

② 刘征，浙江工商大学人文与传播学院新闻系主任，讲师，博士，研究方向为传播理论、文化研究；李至颖，浙江工商大学人文与传播学院讲师，博士，本硕博均毕业于马德里康普顿斯大学，目前从事跨文化研究，国别 / 区域舆情方向的研究（如拉丁美洲国情 / 舆情研究）。

## 一、各校新闻采写类实践课程的沉浸式经验

浙江工商大学人文与传播学院新闻系在对清华大学、复旦大学、南京大学、南京师范大学等学校的新闻专业调研的基础上发现，当前新闻采写课程的一系列操作实际上都围绕着将学生带入新闻实景的沉浸感展开。

一般有以下几种操作方式。

第一，延请名师，言传身教。

教学的最终目的是让学生具有职业认同感和学到真正的采编写发技能。那么，最好的方式其实是延请知名媒体的记者前来教学。在当前的引进机制当中，除了专职教师，学校或学院还有相应的一些政策可以聘请媒体人前来上课。比如，在新闻采访与写作的延伸课程非虚构写作课程当中，清华大学就聘请了一些知名度高的记者前来教学，由其担任一整个学期的教师。这样的教师拥有丰富的实战经验，在策划、写稿和采访各环节都十分得心应手。通过他们亲自参与的案例，学生可以从成型故事的背后了解到新闻稿件产生的整个过程。对于学生来说，这是最好的沉浸方式。

第二，配备专门的新闻技能导师。

因为大多数学校都不可能像清华大学一样聘请很多业界记者持续性地上一门新闻采写类实务性课程，一个长效的方式还是要有至少一名有编制的、从业界进入大学的专职教师。有了这样的专职实践教师，类似于新闻采写课程这样的实践类课程就有了外延性和持续性发展。比如，南京大学新闻学院专门破格引进了一名业界全职教师，负责各种实验室的管理，以及指导学生参加各项比赛，打通了学生、实践、实践类课程和专职教师的壁垒，形成了一个一体化教学的流程。

第三，将新闻采写课程与各项教学竞赛相结合。

有了教师方面的保障，就需要激发学生的动手能力。参加各类比赛是新闻采写类课程最适合的一种配套环节。在全国，针对新闻专业作品类的比赛有很多。包括：第一，中国高校新闻扶持计划（作品类别较全，文字类、视频类都可以参赛）；第二，新闻评论比赛，比如全国大学生评论大赛，红网、

未来网举办的比赛都可以投稿；第三，大学生新闻节，比如浙江省大学生新闻节和红枫大学生记者节；第四，短视频大赛，无人机、AR/VR 等相关主题的比赛也有很多。

在新闻采访与写作这样的课程当中，可以建立相关的环节，比如教师可以帮助一两个小组，和学生一起制定主题，参加相关的比赛。浙江工商大学人文与传播学院新闻系学生就曾在新闻采写课程上完成关于桐乡政策、大学生性别气质等课题的设计，将社会学和新闻采写相结合。其他学校在这方面也有类似的举措。比如，南京大学破格引进的业界专职教师在管理各个实验室的同时，还持续性地牵头指导学生参加竞赛。

第四，硬件保障，通过多媒体增加新闻系学生与业界的交流。

当前，多媒体的互联日渐发达，从硬件到软件，学校的配备越发完善。对于新闻系这样偏近于实践的专业，学院和系室还会配备模拟的电视台、多媒体教室等。例如，我们在参观复旦大学新闻学院的多媒体教室时，看到他们的广播电视实验室、数字媒体实验室、传媒与舆情调查中心、广告摄影实验室、音像资料库、多媒体教室等实验室。这些实验室分别与各个媒体建立了很多联系，比如传媒与舆情调查中心当中的数据就是来源于今日头条等媒体机构。学生通过对数据采集各个环节的了解，懂得了大数据和新闻之间的关系。另外一个多媒体实验室，通过视频直播的方式，观看媒体的编前会议，可以了解记者从选题策划到工作分配整个环节的真实运作过程。

第五，激发学生兴趣，寻找校内外采写实践机会。

在各个大学的新闻系，教师都积极为学生寻找校内外的实践机会，比如：南京师范大学新闻系学生会跟随他们的系主任前往当地进行关于老兵口述史的实践；各个学校的学生也会为了完成新闻采写的课程作业，主动前往校内外进行采访实践。

以上的新闻采访与写作实践贯穿新闻学专业学习的始终。可以说，新闻系最主要的任务之一就是始终围绕新闻采访与写作的课程进行一系列训练。实践在整个新闻系当中处于一个十分核心的地位。

各个学校的新闻学专业都深深地意识到这一点，并积极地鼓励新闻采访与写作实践的相关举措，包括与业界增加联动，数字技术的硬件和软件支持，鼓励学生参加各类与新闻相关的竞赛，并从各个方面鼓励学生锻炼动手能力。

## 二、浙江工商大学新闻采写类实践课程的沉浸式设计

浙江工商大学人文与传播学院新闻系的新闻采访与写作课程也大致遵循了以上各校的训练方式，在此基础上，根据教师和学生的特点，对新闻采访与写作的课程进行了一种实验性改革。

首先，建立编辑部，在教学组织上深化沉浸式学习。

作为一个曾经长期在一线进行采访的记者，本人在进行新闻采写课程的教学时，为了增强学生的自主意识，采用大编辑部的方式运行。具体的操作方式是：让学生自由分组，组成一个为期一个学期的编辑部。每个编辑部需要有自己的名称，并自建一个微信公众号作为发稿平台。

编辑部的运行模拟新闻媒体的正式方式。每个编辑部成员都得在课外提供选题，最终在课堂上由其他同学票选出其中一个选题，由编辑部成员前往采访。

在课外采访完成之后，要求上交两篇稿件，一篇适合纸媒的文字稿，一篇公众号排版完成的稿件。在上课时，全体同学需要先阅读公众号稿件，并对稿件提出问题；再由学生讲述记者的采访手记，包括采访地点描述、采访对象的整个过程以及遇到的问题；再由教师结合稿件、记者手记对该篇文章进行点评，指出学生在采写当中遇到的问题；再根据本次采写的内容，开始新的课程。

这样做的好处，是以实践作为本门课程的核心。教师就学生自己的采访经历当中遇到的困难，给出一些实际的技巧，避免只讲理论，学生因为未能接触实际的采访过程对 48 课时的课程产生倦怠。

经过几年的运行，这种方式受到学生一致认可。在这节课上，学生针对黑心外卖、黄牛票、公园里的相亲角、杭州的各类停车场、潮鞋、工程噪音、杭州的丧葬用品大调查、学校阿姨的悲与喜等选题进行观察，并前往以

上各个地点进行采访。在这个过程当中，学生会切实地遇到一些采访写作方面的问题。教师可以有的放矢地进行针对式教学。比如，在历届课程当中有几个十分突出的普遍性问题存在。

（1）不能将采访到的所有内容都原样呈现在文字里。在正式的稿件当中，学生在采访时从出发到到达现场这一过程都应该以比较详细的方式呈现出来。但是学生的稿件通常比较粗糙，尤其是一些有趣而又鲜活的东西，他们往往不能够放入自己的文章当中。相反，他们的记者手记通常做得十分好。通过对记者手记的了解，教师可以告诉学生哪些记者手记的内容可以加入新闻稿件当中，使整个稿件活起来。

（2）稿件缺乏观察描写。当前学生的阅读量并不小，可是教师经过了解，发现大多数学生更喜欢看网络小说。网络小说的一个特点是注重故事和剧情而忽视整体环境的描述。对于年轻人来说，观察和描述是一个经常会被忽视的事情。这样到了后来，学生的稿件就会显得十分苍白。往往经历了非常多，但是下笔时不知道应该怎么描述，以至于觉得没有内容可写。针对这个教学当中经常遇到的问题，教师应着重强调观察，通过反复提供各种观察的案例，以说明观察在稿件当中的重要性。因为稿件当中确实普遍有这样的问题，久而久之，学生就会将观察作为头等大事。

（3）主题策划像论文题目。很多同学在提交选题的时候，经常分不清社会调研和新闻选题之间的差别。比如，有一些同学会给出调研杭州文化场所这样的选题。对于一个研究性论文来说，这个题目或许可以操作，但是对于一篇新闻稿件，这个题目显得太大、太空。为此，每一次的实践，学生通过票选给出来的选题通常都是很有趣且实践性很高的选题。这样，经过一个学期的训练，他们对于新闻选题就会从时新性、突出性出发，从细小的切口出发，往往能够从最开始建立起成功稿件的第一步。

以上三个问题就是学生在新闻采写课堂提交稿件时遇到的基本问题，在传统的教师主讲、学生参与的课程设计中，学生写稿遇到的问题很难显现出来。往往教师在回收的作业当中发现了问题，但知其然而不知其所以然。这样，讲述的内容就会缺乏重点，太全面反而成了无的放矢。久而久之，学生就会对课堂失去兴趣。

大编辑部的制度确立，为学生提供了一种沉浸式环境，学生在一次次的实践和经验分享当中获得了采访的切身感受，在教师的教学当中寻找相应的应对方法。最终，这门课产生了良好的效果。

除了以上课堂当中的新闻实践，浙江工商大学新闻与传播学院新闻系还围绕新闻采访与写作类实践课程进行了很多相关的配套设计。

其次，聘请实务导师和业界精英进课堂。

根据浙江工商大学的政策，新闻系每个学期可以聘请三位实践导师和两位业界精英来课堂上课。经过几年的实践，新闻系先后聘请了浙江日报、浙江广电、中国经营报等各个媒体的记者前来上课，为学生提供了一些丰富的案例。

再次，搭建实践平台。

新闻采访与写作仅仅在课程中实践是远远不够的，为此，新闻系先后建立了模拟电视台、第 e 线新闻实训室等实践平台，使学生在校内也可以通过校园新闻的采集获得实践的训练。另外，学校还与浙江日报结成部校共建新闻学院对口单位，每年通过交流和互动，让学生走进一流媒体，感受正规新闻采写。

第四，课堂承接主题采访。

新闻采写课程有时还会结合当年的实际情况，在校内外组织一些由教师牵头的主题采访。比如，本人曾带领学生前往金华，采访当地的若干名婺剧老艺术家。在 2020 年度，本人还承接了浙江工商大学离退休处的一个委托课题，进行"商大记忆"的老教授口述史采访。通过这样的采访实践，学生获得了实践的机会，也与外界加强了联系。

最后，参加竞赛，锻炼技能。

除了以上各类训练的方式，新闻采写课程还积极鼓励大家参与各类比赛，并主动提供比赛平台。比如，浙江工商大学新闻与传播学院新闻系曾创办一个 AR/VR 大赛，并接受其他各校的选手参赛。久而久之，这个赛事影响力日渐上升，目前已经被纳入省赛，成为一个特别通道。新闻系还专门派教师郑竹逸学习无人机技术和 AR/VR 技术，给学生一些技术指导。

这些技能上的培训，为学生的新闻采访与写作提供了更多新闻表达的可能性，全方位锻炼了学生的实践能力。

以新闻采访与写作课程作为核心课程，围绕这个核心进行各种相关的实践训练，使学生能够具备新闻采写的技能。更重要的是，在沉浸式新闻采写的实践当中，学生无须死记硬背，教师也避免了填鸭式教育。学生在沉浸式的各种场景当中获得了技能与经验，教学起到了事半功倍的效果。

# 新闻传播史课程教学的几点思考

石　泽①

**摘　要**：新闻传播史是高校新闻传播学专业本科生的基础课程，在新闻人才培养体系中占有重要地位，但在实际教学中遭遇了"功用"的挑战。本文结合课堂教学实践，尝试从观念、脉络、目标、思路、模式五个方面分析新闻传播史课程教学变革，以期能够提高"中国新闻传播史"的教学质量和授课效果。

**关键词**：中国新闻传播史；教学；思考

## 一、新闻传播史课程的现状

在我国，新闻史课程的开设同高等学校新闻系科、报学系科的创建是同步的。自从 1920 年我国高等学校出现第一个新闻系科（上海圣约翰大学报学系）以后，新闻史课程（"中国新闻事业史"或"中国报学史"）就成为新闻系科的必修课程。② 戈公振是最早的中国新闻史任课教师之一，他为教学需要编写的《中国报学史》，为中国新闻史的教学与研究奠定了扎实基础，也标志着中国新闻史课程的"确立"。③

中国新闻传播教育历经百年发展，结合中国的教育实践，不断探索、创新，当前，已逐渐形成融汇人文与社科的课程体系和核心课程的基本结构。目前，新闻传播本科阶段专业的核心课程体系中，通常包括历史、理论、伦

---

① 石泽，浙江工商大学人文与传播学院讲师，清华大学博士，研究方向为新闻传播与社会发展、媒介伦理等。
② 丁淦林：《中国新闻史研究需要创新——从 1956 年的教学大纲草稿说起》，《新闻大学》2007 年第 1 期，第 28—32 页。
③ 丁淦林：《中国新闻史教学需要适时革新》，《新闻大学》2004 年第 3 期，第 35—39 页。

理、新型实务与媒体技术。[①]

新闻传播历史作为高校新闻传播学专业的核心课、基础课、必修课，在新闻人才培养体系中占有重要地位。其对于从业者的职业认同感的建构，对新闻业产生、发展的历史讲述，对新闻传播业发展规律的探寻，甚至对新闻传播业务理念的提升，对于未来从事新闻工作的新闻传播专业的学生来说，其重要性不言而喻。

然而，笔者从教学实践中感受到，当下新闻传播史课程面临着一个重要的问题，即学生对其"功用"的怀疑——这门课对今后新闻实践工作有多大用处？究其原因：一是新闻传播专业偏实践，对学生而言，新闻传播史的学习并没有某项技术技能来得实际，能立竿见影产生效用。因为明辨性思维和人文素养的形成是一个渐进的过程，需要长期的积淀，没有业务课程"学而即用"的成就感，所以感觉"无用"。二是传统的教学模式"重教轻学"，教师把知识单向、机械地灌输给学生，教师讲完，学生听完，教学过程就结束了。其并没有在人文教育的基础上，要求学生理解、洞察人文、历史和社会，探究真理和真相，培养学生的情怀、价值、使命和担当，没有培养学生的独立思考与判断能力，也无益于批判性思维的训练。

其实，对学生而言，新闻传播教育最核心的莫过于批判性思维，它能帮助个体甄别信息、明辨善恶，从纷繁复杂的事件和报道中寻找灵感，发现其中的意义，发掘新闻的深层价值。

因此，新闻传播教育有其独特的价值和使命，其通过通识教育、专业素养教育以及实践中的探索、思考，不断提升人文素养、专业感觉和敏锐的判断力，使新闻传播从业者具备应有的素养[②]。而新闻传播史既是新闻传播业的发展历史，又是大的历史学小分支。"双重"的归属决定了课程功能的特殊性，其既是价值教育，又是素养教育，能训练思维（批判），使学生在观察

---

① 陈昌凤：《21世纪的新闻教育：如何培养创新型人才》，《新闻大学》2020年第9期，第10—21页。

② 陈昌凤：《技术创新与专业坚守：新闻传播教育何去何从？》，《全球传媒学刊》2017年第4期，第1—10页。

社会现象、新闻传播事件时能够从历史的角度更加宏观地把握和更深层地思考。因此，新闻传播史的学习与史学思维的训练是大学新闻传播教育不可缺少的重要环节。思维的训练、方法的掌握、素养的提升、观念的确立、理想的培养、责任与担当的加强，正是新闻传播史课程的立意和境界，其功效也是潜移默化的。

既然新闻传播史课程如此重要，那么，如何让新闻传播史课程发挥出真正的功效，让学生从被动的"听"转变为主动的"思考"，进而一起"讨论"，加深对新闻历史及其规律的把握和认知？当然，这种改变首先要从教师开始，教师应先将课程转变为"可思考""可讨论"的内容。

## 二、新闻传播史课程的教学思考

为此，结合自身实践，就中国新闻传播史教学中的一些感悟和思考，本文尝试从以下几个方面进行探讨与分析，以期能够提高中国新闻传播史课程的教学质量和授课效果。

### （一）观念：应全面地讲述历史

我们讲的新闻传播史是通史，不论是中国的，还是外国的，反映历史全貌应是基本的要求，因此，必须要有全局观念。在中国新闻传播史方面是指全国观念，在外国新闻传播史方面是指全球观念，总之，就是全面地讲述历史。通史有全局问题，专史也有专业的或专门方面的全局问题。当然，讲述历史总有轻重、详略、主次，但这种差异也是在全局观之下，是有助于正确认识与理解全局的。尊重历史，客观全面地看待历史，是基本的立足点。其任务是，将历史的本来面貌，包括种种经验教训和曲折历程，客观、全面地介绍给学生。为此，在教学中要充实一些过去不够重视却实际需要的内容，要用历史发展的眼光，对进步的、革命的、中国共产党的新闻事业做具体的、全面的阐释。

## （二）脉络：突出专业演进规律

新闻传播史是专业史，或者说是专业的通史。学生通过学习要能够了解新闻传播事业产生与发展的历程、历史经验与教训等。但是，由于已有的中国新闻传播史教材按照中国革命史或中共党史的脉络来书写，因此在课程教学中教师也按照这一线索讲解，这样对新闻传播自身演进的规律与历史经验介绍的就比较少，专业特色不明晰，可能成为其他课程的附属和补充。因此，我们在教学中应当调整与充实内容，更多地遵循新闻业自身的发展规律，从新闻媒介的演进角度出发，突出新闻业本身的历史发展规律。

新闻传播是一种社会现象，新闻传媒同社会各个方面都有联系，推动新闻业发展的因素是多方面的，新闻传播史也应该反映新闻传媒在政治、经济、文化和人民生活等各个领域中的历史作用。

## （三）目标：总结规律，揭示原理

以往的教学过多地关注历史事实的介绍，即原始的历史，没有展开反省的历史，只一味地要求学生牢记知识点，这不是新闻传播史课程的目标。当下新闻传播史教学面临的一个重要问题是：学生对于感兴趣的历史知识可以轻易从互联网中获得；学生手握移动终端，能轻易指出教师讲授中个别历史细节的差错也不足为奇。因此，新闻传播史的学习是要让学生对新闻传播的历史有所认识、有所思考、有所感悟，学习的目的不是记忆背诵，而是解释、论证、启示、推演，也就是说，多多少少接近解释性历史的目标。

学习新闻传播史，要史与论结合，要善于从历史现象中总结出规律，揭示出其中的道理，不仅说事，更要说理。同时必须强调，论从史出，凭空的论是靠不住的。

在教学中，我们遵循了解释性历史和史论结合的方针原则，注重培养学生的分析能力，启发学生做更深入的思考。在测试时，应当偏重考查学生对知识的综合概括能力和分析论证能力。

## （四）思路：融汇古今，打通中外

在新闻传播史课程的教学中，要树立"大新闻传播史"观，这样既有利于课程整合，又使各相关方面分工合作，相辅相成，共同为新闻传播史学科出力。打通中外，从比较中获得一般的规律；融汇古今，从历史中获得现实的启发。

历史蕴含着经验和真知，学史的最终结果是有所感悟，使历史对现实具有启发作用。这正是历史学存在的意义——指导实践、服务当下。历史中对于当前一些问题的解答，其答案不是直截了当的、明确的，而是要通过学习来感悟和体会，将历史与自己的思想融为一体。

中国是世界的一部分，中国的近代报刊随着西方殖民者漂洋过海，它从一开始就与世界发生着紧密的联系。而这又符合世界新闻传播史中中国近代报刊向世界各地扩散的规律。

## （五）模式：个性对待，加大讨论

在传统的教学模式中，所有学生都被教师看作无差别的服务对象，是一个整体。实际上，即使同一个班，学生们各自的素养、学习能力也是千差万别的，只有在一对一的探讨中，每个学生才能获得老师有针对性的帮助，满足他们千差万别的需求。

此外，学生们能够从图书馆及互联网上获取知识，课堂不再需要教师的单向传播，教师只有讲授不可替代的内容时才有继续存在的价值，其内容应该是基本知识层面之上的深层次讨论，是探讨蕴含于历史之中的规律和智慧，是思想的碰撞和分享。

## 三、结语

总之，上述关于新闻传播史课程教学观念、脉络、目标、思路和模式的探讨与分析，是笔者在教学过程中的一些探索与尝试，以期真正发挥新闻传播史在新闻传播教育中的作用，促进新闻传播史教学质量的提升。

# 新闻与传播类硕士研究生问题意识培养的课内实践①

汤喜燕②

**摘　要**：本文基于"时尚传播与营销"的课程实践，探讨如何结合课内理论学习对新闻传播类的硕士研究生进行问题意识的培养。第一，在课程目标的设置上，以问题意识的养成为主要目标；第二，注重生活体验；第三，提倡同辈学习。教师需要着力创造有利于学生"思"之展开的各类条件：从习以为常的生活现象导入；为学生的理论学习做出合适的选择。

**关键词**：研究生教育；问题意识；新闻与传播专业；培养

## 一、引言

相对于本科生，问题意识的培养是研究生教学中更为重要的内容。明晰而强烈的问题意识，不仅是学生自主学习的动力，更是展开研究的具体指引。但现实是，研究生问题意识的缺乏还是一个突出的现象。教师们总在不断地强调问题意识的重要性，但待到实际展开研究时，仍会发现学生们缺的还是问题意识——特别是对于硕士研究生来说。对于问题意识的培养，教师们进行了很多的努力，但效果并不总是那么明显。学生的问题意识的养成，似乎只能寄望于学生个人的理论与研究经历的积累。确实，从根本上来说，任何一个研究者的问题意识都是与其个人的学术修养及研究经历息息相关的，问题意识必然是随着理论视野的扩展与研究能力的积累而提升的。但能

---

① 本文系浙江工商大学研究生教学研究与教学改革项目"新文科视域下新闻与传播专业硕士实践教学路径探索"的研究成果。

② 汤喜燕，浙江工商大学人文与传播学院副教授，博士，主要研究方向为时尚传播与传播理论。

否意识到问题并清晰界定问题，以及对此问题的研究有何意义进行追问与反思，是研究生学习阶段必须具备的基本素质，也是研究生完成学位论文必须具有的前提条件。在当下新文科的背景下，新闻与传播相关的研究，特别是传播研究，其视域日益宽广；任何现象在任何学科的任何视角下都可能成为研究对象。这对研究者的问题意识提出了更高的要求。为此，本文结合具体的研究生课程，谈谈新闻与传播类硕士研究生的问题意识培养如何内嵌在具体的课程学习中。

## 二、新闻与传播类硕士研究生问题意识的现状

所谓问题意识，即是关于问题的一种意识。从心理学的角度来说，此种意识是指对生存世界中存在的一系列相关疑问的感知与认识。有较强问题意识的个体会对很多现象，甚至司空见惯的现象生发出疑问，如大家熟知的牛顿对苹果为什么总是下落而非上扬产生疑问，进而促使他去探索，最终产生了万有引力定律。而纵观影响人类社会的一些重大思想，往往源于研究者提的一个非常寻常的问题，进而打开了一个新的探索领域。在《生命是什么》这本著作中，激发作为物理学家的薛定谔对生命展开探索的是一个有趣的问题：为什么原子那么小？而不是那么大？[1] 近年来，法国思想家鲍德里亚对于当下技术实现了各种不在场的现象，提过一个很有意思的问题：为何一切尚未消失？[2] 格罗依斯的研究则是针对"新"究竟是何意。正是这些独特的问题导出了后续那些非同寻常的研究成果。人类的科学成果，哪一样不是源于对特定问题的追索呢？能提什么样的问题，决定了一个研究生能有什么样的研究成果。这已然是共识。

进入研究生阶段后，学生不仅仅要学习既有的知识，还要自主地展开研究，成为一个知识生产者。而要展开研究，必须要有可针对的问题。问题意识的重要性，是研究生阶段不得不直面的——虽然问题意识的训练是伴随人的一生的。研究生（特别是硕士研究生）问题意识的现状不容乐观。笼统地

---

① 埃尔温·薛定谔：《生命是什么》，张卜天译，北京：商务印书馆，2018 年。

② 让·鲍德里亚：《为何一切尚未消失》，张晓明等译，南京：南京大学出版社，2017 年。

来说，不善于发现问题、厘清问题及提出问题是各学科研究生较普遍存在的状况。[①]但由于各个学科之间的差异，各专业研究生问题意识的缺乏又体现出不同的特征。新闻与传播类硕士研究生，其问题意识的缺乏有其自身的特征。

就新闻与传播类的硕士研究生来说，关于问题意识，有几个特别集中的特征。

第一，对新现象敏感，但仅止于现象。不同于一些别的专业，在本科阶段受过新闻与传播类课程训练的学生们对于社会中新出现的各类现象有高度的敏感性。这正是新闻从业者的职业素养。这种敏感性本有助于生发问题——如果能对现象的各个方面展开追问的话；但遗憾的是，学生往往只热衷于现象以及单一的现象，对产生、传播或承载现象的其他方面，以及此现象与其他现象之间的关系并不敏感。在教学中，学生对于现象的梳理有时还挺全面，但往往不具备环环相扣的论证推进意识及能力。在梳理完各种现象之后，要么不知所措，要么急于进行价值判断，跳入各种"应该"的话语体系。一句话，虽然体现出了对于新现象的敏感性，却止于现象。

第二，对熟知现象缺少反思。与对新现象的敏感形成对比的是，一旦一种现象成为常见或熟知的现象时，学生就安然接受了。在新闻与传播类硕士研究生中，集体性地存在对司空见惯者不可也无法生疑的现象。相比于其他专业，新闻与传播类硕士研究生有种把自己归类于新现象的阐释者的自觉，从而不能对既有的现象或既有的理论生发疑问。

第三，难以厘清问题。英语中的 problematique，本是指一系列存有相关性的问题状态。作为研究者，最终要在感到困惑（problems）时提出确切的问题（questions）。因此所涉及的概念必须要有清晰的界定。这是一个问题得以厘清、一项研究得以展开的基本条件。但在与学生的日常交往中，发现不少学生对于概念的边界缺少意识，且对这种模糊性不存有疑虑，没有困扰。如有学生提交的课程论文为《传统文化的时尚化策略研究》，在此论题

---

① 洪青、董雄报：《问题意识在研究生科研过程中的作用》，《南方论刊》2015 年第 9 期，第 67—68 页。

下，"传统文化"之边界在哪里？"时尚"是何意？"时尚化"又是在何意义上言说的？对这些作为研究的基本概念统统缺乏界定。自然，全文也不可能有真正切中的问题。

第四，对于问题的研究价值不清楚。有了问题后，研究者希望获得什么样的结果，知道这些结果有何意义——或是理论的或是现实的，这些问题也是新闻与传播类硕士研究生较少思考的。提一个问题似乎不是为了某项有价值的研究，而只是为了提问题这个行为本身。

总体来说，本文所指的问题意识可分解为两个层面：第一，对所提问题本身的意义把握。具体来说，作为研究者需要清楚地知道，将要从事的研究内容究竟是什么，所采纳的研究方法是什么，将获得一些什么样的材料，结果会在哪些方面产生预期，等等。第二，对所提问题的由来有自觉意识。从这方面来说，研究者还需要回答为何要提出这样的问题，这个问题为何需要被研究或解答，对过往的理论或现实的贡献在哪里，也即作为研究者还需要对此问题何以是个问题，即其价值，能够有自觉意识且能回答。唯有同时具备这两个层面的意识，才能保障某项研究既可行也有相应的价值。

## 三、以问题意识培养为目标的课程设置

"时尚传播与营销"是我校新闻与传播类硕士研究生的专业选修课，设在研一的第二学期。第二学期末，正好是学生的开题时间。我尝试将问题意识的培养植入此课程的教学过程中。

### （一）课程目标

时尚，作为一种现象，今天已无所不在。年轻人中，几乎没人愿意承认自己是不关心时尚的。或许因为如此，选择"时尚传播与营销"选修课的学生很多。但事实上，就时尚研究来说，时尚是什么？这一问题是哲学、史学、美学、社会学、心理学、传播学、城市学、人类学、市场营销学等都在探究的问题，且已有相当丰富的理论成果。这些研究成果与相应的研究方法并不能在一门选修课中相对完整地进行介绍。与其匆匆地介绍各个流派与知

识点，不如让同学就某个时尚现象或理论视角自行探索。另外，时尚现象是每个人都在经历的，对此每个人都有感性的生活经验。既如此，本课程的目标不在于具体的知识点或理论的介绍，而是侧重问题意识的训练与探索能力的培养。

## （二）问题导向的课程设置

在此课程目标下，课程在内容设置上改变以往的教学方法，不从任何既有的基本知识出发，而是直接由具体的现象入手，并由教师对现象提出问题。学生在所列的问题中找到自己有兴趣的问题，组成小组，并以探索或解答此问题作为整个学期的学习目标。我在课程中列举了十多个日常可见但习以为常的问题作为课程学习的出发点。如：（1）为什么时尚总是更青睐瘦子？（2）为什么摇滚范与知性风的时尚如此不一样？你喜欢哪一类，为什么？（3）你最喜欢的时尚装扮是怎么样的？为何如此？（4）校园里最有时尚度的商家是哪一家？你是凭什么认定的？（5）为什么在时尚文化中，"村"是一个贬义的形容词？类似的问题在第一次课上即列出，供学生选择。每个问题都是学生能接触到的日常现象，但每个现象都有可能在各种不同的理论视角下进行理解或研究，且可能在研究后补充，甚或挑战既有的理论。

## （三）为学生做好理论选读

自 1896 年，凡伯伦在有闲阶级论中将时尚归结为富裕的有闲阶级的妻子们的一种炫耀性消费以来，时尚相关的研究在西方学术中，实在是积累甚丰。国内的研究自 21 世纪以来，也日益增长。刚完成本科学业的硕士研究生，不可能在短期内较全面地把握这些研究。而且不同于其他学科的知识或理论存有一个阶梯上升的结构，关于时尚的各方面研究，呈现一种遍地开花的撒播状态。因此学生短期内的理论学习很大程度上依赖教师的指引。基于这种现状，本课程在理论学习方面，设置成两个板块。第一板块是基本板块，这是每个学生都得学习的基础内容。这部分的理论学习在于激发同学去理解作为日常现象的时尚何以会被纳入学术研究，从而激发学生对于司空见惯之物的探索精神。布置好这部分文献后，先由教师在课堂上进行导读，尔后由学生在课后自行完成更全面细致的文本通读。第二板块是专门板块。针对每个小组正在讨论的问题，教师有选择性地给各个小组提供理论引导。分成小组后，各个小组会有自己的问题，会有自己的理论需求。在第二板块，教师需针对各小组的特定需求给出相应的文献索引目录。一旦组成小组，各小组的学习，由小组成员之间的陈述及小组间的互问展开，教师以后援的角色同时参与每个小组的学习。当小组成员在某个问题上卡住时，可向教师求援。教师不给具体的解决方案，只推荐文献，让学生在阅读文献后，进一步推进自己小组的问题研究。因此，在此环节，各个小组所接触到的文献是不一样的，所掌握的理论视角也是有差异的。这种差异性有利于不同小组间基于不同的理论视角进行互相追问。

## （四）同辈教学

同辈教学，在本课程中即是强调学生之间的互相提问及追问。相较于教师教授，同辈间的学习更利于情感交流。同辈之间的学习，属于意义的协商过程，而非知识的灌输。[1] 在本课程中，每个小组有集中要应对的问题，小组成员间在互相协助与启发下，完成第一轮的课程作业——对某个选定问题的探索。在第一轮的课程作业完成后，每个小组需要面对所有成员进行答辩。这时候，其他小组的成员会基于自己的理论视角对该小组的课程论文进行提问。在这个过程中，该小组通常是无法对源自其他理论视角的问题进行辩论的。但这种被各种问题"追打"的过程，能让同学意识到自己论证中的漏洞或自己理论视角的局限，从而激发起问题意识。

如关于时尚为何更青睐瘦子这个问题的探讨，有小组从感性出发，从审美出发，提出因为瘦子更符合这个时代的审美要求的观点，并围绕此观点进行论证。这时候有读过相关服饰史或时尚史类文献的小组就会追问，从何时开始，基于什么条件，瘦子具备了审美价值？这个提问会让原小组意识到这

---

① 鄢文亚：《西方同辈教学法对我国外语课堂教学的启示》，《重庆教育学院学报》2006 年第 1 期，第 116—119 页。

个时代的审美价值的由来及脉络是自己的研究中尚未意识到的方面。而侧重话语研究的小组还会追问，在这种当代审美取向的形成中，哪种权力影响最大？谁在定义美的标准？这又会让原小组去反思美及审美的形塑及权力关系。这些问题对于从审美视角出发阐释问题的小组成员来说，往往是无能力回答的。被追问的小组通常先是一头雾水的状态，待真正明白源自其他小组的提问之意后，只能承认这些问题是本小组尚未厘清或尚未意识到的。但正是在这种源自同辈间的基于其他视角的提问，迫使学生再度返回问题，再度对自己的研究可能存在的缺失或模糊之处进行反思，从而进一步清晰研究问题的边界。而这正是所谓问题意识——对存有相关性的一系列疑虑的自觉意识得以训练的过程。

中国文化注重师道尊严，这在一定程度上不利于学生问题意识的养成，容易把教师的观点当作可确信之事物[1]。同辈间互相质疑，学生不会太过担心问题提得是否恰当。在反复的提问—回答—追问的过程中，提问者与被提问者都逐渐意识到并不存在完全确定的认识，每个观点与视角都有其自身的限制，从而在不知不觉间增强了问题意识。

## 四、结束语

经过这样的课程实践，学生的问题意识得到了一定的提升。这种提升体现在学生对追问的热情提高了。海德格尔以为"思"之展开[2]，本就是作为人之存在的意义。作为存在者，"思"的展开是生命本身的意义所在。一个研究者只有在"思"的活动中，体验到"思"作为一种活动本身的意义，才能促使个体不断地探索这个世界。从根本上来说，问题意识的提升在于个体对自身作为有思想的存在者的自觉，属于更进一层的"自知"之"明"。这种自觉意识会引导研究者不断探索世界——这正是作为存在者的存在之意义。

---

[1] 范益民、艾兵有：《硕士研究生问题意识缺失的理性分析》，《吉林工程技术师范学院学报》2015年第7期，第10—13页。

[2] 当然，海德格尔所指的"思"是一种广义上的"思"。在此文中，"思"是相对狭义的，是指对于问题的一种不断的反思、追问及界定的过程，并对此过程有意识。

唯有抵此境地，有此之"明"，问题意识才会是一个活跃的意识状态。若以此为前提，问题意识的培养必得置于个人的生存世界中——从最日常的现象着手，与最密切的传播者进行交流（如同辈），让个体自觉到"活"在问题中、"思"在问题中的意义。若以此为前提，教师必得关注"思"之展开的过程，在学生缺少"思"之工具（通常是理论视角）时予以援助，而不以"思"之结果为导向。作为"思"的问题意识只能是思者自身的问题意识。所谓培养，无非是创造一些有利于"思"之展开的条件及环境。

# 整合大学信息传播研究 ①

徐少丹　谈佳轶 ②

**摘　要：** 本文借鉴企业传播的相关理论，提出整合大学信息传播的概念，倡议对传播主体、传播受众、传播内容和传播媒体进行全面的整合，增加大学社会责任的信息传播；并通过问卷调查，分析影响受众的各种因素，根据调查结果，有针对性地开展整合大学信息传播的活动。

**关键词：** 大学形象；大学宣传；整合大学信息传播

## 一、引言

对于大学信息传播的研究可以从宏观和微观两方面来强调它的意义和重要性。从宏观方面看有人口结构的变化、信息技术的发展和信息量的扩大、全球化的进展、产业结构的变化等因素；从微观方面看有高等教育的普及及扩招、新的高考制度、自主择业及就职难、大学教育改革、大学间竞争激烈、危机事件增加等因素。在当今社会，为了适应这些因素的变化，大学必须要引入整合大学信息传播的概念，积极推进这项工程，在考生、在校生、政府、企业及社会的心目中树立一个良好的形象，增强大学的整体实力。对竞争激烈的大学来说，这无疑具有非常重大的现实意义。

对大学信息传播的研究源于对企业传播的研究，在国外由于私立大学较多，学校面临许多经营危机，所以很早就有了对大学信息传播的研究，各大

---

① 本文系浙江工商大学 2018 年度高等教育委托课题 "整合大学信息传播研究"（课题编号 Xgyw1805）的研究成果。

② 徐少丹，浙江工商大学人文与传播学院教授，博士，研究方向为企业信息传播；谈佳轶，浙江工商大学人文与传播学院硕士研究生，研究方向为新闻与传播。

学也都设有专门进行大学形象塑造的公关部门。而国内对此领域的研究还很滞后，各大学的信息传播和形象塑造基本上都是零零散散、各自为政，通常分属于宣传部、校办、招生就业处等部门，缺少统一的组织和计划，不能有效地将各种资源整合在一起，宣传效率不高。所以为了增强大学信息传播效果，开展整合大学信息传播的活动迫在眉睫。

## 二、整合信息传播的组织保障

把现在的宣传部、校办、招生就业处、学生处、人事处、校友办等处室负责宣传的部门抽出来放在一起成立一个"整合信息传播中心"，负责全校所有的对内对外信息传播活动。

大学的整合信息传播不是宣传部一个部门的事情，它是全校师生员工全员参与的一个系统工程，是一个多部门、多方资源投入的过程。各部门要以学校的办学理念和宗旨为目标导向，以建立一个良好的大学形象为目标，全方位地开展整合信息传播工作，信息传播形式可以多样，内容可以不同，可以利用各种媒体和渠道，但必须围绕学校的整体目标形成合力。

如果上述机构变动有困难，可考虑设立虚拟机构，在现有机构不变的情况下，通过改变工作流程可实现整合大学信息传播组织机构的功能，即由宣传部牵头，统括和指导所有具有信息传播功能部门的工作，如图1所示。

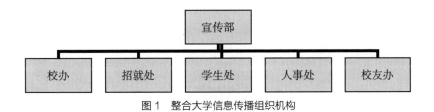

图1 整合大学信息传播组织机构

## 三、整合信息传播的受众

大学在进行信息传播活动中，不只是针对应届高中毕业生，而是要针对各种利益关系者，进行双向的信息沟通，通过满足各利益关系者的需求，建立一种相互信赖的关系，以此树立良好的大学形象。

这些利益关系者包括：大学的师生员工、政府、媒体、应届高中毕业生（高中生）、高中的老师、高中生的家长、校友、就职单位、社区、其他大学以及一般的公众。（见图2）

大学需要传播自己的办学理念、层次与特色，来吸引优秀的应届高中毕业生报考；需要针对高中老师和高中生的家长进行沟通，让他们影响高中生选择报考的大学；需要与学生交流发现个体需求差异，结合社会用人单位的要求，来改进教学内容与方式，使培养出来的学生更符合社会发展需求；需要与校友积极沟通，使校友关心母校的发展；需要与政府进行信息沟通，来了解政府的研究导向及值得研究的理论问题，引导学术研究的方向；需要通过联谊活动和公益活动等与学校周围的社区进行积极沟通，以履行大学的社会责任并建立一个良好的形象。

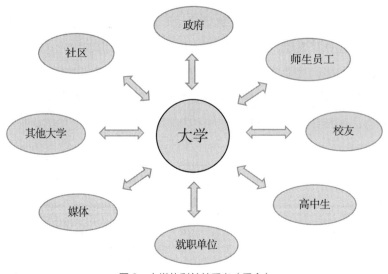

图2  大学的利益关系者（受众）

## 四、整合信息传播的渠道（媒体）

大学在进行整合信息传播组织机构过程中，要对信息传播的媒体进行整合。既要利用好校内的媒体，也要利用好校外的媒体；既要利用好传统的媒体，也要利用好新媒体：做到校内外媒体及传统媒体和新媒体的融合。

校内媒体包括传统的宣传栏、学报、学校的宣传资料、校内广播、学校内网、各种宣传海报等；校内外媒体融合包括致力于向媒体提供教育研究成果和大学改革等的相关新闻素材，并将这些信息通过报纸、电视、网络等媒体广泛传播。传统媒体包括大众媒体的广播、电视、报纸、杂志、学校的宣传资料等；新媒体主要包括官网、官方微信、微博等的信息传播；传统媒体和新媒体的融合包括信息的联动以及共享，如同一新闻或信息可同时在传统媒体和新媒体上发布。

为推进国际化，学校官网应采用多种语言（英语、日语、韩语等），特别是大学的基本信息和大学的重要信息及重大新闻，要在英文版官网上发布，有必要和汉语一样去传播。特别是首页，大学整体的结构和信息可以总览，并且能够让人感受到大学的品牌印象，应该囊括大学内部的信息及社会关注的热点消息。

另外，记者招待会也是一种重要的信息传播途径，在大学改革的实施和重大科技奖等的获奖、重大危机事件处理等时候召开记者招待会，直接说明情况、大学的想法意向等，致力于正确的信息传播。此外，在重大危机事件处理等道歉说明会的场合，不仅要有来自校方的说明，校方代表也要认真诚恳地回答记者的提问，担负起大学的社会责任。

## 五、整合信息传播的内容（基于调查的分析）

首先针对入校新生进行问卷调查。主要是调查影响大学形象的因素，我们把各种因素分成 4 大群 31 种因素，4 大群分别是：传统、一流；现代、活跃；设备、环境；理念、国际化。31 种因素分别为：有传统、有历史，有规模，比较亲切、有人情味，有学术气氛，有自由气氛，有清晰的教育理念、教育宗旨，有独特的校风，外语教育先进，教育研究设备先进，对社会有贡献，师资力量雄厚，学院学科完整，科研能力强，能学到专业知识和技能，课外体育、文化活动丰富，就业率高，有关学科专业的特色和实力较强，热衷于国际交流，食宿条件好，创新创业氛围浓，将来有发展，重点（双一流）大学，有活力，所在城市环境好，离家近，毕业生中名人多，学费合理，比较完备的助学金制度，比较完备的奖学金制度，社交媒体中（微信、微博）在校生的意见，大学网站（或招生网）的信息详细等。针对以上各因素，又进一步划分理想校、相应校、保底校及入校后的影响因素。通过这些详细的调查数据，可基本掌握影响学生的各种因素并对其入校前后的变化做出对比。

## （一）基本信息

本次调查时间为 2018 年，选取浙江工商大学 20 个学院的 400 名新生作为样本，回收问卷 400 份，有效问卷 332 份。从男女比例来看，女生约占总回答人数的 2/3，男生约占 1/3，这与学校女多男少的情况相吻合。来自重点高中的人数占到 77%，来自非重点高中的人数占到 23%。综上，无论是性别比例还是生源分布情况，都说明本次研究调查的样本具有代表性。

## （二）问卷部分

根据图 3 可知，影响力较大的几项因素是：有学术气氛，有传统、有历史，师资力量雄厚，重点大学（双一流）。说明学生心目中理想的学校还是实力雄厚的大学。所以在学校宣传时可以将学校传统、历史以及师资力量、优势学科进行较为详细的介绍，有助于加强他们对学校的印象，以便报考学校时优先考虑我校，拓宽学校的生源。

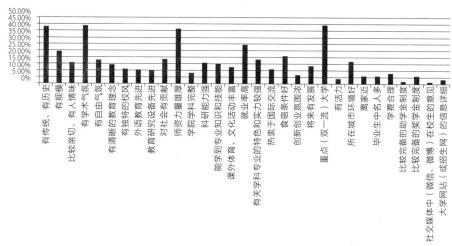

图3 作为理想校的选择项

对于相应校的影响因素，较大的有：师资力量雄厚，就业率高，有学术气氛，有自由气氛，所在城市环境好等。学校有传统、有历史，有清晰的教育理念、教育宗旨，学院学科完整等因素对考生影响也很大。相比之下，外语教育先进、毕业生中名人多、奖助学金制度、网站信息等因素对其影响力相对较小。（见图4）

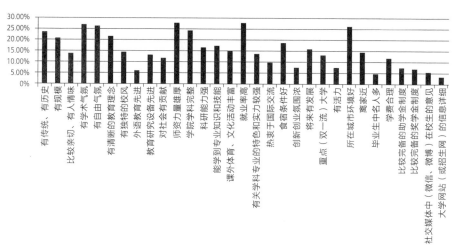

图4 作为相应校的选择项

保底校的影响因素中占比最大的是就业率高，就业率还是考生心目中最基本的要求，其次是所在城市环境好、食宿条件好、离家近等跟大学教育本身无关的客观因素。外语教育先进、毕业生中名人多、奖助学金制度、对社会有贡献、网站信息等因素已不再是考生决定保底校的主要因素。（见图5）

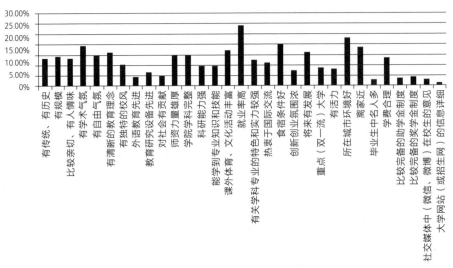

图5　作为保底校的选择项

关于入校后的影响因素，在被调查者的反馈中，有自由气氛占到26.87%，是各因素中占比最大的一条。有传统、有历史，所在城市环境好，学院学科完整，比较亲切、有人情味，有学术气氛等因素对考生影响也较大。而毕业生中名人多、网站信息等因素对入校学生影响不大。（见图6）

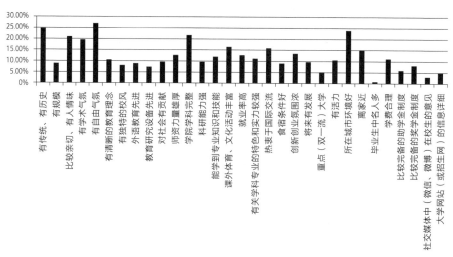

图 6　作为入校后的选择项

## （三）与以前调查的对比

笔者在 2008 年曾做过一次调查[①]，与上次调查相比：作为理想校的影响因素几乎没有变化；相应校增加了有自由气氛，学院学科完整，有传统、有历史，食宿条件好；入校后的影响因素增加了有自由气氛，学院学科完整，比较亲切、有人情味，课外体育、文化活动丰富，热衷于国际交流，创新、创业氛围浓。

其中最大的变化是，上次调查中入校后的影响因素列在第一位的外语教育先进在这次调查中居然没排进前十位，在相应校的影响因素中上次调查进入前十的外语教育先进在这次调查中也没有进前十。还有一个明显的变化是入校后的影响因素，此次调查与上次调查相比，六个项目发生了变化，而且增加的这些项目中除学院学科完整这个硬性项目外，其他均是软环境的营造，说明今后我校应该在软环境的营造上下功夫并积极进行相应的信息传播活动。

---

① 徐少丹：《大学形象影响因素分析及大学形象塑造》，范家进，高万隆：《拓荒与耕耘——人文与传播学院教学教育论文集》，杭州：浙江工商大学出版社，2014 年，第 214—225 页。

## 六、大学社会责任的信息传播

大学社会责任的信息传播可参照企业社会责任的活动和信息传播内容，结合大学的特点，具体可考虑如下活动和信息传播内容：

首先要确定学校关于社会责任的方针和愿景，要有校长关于社会责任的表态发言，并在正式媒体上公开。

社会方面：要保障学生和教职员工的个人基本权利、安全、卫生、学习和劳动条件及个人信息保护；要有危机事件的预警系统；人才培养及人性关怀；开放学校资源服务社区和社会；开展各种公益和社会贡献活动；鼓励教师参与服务社会的各种横向课题；为政府提供智力支持，提出各种政策建议；为企业社会责任主管及专业人员提供培训；等等。

环境方面：要制定学校有关环境的方针和政策；发挥高校的优势，开展环境教育，开设通识课，举办各种级别的环境知识讲座；开展环保技术开发和研究；开展校内外针对环保人员的环境知识培训；对校内实验室实行严格和科学的化学物质和废弃物管理，做好危机预防工作；对教学区和生活区的废弃物进行有效管理和监控；对校内的环境数据和信息进行公开；制作环境广告和环境海报；建议学校建立绿色采购的政策；在校内提倡循环经济、废物重新利用；开展环保日（周）活动；等等。

## 七、结论及建议

通过本项研究，大体得出如下结论：

（1）通过两次调查的比较，发现调查结果随着时间的推移发生变化。理想校没有变化，而相应校、保底校和入校后的影响因素变化很大。

（2）在相应校的影响要素中，与上次调查相比，增加了有自由气氛，学院学科完整，有传统、有历史，食宿条件好等要素，今后的宣传活动中，要适当增加这些方面的宣传。

（3）在入校后的影响因素中，除学院学科完整这个硬性项目外，其他均是软环境的营造，说明今后浙江工商大学应该在软环境的营造上下功夫并积极进行相应的信息传播活动。

通过本项研究，对浙江工商大学的信息传播活动提出如下建议：

（1）学校要制定整体的全新的宣传战略，进行整合信息传播。

（2）除进行问卷定量调查外，还要进行定性调查（交流采访），了解学生更加详细、深层的需求。

（3）在信息传播内容上，要增加环境信息传播或 CSR 传播、科技传播和健康传播等内容，强烈建议尽快发行具有标志意义的大学社会责任报告书。

（4）今后学校可考虑在主流媒体上发布战略性的、具有创意的广告。

（5）今后还应该考虑对其他利益关系者（政府、媒体、高中的老师、高中生的家长、校友、就职单位、社区等）进行调查，了解他们对学校的期待及影响因素，开展具有针对性的信息传播活动。

总之，大学要建立一个整体的、全新的信息传播战略，围绕此战略，为全面树立良好的大学形象而进行包括广告和公关在内的整合信息传播活动。本研究虽以浙江工商大学为例，但对其他大学的整合信息传播活动也具有借鉴和参考作用。

# 新文科背景下"网络编辑学"课程设置的理论重构

江翠平 [①]

**摘　要：**我国在社会大变革的背景下，提出了"新文科"的教育理念，新文科的核心是将传统文科进行学科重组，将技术作为新的元素融入文、史、哲等各学科中来，通过跨学科的学习来培养学生的创新精神。新文科背景下，传统的"网络编辑学"课程中所涉及的把关人、议程设置、舆情导向及受众互动等传播学理论都将展现出新的特色。为了充分发挥新文科教育对网络新媒体专业的引领作用，"网络编辑学"的课程设置要从把关、议程设置、舆情、实训等方面进行重构。

**关键词：**新文科；网络编辑；重构

新文科正是最具创新性的教育模式，如何探索网络新媒体在新文科背景下人才培养的创新路径，是一个非常值得思考的课题。

## 一、融合创新：新文科的核心理念

中国的新文科建设于 2018 年初起步。2018 年 9 月 17 日，教育部印发《教育部关于加快建设高水平本科教育全面提高人才培养能力的意见》等文件，决定实施"六卓越一拔尖"计划 2.0（包括卓越新闻传播人才教育培养计划 2.0），全面推进"新工科、新医科、新农科、新文科"等建设，旨在提升各学科领域改革的质量和内涵，打造全领域、覆盖式、中国化的高质量高等教育品牌，全面推进中国高等教育的现代化建设和新时代中国高等教育的

---

① 江翠平，浙江工商大学人文与传播学院讲师，博士，研究方向为出版学基础理论、新媒体运营等。

成型。<sup>①</sup>"新文科"这一概念的提出，其核心是将传统文科进行学科重组，将技术作为新的元素融入文、史、哲等各学科中来，通过跨学科的学习来培养学生的创新精神。

网络媒体凭借其势不可挡的发展潮流，正发挥着巨大的社会影响力，成为继报纸、广播、电视三大主流媒体之后的"第四媒体"，是传播领域中的一颗新星。在信息传播过程中，网络编辑工作者通过筛选、编辑加工、议程设置等对新闻信息起着把关、串联等重要作用。在新文科背景下，"网络编辑学"的理论基础部分需要重新构建。

## 二、"网络编辑学"课程设置中的理论重构

相关学者认为，在传播学的范畴，网络编辑更多地带有传统媒体编辑或者新闻编辑的特点，是"在传统传媒的基础上融合现代网络技术的编辑活动，通过对各种途径获取的信息进行分类、编辑和整合并通过网络进行信息发布，同时积极从网络上接受反馈信息并积极参与网络活动的网络工作人员"<sup>②</sup>。

### （一）新型把关人

作为一个传播者，不可避免地会对一件事情持有自己的立场和态度，从而会主观地对接收到的信息进行过滤和筛检，这个过程被称为"把关"，而实行这个把关过程的个人或集体即"把关人"。网络编辑作为把关人的角色将得到强化，网络编辑的"守门人"作用不断提高，慢慢取代传统媒体的信息传播者身份。网络编辑的把关已经不同于传统的把关。互联网改变了传统媒体单纯传播信息的方式，受众可以在平台上发表自己的言论、评论，每个人都可以随时随地地参与进来，受众不仅仅是看客，而且是参与者，极大地

---

① 《教育部关于加快建设高水平本科教育全面提高人才培养能力的意见》，2018 年 10 月 8 日，http://www.moe.gov.cn/srcsite/A08/s7056/201810/t20181017_351887.html，2021 年 7 月 10 日。

② 王晓霞：《网络编辑与网络受众的自我意识研究——网络公共群体互动的视角》，硕士学位论文，西南政法大学，2014 年，第 89 页。

提高了传播者和受众之间的交互性。除了进行新闻素材的编辑、加工和整合外，网络编辑更要审查和确保信息的真实性。网络编辑的把关更多带有技术赋能的新特色。网络编辑需要积极利用大数据、人工智能等新兴数字技术进行把关比对，完成文字编辑校对、内容真实度排查，从而进一步减少人工审核的比例。

## （二）舆情反转常态化

所谓舆情反转，是指随着事情的细节、过程逐步明朗，舆情焦点开始转移，网民质疑、批驳或同情的对象不断发生变化甚至反转。[①] 舆情反转反映了社交媒体时代碎片化的信息传播导致的真相缺失，网络舆论不停被更替和迭新。社交媒体打破传统媒体话语权的垄断，在事件推进过程中，多元化的声音和更多的细节涌现，造成大众媒体上的新闻报道常常出现反转。网络编辑需要从客观、真实的角度报道编辑新闻，确保网络平台所发布信息的真实性。对于具有经济价值、社会价值双重属性的网络平台，网络编辑需要充分发挥社交媒体发布新闻的影响力，重视对错误网络舆论的引导。

## （三）跨屏反流的信息互动

跨屏是指用户利用不同的电子产品进行同一内容的阅读或同时使用多个电子产品的行为。手机、电脑等各种电子产品，开始出现多屏应用，多屏时代让每一种屏都有特定的受众人群，因此网络编辑也要制定相应的信息传播策略。[②] 在日常生活中，人们通常都拥有两种及以上的电子产品，并且经常进行交替使用，屏幕之间的传输、共享、切换是一个信息交流的过程。多屏时代，信息的互动性大大增强，屏幕就成为两者的连接桥梁。通过各种屏幕后用户的反馈，网络编辑不仅能够与之沟通，还能从中提取大众的关注点，

① 程仕波：《论"后真相"时代网络舆论的特点及其引导对策》，《思想理论教育》2018 年第 9 期，第 77—81 页。

② 程沛：《多屏化传播时代下跨屏视频广告营销》，硕士学位论文，河南大学，2014年，第 36 页。

从而报道大众更关注的问题，改进报道中存在的问题，提升自身媒体的公众影响力和社会地位。网络编辑是网络公共群体互动的建构者和引导者，更是互动过程中信息的监督者和解析者，尽管网络编辑不直接参与互动，但往往网络编辑转发的新闻、筛选留下的信息就已经表明了他的态度。

## 三、新文科背景下"网络编辑学"课程理论重构的教学模式

紧扣新文科背景下创新型人才培养的目标，"网络编辑学"课程从教学方法、软件应用、实践教学多方面进行改进，为多学科交叉培养模式奠定基础。

第一个层面是紧密结合社会热点问题，对"网络编辑学"课程涉及的理论重构进行四大能力模块的更新（平台把关、议程设置、舆论导航、媒介素养），打造以学生为发展中心的教学体系，最终在课程创新、课堂教学等层面有所收获。网络编辑的素质和技术水平的培养、媒介素养的提高，成了未来网络编辑工作的必经之路。首先，作为一个媒体工作者，必须要有正确的三观和政治正确意识，因其左右着社会舆论的导向。网络环境比传统媒体环境更加自由，新闻传播的速度更快、广度更宽，受众直接被暴露在各种真假莫辨的爆炸式信息中，网络编辑如果不严格把关、保持清醒、坚守自我，就很容易导致网络环境的混乱。在媒体融合的大环境下，要想网络编辑的把关职能不断完善以适应社会需要，就必须进行结构重组，需要建立一个从宏观到微观都逐步落实的框架。网络编辑需要选择与自身平台相适应的板块进行信息加工，筛选与自身平台定位相符的新闻事件进行传播，做到经济、政治、体育等板块的信息各有各的安排，确保发布的信息真实可靠，从而赢得大众的信赖度和好感度。其次，网络编辑需要进行合理的议程设置，加入人为的干预使大众对那些重要的话题进行讨论。网络编辑有效的议程设置引发舆论并且有效引导舆论，对舆论的扩大和深化能产生积极效果。除了对大众的舆论导向有规范和引导作用外，有效的议程设置也对该网络媒体自身提高品牌知名度和信誉度有积极意义。最后，网络编辑需要积极利用最新技术进

行平台新闻播放。以大数据为例，利用大数据分析，网络编辑可对不同年龄人群、不同地域人群分开规划，采取不同的营销方式。若熟悉网络营销的机制和手段，能充分利用网络媒介的受众特点、受众范围，达到的营销效果更好。

第二个层面是具体的课堂教学方法，由于新文科教育强调融合创新，所以"网络编辑学"课程以"新旧融合后的全媒型素养"为突破口，进行"翻转 + 实训"的混合模式课堂教学创新。合理使用学校文科实验楼的设备软件，如在教学中使用建易网编实训平台，提升学生的专业素养。在建易网编实训平台上，学生可以通过超级管理员的身份登录网站并行使各种功能，可以设计出最适宜读者阅读的版式，同时感受在新媒体时代，网络编辑除要掌握文字编辑技能外，还应提高自身对音频制作、视频制作、动图制作的熟练程度，借助新媒体的平台优势，将新闻以更直观、更简明的方式呈现在读者眼前。

第三个层面是实践教学，通过带领学生参观网络编辑工作室、利用常用软件从事大型网络新闻专题策划等进一步拓展学生的实践能力。例如，曾带领编辑班学生参观盛大文学网站，对盛大文学旗下听书网的有声读物制作进行细致的了解。学生们通过实地观摩，对网络编辑的流程有了更进一步的认识，激发了内在的学习热情。在进行重大新闻专题策划时，利用文科实验室已有的 Office、Photoshop、Dreamweaver 等常用软件与开发环境、PremierePro 非线性编辑等课程的实训任务，将相关新闻专题策划以及文案撰写等任务以小组的形式分配给学生，锻炼学生的实践操作能力。学生在教师的指导下进入平台独立处理一个网络新闻专题项目的全过程，利用项目驱动教学，使学生在实际工作任务中掌握教学内容。

目前网络编辑人数已经有 600 万，随着网络编辑队伍的日益壮大，网络编辑人员素养的高低，影响到整个网络媒介的质量，关系到网络编辑的整体外观和整体水平。现在网络编辑的入行要求普遍不高，导致网络编辑人员知识水平和业务能力不够成熟。更有一些人只重技术、轻内容，为了博取眼球，不追究事情的真实性，造成网络新闻环境真假难辨的现象。在新文科背景下，"网络编辑学"课程通过线上线下混合式教学模式，及时根据社会热点问题调整相应的理论基础，并且通过完整的学习支持措施，为学生自主学习打造更好的学习环境，为新文科背景下多学科交叉的网络新媒体人才培养模式奠定基础。在新文科背景下，加强对跨媒体技术的掌握能力，做到专而全是每个网络编辑人员的自我追求。

# 基于抛锚式教学策略的"新媒体营销"课程设计

李华金 [①]

**摘　要：**"新媒体营销"是网络与新媒体专业的重要选修课程，课程教学不仅强调对营销理论知识的掌握，更注重对学生新媒体营销应用和策划能力的培养。将抛锚式教学引入新媒体营销教学中，通过真实情境的设计、教学问题的确立、自主和互助学习、形成性评价等教学环节的设计，可以更好地实现理论与实践相结合，培育学生的新媒体素养，提升其新媒体营销实务能力。

**关键词：**新媒体营销；抛锚式教学；课程设计

2019 年 10 月，教育部发布《关于一流本科课程建设的实施意见》（教高〔2019〕8 号），明确指出"课程是人才培养的核心要素，课程质量直接决定人才培养质量"。这就要求高校和教师积极引入科学的教学模式和策略，妥善进行课程设计，开展教学改革，以强化课程教学实效，提升人才培养质量。"新媒体营销"作为网络与新媒体专业重要的专业选修课，教学内容涉及理论知识的讲授，强调对新媒体营销应用和策划能力的培养。为更好地体现网络与新媒体专业"创意策划、制作加工、传播营销、运营管理"的新媒体综合能力培养要求，培养学生的市场意识和整合营销传播能力，提升从事网络与新媒体经营管理的基本能力，在"新媒体营销"课程中引入抛锚式教学策略，对课程教学进行实践探索。

---

① 李华金，浙江工商大学人文与传播学院副教授，硕士，研究方向为高等教育管理、网络与新媒体。

# 一、抛锚式教学策略的内涵与特征

## （一）抛锚式教学策略的内涵

建构主义学习理论强调学习是人认知思维活动的主动构建过程，是学习者在一定情境下，借助教学辅助手段，完成知识构建的过程，而教学过程的构建实际上是对情境、协作、会话、意义的构建。抛锚式教学是由约翰·布朗斯福特（John Bransford）所领导的温特比尔特认知与技术小组（简称 CTGV）开发的教学策略。抛锚式教学强调教学情境的重要性，要求学生在真实情境下完成知识构建，真实事件和问题被称作"锚"，确定真实事件和问题的过程就是"抛锚"的过程，抛锚式教学策略包括五个环节：创设情境、确定问题、自主学习、协作学习、效果评价。

## （二）抛锚式教学策略的特征

抛锚式教学策略强调情境的真实性，其教学情境来源于真实的社会生活，鼓励学生在真实环境下学习知识，并利用知识思考问题、解决问题。在教学内容上，抛锚式教学既要契合教学内容设定，又要明确课堂教学内容来源于社会实际；在教学过程设定上，课堂教学任务的完成，实际上也是学生对现实问题的解决过程。

抛锚式教学策略注重教学之间的互动性，教师在教学过程中不是简单的知识复读机，而是要协助学生实现学习意义的自我构建，引领学生自主思考问题并解决问题；学生不是简单的知识接收者，而是充当着课程知识的探索者，教学的过程就是教师与学生之间、学生与学生之间通过合作、交流、指导等途径达成教学目标的过程。

抛锚式教学策略强调形成性评价，抛锚式教学的过程是知识完成构建的过程，学生在教学全过程中展现出来的协作能力、发现问题和分析问题的能力，是对教学效果的真实反馈。同时教学场景的多主体参与性，决定了抛锚式教学评价主体更广泛，教师评价、学生自评和互评构成了教学评价体系，更加有利于激发学生的学习兴趣，增强课程学习的驱动力。

## 二、"新媒体营销"课程引入抛锚式教学策略的意义

### （一）在理论教学基础上实现实践动手能力的提高

从 2012 年教育部增设网络与新媒体专业至今，全国已有超过 250 所高校开设了网络与新媒体专业。网络与新媒体专业偏向实务性的特点，决定了其相关课程的教学不应仅仅局限于对学生理论知识的传授，更应加强对学生实务能力的培养；与传统营销学相比较，新媒体营销对学生实务操作和知识应用能力的要求更高。笔者根据对用人单位的访谈发现，当前网络与新媒体专业人才培养存在实践动手能力较弱，理论知识不能与现实应用有效融合的问题，抛锚式教学通过真实情境的构建、实际问题的解决，强化理论知识的实践应用，强调不同学科知识与能力的迁移，有利于实现理论与实务的融合，实现人才培养与社会需求的对接，因此"新媒体营销"课程引入抛锚式教学策略也是提升网络与新媒体人才培养质量的积极探索。

### （二）在自主与互助学习中进行知识探索

随着教学技术的发展，各种教学手段与方法的创新在高校教学中得到了一定的应用，特别是 2020 年疫情期间"停课不停学"在一定程度上推动了高校在线教学的快速发展，也对高校强化学生自主学习和互助学习，提升教学质量提出了更高要求。抛锚式教学策略为学生提供了一个学习互助、知识共享的平台，学生通过课堂内外的小组协作等方式，积极开展对新知识的探索，强化了学生的团队协作意识、自主学习意识以及对学科知识的探究意识。"新媒体营销"课程采用抛锚式教学策略，教师引领学生主动设定问题、思考问题并解决问题，针对新媒体营销实务进行探索，并通过团队协作形式开展新媒体营销实务操作，在一定程度上丰富了课程学习的形式，为学科知识的迁移创造了有利条件。

### （三）在教学互动中实现课程教学质量提升

传统教学过程往往侧重教师的课堂讲授，教学过程的设定遵循一种既定的程序，通常使理论知识教学空洞化，课堂教学也表现出"满堂灌"的缺陷。抛锚式教学更注重教学过程中的师生互动、生生互动，并且这种互动贯穿于课程教学的全过程。在教学准备过程中，教师依据课程教学的背景，从学生学习的角度设计教学环节并进行抛锚式设计，课程的教学设计更切合学生的内在诉求和社会的现实要求；课堂教学过程中，学生在教师的引领下开展知识探索，通过学生间的协同互动完成相应的学习任务，并对学习成果进行展示和互评，这种教学策略极大地改变了教学分离的现象，充分体现了学生的高度参与性，在一定程度上巩固了学生对知识的掌握程度，提升了课程教学的实效。

## 三、"新媒体营销"课程的抛锚式教学设计

### （一）课程教学目标和情境创设

"新媒体营销"课程的教学目标是通过教学内容的学习，使学生掌握新媒体营销的基本知识，锻炼新媒体营销思维，培育新媒体素养，提升新媒体营销的策划能力。为更好达成教学目标，教学内容设计来源于社会实际运营的主流新媒体业态，以现实互联网新媒体平台为课堂教学情境，引领学生认识新媒体营销、学会新媒体营销、实施新媒体营销。教学章节的编排参照现实新媒体营销运行流程和具体要求进行设计，其知识体系包括新媒体营销团队组建、新媒体营销案例分析、新媒体营销项目策划等，新媒体营销策划和应用的项目涵盖了微信营销、微博营销、视频营销、自媒体平台营销、移动营销、直播营销、社群营销、游戏营销等不同新媒体平台。学生在真实的新媒体情境下开展新媒体营销的课程实践活动，课堂教学的过程实际上就是学生真实环境下对新媒体营销相关问题的探究过程。

## （二）确定教学问题和 "定锚"

真实情境创设后，接下来的关键是确定问题，设计并确定 "锚"。教师根据课程内容设计以思维导图的形式明确课堂教学的主要任务，即课堂需要达成的教学效果。课程通过真实案例研讨和现实项目（产品）营销实训，引领学生展开对课堂内容的逐步深入思考、探索和实践。

首先是课程精选社会典型事例和课堂研讨基本素材，以提升学生的学习兴趣，强化课堂教学的实效。案例的选择注重典型性、时代性和真实性，本课程选择的案例包括《战狼2》的互联网营销、天猫 "双十一" 营销、故宫IP运营、伏牛堂社群营销、《庆余年》视频营销等。通过对案例的深入探索和研究，发掘新媒体营销的基本知识，并为下一步的项目实训形成必要的知识基础。在掌握新媒体营销的基础知识后，课程设计了真实环境下的项目实训，如精准扶贫项目策划、农产品视频营销等，引领新媒体营销实务操作的开展。

以 "视频营销" 教学内容为例，课程首先引入了社会热门案例 "《庆余年》的广告营销"，激发学生对教学内容的思考与探索。2019年腾讯重磅IP剧《庆余年》热播，各种广告与剧情、播放形式等创意性地融合在一起，运用前贴、暂停、中插、植入等多种方式加深受众对广告的记忆，成为2019年一个较为成功的视频营销案例。围绕视频营销的相关知识点，教师引领学生开展对案例的分析与研讨，并在研讨中完成视频营销教学知识点的讲授。通过对真实案例的分析和研讨，学生对视频营销的含义、形式、特点、技巧等知识点有了深刻的认知，并提升了对后续视频的制作、视频营销策略的学习兴趣。在通过案例明确视频营销的相关理论和知识后，课程设计了视频营销实训项目，要求学生针对某农产品，利用所学的视频营销知识，设计视频营销方案并具体实施，创作产品短视频上传到网络平台，并最后制作视频营销方案PPT，进行课堂分享汇报。

### （三）开展自主学习与探索

抛锚式教学和传统教学相比，一个显著的区别在于教师不直接告诉学生如何去解决面临的问题，而是学生依据教师提供的有关线索（如教学目标、思维导读、教学素材等）去探索发掘并解决问题，教师作为教学的组织者，应特别注意培育学生的自主学习能力，这些能力包括确定学习内容的能力、获取信息和资料的能力、利用和评价信息与资料的能力。

"视频营销"部分的教学设计内容包括"认识视频营销""制作网络视频""短视频和直播营销"等。依据思维导图，学生应当完成相应的学习内容，并根据各单元知识教学要求检索和获取相应的学习资料，开展自主学习，对各教学单元知识进行深入探究。学生通过自主学习和实践掌握视频拍摄的一般要求，通过广泛学习视频和直播平台的作品，进一步明确视频营销、直播营销的一般规律，最后完成视频的创作和营销方案的撰写。

### （四）进行小组协作学习

传统教学观念认为，学习是单一个体运用头脑完成知识积累的过程，是知识抽象化、概念化的过程，这种观念将学习者从实践情境中剥离出来，忽视了学习者之间的相互协作和支持。建构主义认为知识不能脱离具体的情境，应当将学习内容、学习方式和学习探究的具体情境有效结合，实现知识的具象化，才能达到学习的目的。建构主义主张充分学习是发挥学习者之间的互助与协作，有效利用学习资料，围绕既定的目的开展学习的过程。因此这一过程可以通过学习共同体的组织形式实现，学习共同体是由学习者及助学者，基于共同的学习目的，通过学习过程中的沟通、协作和资源共享，完成特定的学习任务的学习组织。

在"新媒体营销"教学中，学习共同体以模拟新媒体营销团队的形式存在。在教师的指导下，模拟营销团队针对教学各环节的基本要求，开展包括协作个体分工、资源共享、互助研讨等一系列教学活动。教师在课堂教学开始前，针对学生的学业能力差异、新媒体能力差异开展必要的学情分析，在此基础上，课程第二讲把组建新媒体营销团队作为该章节的主要教学内容，以项目实训的形式，要求学生组织模拟新媒体营销团队，教学班按照营销团队的角色分工组成 7 个模拟营销团队，每个团队共有 6 名成员，即文案、美编、视频、摄影、营销和项目经理，后续章节教学均以营销团队形式开展项目实训。团队成员依据分工进行协作学习，完成不同新媒体业态下营销策划案的撰写和实施，同时为实现对新媒体营销知识和技能的掌握，不同实训项目中成员分工可进行调整。模拟营销团队的形式可以更好地还原现实新媒体营销的全过程，并进一步提升学生团队协作能力。

## （五）抛锚式教学的评价策略

### 1. 量化和质化评价相统一

量化评价更多地用于对教师的教学和学生的学习结果而不是过程进行评价，传统教学中为了衡量学生的知识掌握程度和效果，更多地采用量化评价。质化评价是对教师的教学和学生的学习过程进行综合评价，更加注重学生的实务能力和创新能力培养，质化评价在当下的教学改革中得到了更多的应用。本课程设计强调量化评价和质化评价的统一，通过复习小测试、雨课堂在线测试等量化评价方式，考查学生对新媒体营销理论知识的掌握情况；通过对模拟团队的课堂研讨表现、营销策划书撰写汇报表现的综合考察，对学生新媒体营销实务能力做出评价。

### 2. 形成性评价和终结性评价相结合

课程教学安排中，把每一章节内容依据教学目标分解为若干教学任务，教学过程的推进实质上就是教学阶段任务逐步完成的过程，每一项阶段任务的完成也为最后阶段新媒体整合营销策划方案的完成打下基础。因此本课程教学采用形成性评价和终结性评价相结合的方式，一方面通过考查学生各章节案例研讨和实训项目的成果，结合学生日常教学过程中的表现，特别是模拟团队的表现，形成课程考核的平时评价成绩，同时以整合营销策划案的撰写作为期末大作业，完成终结性评价。

### 3. 教师评价和学生评价相结合

本课程采用小组协同的教学方法，强调小组的团队协作精神，模拟营销团队成员在项目实训任务中的表现情况关系到团队成果的优劣，因此团队成员内部的互相监督和评价在教学过程中具有十分重要的意义。在教学过程中，各团队完成的实训成果需要在课堂上进行展示和解说，各团队对实训展示成果进行自评和互评；同时教师作为学生学习行为的观察者、引领者和监督者，对学生团队的表现应有整体的理解和评价。课程将学生评价和教师评价相结合，一定程度上丰富了评价的主体和评价的方式，更强化了教学评价的客观性。

# 大数据和平台经济背景下广告学课程结构的重构和教学模式的创新

门书均 [①]

**摘　要**：在大数据和平台经济背景下，广告市场从传统营销传播走向网络营销、数字营销和社交媒体营销，从广告综合代理走向依托平台运营商的数字广告和智能广告，从融媒时代走向碎片化和移动化的社交媒体时代并构建平台型营销生态体系。本文基于平台经济的生态体系重构广告学课程结构，基于OBE 模式和 PBL 模式创新广告学教学模式。

**关键词**：大数据；平台经济；课程结构；教学模式

## 一、大数据和平台经济背景下广告市场的三个转变

### （一）从传统营销传播走向网络营销、数字营销和社交媒体营销

随着我国商品经济的持续繁荣和消费者购买力的增强，广告主宣传其品牌、产品或服务的需求持续提升，直接推动了广告行业市场规模的逐年扩大。根据 2014—2020 年中国广告市场规模统计，中国广告市场规模从 2014年的 5606 亿元增长到 2020 年的 9143.9 亿元，如图 1 所示。

---

① 门书均，浙江工商大学人文与传播学院讲师，硕士，研究方向为传播学、广告教育。

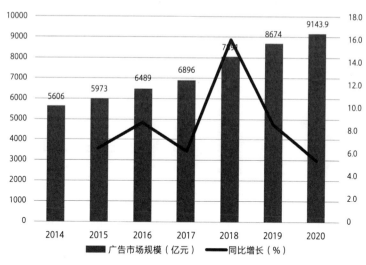

图 1　2014—2020 年中国广告市场规模统计

资料来源：国家市场监督管理总局、QuestMobile、智研咨询整理

新技术在广告行业的广泛应用改变了传统营销传播的固有模式，也加速了传统广告行业的变革与创新。互联网尤其是移动互联网涌现了门户、社交、游戏、移动搜索、视频等媒体，这些媒体具有更广泛的覆盖率和影响力，为营销传播信息传达给营销受众提供了更加便利的渠道和更加方便快捷的沟通方式，进一步刺激了广告主的数字营销需求，并推动着广告行业规模的进一步扩大。

大数据时代的互联网广告以其精准度高、互动性强以及营销成本相对较低的显著特性，获得了越来越多广告主的青睐。由中关村互动营销实验室联合普华永通、秒针营销科学院、北京师范大学新闻传播学院与华扬联众数字技术股份有限公司共同发布的《2020 中国互联网广告数据报告》显示：互联网广告已成为广告客户的主要投放方式之一，2019 年中国互联网广告市场规模达到 4366.87 亿元，占中国广告市场规模的比例为 50.34%，互联网广告第一次全面超越传统广告。2020 年中国互联网广告市场规模达 4971.61 亿元，较 2019 年增加了 604.74 亿元，同比增长 13.85%，占中国广告市场规模的比例为 54.22%，成为仅次于美国的全球第二大互联网广告市场。

在互联网广告中，电商类广告、社交平台广告、短视频广告、搜索引擎广告占比超过八成，其中电商类广告占互联网广告市场的 45.9%，社交平台广告占互联网广告市场的 15.2%，短视频广告占互联网广告市场的 13.1%。从广告购买方式来看，广告主重视大数据时代的高价值投放，更青睐精准投放的效果广告。比如，2020 年 12 月腾讯优量广告用户规模为 9.07 亿人，百度信息流用户规模为 6 亿人。

广告行业的不断数字化、网络化和社交化的发展态势，加上广告主对效果广告的青睐，使广告市场开始走向基于用户和市场大数据驱动的数字营销。通过勾勒精准的用户画像和消费特征开展精准营销；通过社交媒体建立和用户更加畅通的营销渠道，减少中间环节，直面用户，为用户提供体验感更好的社交媒体营销。

## （二）从广告综合代理走向依托平台运营商的数字广告和智能广告

传统广告公司通过综合代理服务为广告主和媒体提供中介服务，满足传统广告行业的基本架构被打破。随着平台经济的不断深入发展和演化，互联网平台企业开始成为广告市场的巨无霸，传统广告公司逐渐地成为平台运营商生态体系的一分子，依附平台运营商开展数字广告业务和网络营销。

平台型互联网公司的广告收入趋于集中化，主要由少数几家互联网头部企业垄断。根据 2019 年各互联网巨头财务年报，阿里巴巴广告营收为 1746 亿元，字节跳动广告营收预估为 1400 亿元，百度广告营收为 780.9 亿元，腾讯广告营收为 683.8 亿元，京东广告营收为 426.8 亿元。排名前五的互联网企业已经基本上占据了互联网广告的绝对市场份额，营销和传播的中间环节被最大限度地压缩和扁平化，互联网巨头正在迅速改变整个广告行业生态，并开始在广告市场拥有举足轻重的话语权。

而传统广告公司的营业收入趋于分散化，企业市场占有率非常低，市场竞争非常激烈，其不得不依附于互联网巨头。如图 2 所示，2020 年，省广股份广告业务营业收入 132.84 亿元，占中国广告行业市场规模的 1.45%，华媒控股广告业务营业收入 8.45 亿元，占中国广告行业市场规模的 0.09%，省广股份、华媒控股、龙韵股份、顺网科技、北巴传媒、博瑞传播 6 家上市企业广告业务营业总收入 157.75 亿元，仅占中国广告行业市场规模的 1.73%。

平台型互联网巨头的头部效应非常明显，其具有天生的垄断性和生态性。双边市场的用户和业务不断累积会加速平台企业的竞争，平台型互联网巨头的优势越发明显。很显然，传统广告公司在这个生态链中处于弱势地位，其依附平台运营商开展数字广告和智能广告业务。

单位：亿元

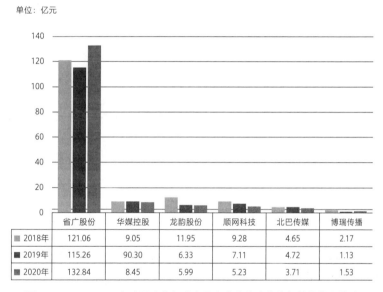

| | 省广股份 | 华媒控股 | 龙韵股份 | 顺网科技 | 北巴传媒 | 博瑞传播 |
|---|---|---|---|---|---|---|
| 2018年 | 121.06 | 9.05 | 11.95 | 9.28 | 4.65 | 2.17 |
| 2019年 | 115.26 | 90.30 | 6.33 | 7.11 | 4.72 | 1.13 |
| 2020年 | 132.84 | 8.45 | 5.99 | 5.23 | 3.71 | 1.53 |

图 2　2018—2020 年中国广告行业主要上市企业广告业务营业收入统计

资料来源：公司年报、智研咨询整理

## （三）从融媒时代走向碎片化和移动化的社交媒体时代

随着互联网信息技术的发展，传统媒体形式日渐式微，而新媒体产业则获得突飞猛进的发展。和传统大众媒体比较，新媒体的分众化特征越来越明显，而受众的分化离散与日益凸显的碎片化趋势成为新媒体发展的驱动力并影响着新媒体领域的改变与创新，也加速了新媒体的"平民化"。

传统媒体纷纷触网，进入互联网和移动互联网领域，开展新媒体业务，不断促使媒体之间的深入融合和业务创新。互联网促使传统媒体加速融合进入融媒时代，传统媒体与新媒体之间相互渗透、相互影响，形成你中有我、我中有你的相对独立的媒介环境，传媒与受众互动的融合使媒体人和受众的界限划分逐渐淡化并消失，媒体人利用移动互联网技术的高速发展和受众的垂直细分成为融媒体的重要意见领袖，为用户提供专业化、精细化、个性化的信息服务产品。融媒时代呈现高时效、碎片化、社交化、移动化、深入性、短暂性、颠覆性的显著特征。

融媒时代呈现用户碎片化、移动化特征。对媒体而言，如何提供精细化、个性化和颠覆性的信息产品和服务成为当务之急。社交媒体平台的碎片化阅读、个性化产品和游戏产品等促使用户服务的入口集中在社交媒体上，互联网用户进入社交媒体时代。

## 二、基于平台经济的生态体系重构广告学课程结构

互联网媒体的平台化和生态化将颠覆传统广告学的课程结构。

互联网媒体平台生态系统的发展形成媒体、广告主和广告公司之间新型的业务关系。平台生态系统的建立与发展起于利益相关者分析，生于利益相关者联系，成于利益相关者互动，需要平台吸引双边市场和多边市场的相关利益者形成资源集结的共同作用。平台生态系统发展需要利益相关者共创价值和共同演化，形成利益共同体实施多利益相关者的共同治理。以阿里巴巴、腾讯、百度等互联网巨头为例，这些平台运营商都有清晰的平台用户价值主张，即明确平台共生关键群体的痛点所在和价值共创模式，并据此分类与绘制利益相关者图谱，厘清不同利益相关者的不同诉求并制订相应的方案。如果平台启动后能获得众多利益相关者的认可与参与，至少是共生关键群体的彼此关注及建立初步联系，则标志着平台生态系统生成。利益相关者的多边互动是促进平台生态系统快速发展的基础，共生关键群体之间的良性互动会导致平台网络效应的产生，吸引更多的共生群体参与互动，一旦互动群体达到临界数量，将会加速多类利益相关者涌入平台并参与互动，由此构成良性循环与强劲发展的平台生态系统。

这些平台型互联网企业成为电商类广告、社交平台广告、短视频广告、

搜索引擎广告等互联网广告的重要发布平台，把广告主和广告公司及用户都聚集在平台生态系统中。在平台生态系统的生成与演化过程中，平台运营商作为平台生态系统的协调者，需要协调多方利益，倡导"价值共创、风险共担、收益共享"的合作理念，理解并包容利益相关者的共同利益，制定好相关者利益与潜在生态系统的协调方式、贡献模式，既要鼓励利益相关者共生与竞争，维持平台生态系统的多样化及动态平衡，又要引发利益相关者共同演化机制，共同促进平台生态系统的健康发展与良性循环。广告平台生态系统是基于利益相关者的开放式平台，互联网平台生态系统健康发展揭示了多利益相关者共同治理的成效与机制。

第一，广告平台生态系统需要广告学专业构建合理的课程体系，帮助学生适应平台经济背景下互联网广告平台的发展需要，构建完善的理论课程结构。

（1）传播学课程群：传播学概论、网络与新媒体、媒介经营与管理、广告媒体研究。本课程群中传播学概论是广告学科的基础理论，引导学生认识传播学的基本理论与发展规律；网络与新媒体是在网络信息技术背景下研究新媒体的本质、特征与内涵，新维度、新方法与新问题；媒介经营与管理和广告媒体研究是本课程群的进阶课程，将帮助学生深入理解广告媒介的运作规律、经营与管理。

（2）广告学课程群：广告学概论、中外广告史、广告策划与创意、广告文案写作、广告心理学、广告调查与效果研究、网络广告与营销、广告经营与管理。本课程群是广告学专业核心所在，从理论和实务两个维度给予学生有关广告学专业的全面认识，创意与策划是本课程群的培养重点，同时强化网络广告与网络营销的实战内容。

（3）营销学课程群：市场营销学、商品学、消费者行为学、平台经济学和媒介经济学。本课程群重在培养广告学专业学生的市场营销意识，帮助学生从市场营销和经济学角度认识广告的运作规律。

（4）艺术与视觉表现课程群：平面构成、色彩构成、电脑图文设计、广告摄影与摄像。本课程群重在培养学生的艺术素养，提升广告创意的表现能力。

（5）人文课程群：社会学概论、中国历代文学作品选、美学概论。本课程群重在培养学生的人文素养和文学素养，提高学生的审美能力和文字表现力。

第二，在理论课程群基础上建立"情景体验、以赛促练"的实践课程，构建知行合一的广告学实践课程结构。结构主义教育理论强调知识、技能和智力之间的关联。广告学需要打通理论和实践之间的隔膜，杜绝学生眼高手低，培养学生知行合一的素质。广告学专业需要加强实践教育，重视课程教学方式的实践化和情景体验，探索创新多元化的教学模式，开展广告实务操作的培训，提高学生的实战能力和基本素养，将知识转化为实务能力。尤其是充分运用各种竞赛平台开展以赛促练的实务训练，如"全国大学生广告艺术大赛""学院奖""金犊奖"等比赛都是很好的实践教学平台，学生以实战方式按照业界命题要求进行广告创作，既能开阔视野，又能获得宝贵的实战能力。

第三，扩大广告学专业学生的知识范围，开展公共选修课程的建设。在广告学专业教育中，在本专业课程结构之外，还应鼓励学生参与全院及全校公共选修课程平台的选课，让学生获得更多的教育资源。大多数高校在学分管理制度上对学生的公共选修课程进行引导和鼓励，出现跨院甚至跨校选课的制度和体系，还有辅修制度以及双学位制度，这些都可以帮助学生进行学科融合和交叉，碰撞出更多的创新和智慧成果。

## 三、基于 OBE 模式和 PBL 模式创新广告学教学模式

OBE（Outcomes-Based Education）教育理念是以预期学习产出为中心，组织、实施和评价教育的结构模式，称为成果导向教育，是一种依托于学习成果产出的教育理念。OBE 主张从最终的学习成果逆向设计和开展教学活动，所有的课程设置、教学活动、考核标准均围绕学习成果展开。PBL（Project-Based Learning）是项目学习模式，其理论基础主要包括建构主义学习理论、实用主义教育理论和发现学习理论。项目是指以制作产品并将产

品推销给客户为目的，有效利用多种资源，在特定时间段内解决一系列相互关联问题的任务。

OBE 和 PBL 对注重实践操作的广告专业来说具有重要的现实意义和实践价值。通过学习成果逆向设计和仿真项目的实施，可帮助广告专业学生提高实践能力和理论素质。

## （一）OBE 模式下"团队驱动"教学模式的创新与发展

在广告学的课程体系中，以成果导向设计和开展教学活动，围绕学习成果开展课程设计、教学活动、考核标准的制定，打破固定教学方式方法的束缚，细分课堂教学中知识产出的目标点，将每一个目标点对应具体的任务点，把学生分为不同的团队进行内容的讨论、分析与深化，既可以活跃课堂氛围，又能促进产出效果的优化。广告学课程群基本上都可以采用 OBE 模式，通过分组形成团队，以团队形式驱动每一个项目的快速推进。通过 OBE 模式的训练可以强化学生的团队意识和价值驱动，以接近实战的方式提升团队的驱动力。从以教师为中心转换为以学生为中心，围绕培养目标的达成进行资源配置和教学安排，强调专业教学设计和教学实施以学生通过教育过程最后所取得的学习结果为导向。

## （二）PBL 模式下"虚拟仿真"教学模式的创新与发展

PBL 是指提供给学生高复杂性、高真实性的任务项目，让学生通过项目实施来寻找问题、规划行动方案、收集资料、解决问题、进行决策、完成研究过程，并最终呈现产品的学习方式和方法。

PBL 的基本流程或操作程序分为以下 6 个主要步骤：选定项目、制订计划、活动探究、产品制作、成果交流和活动评价。广告学理论课程可以基于现实生活与真实情境中具有复杂性、非预测性、多学科知识交叉的问题进行项目式教学，培养学生借助一定的工具和研究方法解决所面对的问题的探究能力。而"虚拟仿真"项目可以提供一种支持学生进行探究学习的环境，既包括由物质实体构成的现实环境，又包括利用计算机网络搭建的虚拟环境。

在项目设计原则上要体现广告专业教育的特点，达到激发广告专业学生的创意性思维、强化广告效果评测设计和建构学生审美价值体系等目标，在具体的项目结构设计中，要实现理论教学与虚拟仿真实验相结合、实验模块的多元化和目标化、评判路径多样化和实用性，充分调动学生学习的自主性。借助 PBL 的"虚拟仿真"训练可以实现教学模式的创新和教学手段的多样化和灵活性。

在实际的教学过程中，OBE 模式和 PBL 模式也可以进行教学的融合，以适应不同课程的实际需要开展教学活动。

# 关于高校历史学专业混合式教学实践的一点思考

马 琼①

**摘 要：**自从翻转课堂、大学慕课等教学新理念和手段出现之后，传统的教学模式发生了翻天覆地的变化。此前一直以"课堂讲授—课堂学习"为主的教学模式，转变成以"线上学习—线下讲解、讨论、督促和检查学习效果"等为主的混合式教学模式。这一改变对于学生的学习来说是十分必要的，其教学效果也是十分明显的。本文主要探讨高校历史学专业混合式教学实现的教学目标、优点、存在问题及其解决方案。

**关键词：**高校；历史学；线上线下；混合教学；思考

自从翻转课堂、大学慕课等教学新理念和手段出现之后，传统的教学模式发生了翻天覆地的变化。此前一直以"课堂讲授—课堂学习"为主的教学方式，转变成以"线上学习—线下讲解、讨论、督促和检查学习效果"等为主的教学方式。这一改变对于学生的学习来说是十分必要的，其教学效果也是十分明显的。传统的教—学课堂教学模式虽然有其优势，比如：可以更好地向学生介绍框架，详细地分析重要的知识点；也可以进行"一对多"教学，使更多的学生学习到相关的知识。但其弊端也较为明显，比如：学生以听讲为主，兼以回答问题，这种单一的学习模式容易使学生产生厌学情绪；由于学生对相关知识学习的速度不同，且课堂需要讲授较多的知识点，教师与学生无法就课程相关的一些重要问题进行较为深入的讨论。因此，从长期来看，传统的课堂教学模式在引起学生的学习兴趣，引发学生的自主学习方面收效甚微。

---

① 马琼，浙江工商大学人文与传播学院历史系讲师，博士，研究方向为古今中外关系史、中国历史地理。

传统教学的弊端在互联网技术出现和有了一定的发展之后，特别是在大学慕课、小规模限制性在线课程（简称 SPOC）与翻转课堂共同成为大学教学内容和理念之后，有了很大程度的修正：在线上线下混合式教学的过程中，学生可以提前通过使用全国不同高校的优秀教学资源在线学习相关知识，然后在线下的见面课上向老师提出学习中遇到的问题，并围绕老师设计的相关问题对课程内的重点和难点展开讨论，甚至可以进行线上测验和考试。这种新模式极大地提高了学生的学习自主性和积极性，促使学生更为深入地学习和思考与课程相关的问题。可以说，这是一种十分有效的教学模式。

## 一、高校历史学专业混合式教学模式的教学目标

近年来，浙江工商大学开展了多项与混合式教学相关的教学改革活动，包括开放中国大学慕课的部分教学课程，以及召开"互联网＋教学"训练营等诸多措施。在这样的氛围之下，历史学专业的不少课程都进行了改革，变成了线上线下混合式教学。历史学专业的线上线下混合式教学主要通过线上和线下两种教学模式的结合，完成如下教学目标：

（1）通过线上相关教学资源的学习，使学生掌握历史学相关学科的基础内容，在线下的课堂学习中可以带着基础知识或是对线上学习产生的相关问题进行学习和讨论。

传统大学历史学专业课堂通常以面授为主，但由于不少历史学课程的教学内容多，教学时间相对有限，很多的教学内容无法在课上完成，或是教学内容可以完成但无法得到更为深入的剖析。线上历史教学资源的引用，可以有效地解决上述问题，从而完成历史学专业教学的相关工作。比如，"中国历史地理"这门课程，主要讨论中国历史地理的相关问题，如"历史时期的江河湖泊变迁""历史地图"等十多个专题，而每一个专题又涉及诸多基础知识和学术研究内容，单靠课上的讲解无法将这些内容全部讲完，而配合相关线上教学资源的学习，就可以使学生对这些基本的中国历史地理知识有更为全面和深入的了解。

（2）通过历史学专业线下课堂的学习和讨论，可以检验学生线上线下课堂的学习成果，并引发学生的进一步思考。

线上线下混合式教学的目标并不是仅为学生提供更多的学习资源，对于一个教学过程而言，除了"教"的输入之外，"学"的吸收也同样重要。而要知道学生到底学到了什么——包括对历史学专业相关学科的知识框架、学术脉络和具体知识的理解和掌握情况，都需要检验，这种检验以线下课堂的提问、讨论等方式效果最佳。因此，线下的历史学专业课堂的教学也是必不可少的。

（3）通过历史学专业线上线下混合式教学模式的实施，可以更好地完成对历史学专业学生跨学科、大视野看待历史、分析历史问题的能力培养。

知识的学习本来应当是一个整体，但为了教学的方便，我们把这些知识分成了不同的学科。随着时代的进步，整体的知识变得越来越重要，这也是跨学科专业不断出现的原因。如前所述，由于课堂教学容量有限，连历史学相关学科的规定教学内容都难以全部完成，更不用说对相关的跨学科知识的学习了，而这些学习对于更为深入地理解历史学专业的相关知识是非常必要的。比如，"史学概论"这门课程是一门涵盖内容十分广泛的课程，其中有一讲是关于马克思"历史唯物主义"的。"历史唯物主义"这一主题的内容原本就十分丰富，但在学习这一知识的时候，如果可以从哲学史的角度了解"历史唯物主义"产生的背景，以及其与"历史唯心主义"等史观的差别，就可以更为深入地理解课堂上讲解的"历史唯物主义"的相关内容。而哲学史的相关内容学习正可以通过线上相关课程的学习来完成。这样的线上线下混合式教学，较好地培养了学生大视野、跨学科看待历史、分析历史问题的能力。

## 二、高校历史学专业混合式教学模式的优点

高校历史学专业混合式教学模式的实施，使这一学科相关的教学目标得以完成，这一教学方法也为教学带来了诸多正向的改变，综合起来主要有以下几点。

（1）线上线下混合式教学方法拓宽了历史学专业课程的容量。由于大学课堂有固定的教学时间（通常为40—45分钟），历史学专业课通常需要2—3个课时——这样的课时设置使得教师必须在较短的时间内最大限度地向学生介绍相关的内容，但由于内容相对较多，这种介绍也难免有所遗漏。有时候，会出现为讲解一个重点内容而导致其他内容没有时间讲解的情况。而线上课程的加入使学生在课下也可以听老师讲解相关的内容，一定程度上拓宽了历史学专业课程的容量。

（2）线上线下混合式教学方法提高了学生的学习兴趣。每一位老师的教学风格都不同，所讲授内容的侧重点也不同，这会使一些学生对学习更加有兴趣。对于大学历史学专业的学生来说，有了兴趣才会对相关问题有更进一步的学习和思考。

（3）线上线下混合式教学方法提高了历史学专业课的教学质量。传统的历史学专业课以课堂讲授为主，这容易造成学生学习疲劳，特别是如果课上没有提问等环节，则学生更容易因跟不上教师思路而走神。线上线下混合式教学方法改变了之前传统历史学专业教学中以课堂讲授为主的教学模式，注重线上教学与线下教学讨论的结合，增加了学生课上回答问题的次数，有助于学生更好地融入课堂教学，更好地对相关历史学专业问题进行思考和讨论。

（4）线上线下混合式教学增加了历史学专业学生相关学术课程和书籍的学习和阅读量。随着相关领域研究内容的推进，每一门历史学专业课程涉及的领域内总有不少新成果产生，将这些新的研究成果介绍给学生是必要的，但因为课程容量的关系，仅仅将教材上的相关内容讲清楚就需要大量课堂时间，再介绍新的学术研究成果几乎成了课堂上不可能完成的任务。线上线下混合式教学方法帮助高校历史学专业教师走出了这样的困境，相关的新的学术研究成果可以以线上教学等方式进行介绍，在课堂上只要对学生的学习效果进行考查就可以了。这样的方法也可以更好地帮助高校历史学专业学生形成相关学科的知识结构。

## 三、高校历史学专业混合式教学实践过程中存在的问题及其解决方法

### （一）高校历史学专业混合式教学实践过程中存在的问题

线上线下混合式教学方法促使高校历史学专业课程的教学有了上述正向的改变，但在具体的教学中，还存在着如下问题。

第一，线上的教学资源内容丰富，如果不精心地对其进行选择容易造成内容过多，反而使学生学习产生疲劳。

由于全球化和整体史学的视角成为当今史学研究的重要方向，因此相关的线上教学资源较为丰富，如果不能有针对性地选择相关的线上教学资源，容易造成线上教学内容过多，学生无法在短时间内将全部的教学内容消化掉，易产生疲劳感。如在"史学概论"课程中有一章介绍"中国优良的史学传统"，这是一个在纵向上涉及长时段，在横向上涉及史学编撰体例、史学著作分类等多种内容的问题。如果要对这个问题做到面面俱到的了解，就要使用大量相关的线上教学内容，这些内容学生短期内是无法全部掌握的，所以不如选择其中一个教学重点进行线上教学，如选择对中国传统史学编撰体例进行介绍，包括编年体、纪传体、纪事本末体等。这样，学生对这个教学重点问题会有较为深入的了解。以此为例，再对中国优良的史学传统进行介绍，详略结合，使学生的学习更有成效。

第二，线下课堂教学时间有限，无法对学生线上学习效果进行考查。线上课堂教学一般有相对应的教学内容，把这些内容讲完已经使用了大部分课堂教学时间，如果再对线上学习效果进行检验，时间一定不够。因此，讲授新内容与全面考查前一次线上学习效果是不可能同时实现的，这是一个课程教学过程中十分重要的问题，如何解决这一问题，也是我们需要思考的方向。

第三，历史学专业混合式教学模式中的线上和线下部分占比应当是多少才能最大地发挥这种教学模式的效力，目前还缺乏相关的论证。

由于这种教学模式还在实验改革中，在历史学专业混合式教学过程中，线上线下的部分占多少比例没有一个统一的要求，这给我们带来了一定的自由度，因为不同的课程，对于线上线下部分占比的要求是不一样的。虽然这个比例不必统一，但对于历史学专业每一门课程的教学工作来说，应当有一个大致的线上线下比例，以使这门课程的教学工作成效达到最好。当然，这个工作并不能一蹴而就，而是需要一个长期的思考和实践的过程，并且在这个过程中不断地对相关比例进行调整，以使其达到最佳组合。

## （二）高校历史学专业混合式教学实践过程中存在的问题的解决方案

基于上述三个问题，我们需要做出如下努力。

首先，精心选择线上教学内容。

我们要选择与某一门课程的某一个教学重点或难点内容相关的线上教学内容，而不是泛泛地在相关的线上教学资源中随便选择一些。如果教师对相关的线上教学内容并不满意，也可以考虑自己建设一些线上教学课程以有效地实施混合式教学模式。比如，在我的"中国历史地理学"课程中，有一章的内容专讲历史地图，由于图像史的发展才刚刚开始，对这个问题的研究还有待深入。"明代晚期为什么会出现反映大航海时代人类探险成果的中文版世界地图"是其中的教学难点，也是一个涉及多学科如制图学、艺术学等内容的教学点。为了使历史学专业的学生对这个问题有更好的理解，我们需要精心选择线上的教学资源。但线上制图学和艺术学，特别是艺术学的教学资源比较多，我们需要选择其中与地图的制图和装饰艺术相关的内容作为线上教学课程，再结合线下课程中对相关内容的讲解，以及此前学生学习线上内容的效果等进行教学。

其次，精心设计线下课程的教学环节。

因为线下课程教学时间的限制，要更好地完成相关的教学目标，必须用心准备、精心设计教学环节。由于每一次线下课程都有相关的教学内容，所以，每次线下课程的基础教学内容都是课程教学设计的核心。此外，线下课程中还应当包括对线上和线下课程学习效果的检验，因为下一次线下课程的课堂上可以对上一次线上教学的效果进行检验，所以可以把这个检验的重心放在对线上课程学习的检验上来。当然，如果采取一次线上课程和一次线下课程相结合的模式，也可以在同一次课上对线上、线下相关课程的学习效果进行检验。

再次，精心准备检验线上线下学习效果的提问。

为了有效检验学生线上线下学习的效果，教师需要精心准备相关的提问，这些提问必须紧扣相关学习内容，又在相关学习的基础内容上有一定的深度延伸，这样才能很好地检验学生线上线下的学习效果。当然，在准备这些提问时，也可以结合学生平时提问较多的问题进行设计。

最后，加强课上课下与学生的互动和交流。

教与学的过程不是单一的冲击—反应过程，而是一种互动的、教学相长的过程。在这一过程中，学生是教学的主体，也是教师了解线上线下教学效果的核心力量。因此，我们应当加强与学生的互动与交流。除了每次线下课程前后解答学生的问题之外，还可以设立专门的 Office Hour，解答学生平时学习特别是线上学习过程中产生的困惑。此外，随着网络的普及和应用，电子邮件、手机微信和 QQ 都可以成为与学生交流读书心得、讨论学习中遇到的问题的有效工具。

综上所述，在历史学专业教学过程中，线上线下混合式教学模式是一种行之有效的教学模式，它可以帮助教师和学生更好地教与学。但由于它还处于实施的探索阶段，所以还有一些问题需要我们进一步思考和解决，解决好这些问题，对于我们更有效地实施线上线下混合式教学具有重要的意义。

# 全球史与高校世界史教学

代成兵 ①

**摘　要：**全球史是一种全新视野的历史观与述史方式，21 世纪初逐渐风靡全球。全球史与全球化的时代背景相呼应，它颠覆了传统的"欧洲中心论"，转向关注横向与多维的网络结构和互动关系。全球史观对于我国的历史教学和研究，对于建立中国本土的特色历史观，具有非常重要的借鉴意义。

**关键词：**全球史；欧洲中心论；借鉴

当前全球发展的整体趋势呈现世界多极化、经济全球化、文化多样化和社会信息化等特征，中国的发展愈发离不开世界，反之亦然。在此背景下，多样、多变的国际关系和社会思潮，给当代大学生历史观的形成带来了诸多困惑。如何培养新时代大学生的正确历史观？这是当代历史教师必须面对的现实问题。同时，进入新时代也需要建立我们中国特色的历史观，用新的理念和视角来审视历史，全球史观给我们提供了非常好的借鉴。

## 一、全球史的兴起

全球史是 20 世纪下半叶兴起于欧美，后传播于世界的一种提倡从全球整体出发审视人类历史活动的史学理论与实践。目前，在全球范围内，越来越多的高校和中学开设了全球史课程，许多大学还成立了全球史研究机构。20 世纪 90 年代以来，五年一度的国际历史科学大会亦多次以全球史作为会议的主题或专题。

首先，全球史的兴起与 20 世纪飞速发展的全球化有关。近几十年来，

---

① 代成兵，浙江工商大学人文与传播学院讲师，博士，研究方向为欧洲中世纪史、英国史。

以通信领域为代表的科技飞速发展，世界各地之间的联系空前加强，彼此命运息息相关。在快速发展的全球化浪潮中出现了新的问题：一个是在新形势下彼此如何相处；另一个是如何应对气候变化、跨国疾病传播、人口剧烈增长及核威胁等共同面临的挑战。这些都是全新的问题，而人类面对新问题的第一反应常常是往回看，向历史求索智慧和经验。

其次，在这波全球史热潮的发源地欧美世界，后现代主义思潮起了"推波助澜"的作用。后现代主义从批判西方现代社会的合理性出发，质疑启蒙主义的进步史观，进而否认知识的客观性、确定性和真理的普遍性，尽情拆解近代以来西方史学的基本命题、价值判断和定见成说，颠覆传统的宏大叙事框架，为创新世界史认知模式提供了理论和思想工具。欧美国家的全球史遂在这一氛围里成其气候。近代以来的西方学术，伴随着殖民扩张在世界各地渗透，因此，欧美史学界的新动向在信息流动空前迅速的当下，引起非西方学者的关注，最终使全球史成为一种全球现象。

与全球史观相对的，是笼罩在学术界的"欧洲中心论"，其出现有着深厚的历史渊源。

早在西方近代历史哲学形成的过程中，欧洲人就已开始"自我膨胀"。伏尔泰在回顾世界历史时，虽然承认东方曾为古代世界中心，但认为中心后来转移到希腊罗马，而这一转移意味着人类从野蛮走向文明，走向进步，此后的世界历史全部成为欧洲文明的扩展史。[1]黑格尔的历史哲学将康德的"理性"引申为"自由精神"，提出人类历史的终极目标就是自由精神的充分实现，而欧洲文明已经达到这样的顶点，历史就此"终结"，就连渐露端倪的"美国兴起"都只能算是"史后现象"。[2]在兰克等人的笔下，世界文明就是欧洲文明的拷贝，比如欧洲扩张后形成的世界格局就是欧洲"势力均衡"传统的简单再现。总之，按照欧洲的学术理路，既然人类的全部历史就是一部"理性或自由精神的发展史"，而欧洲已经达到其顶峰，世界历史已经"终结"，那么世界历史除了书写欧洲便别无他选。这就是 19 世纪欧洲世界史学

① 伏尔泰：《风俗论》（上册），梁守锵译，北京：商务印书馆，2017 年，第 206 页。
② 黑格尔：《历史哲学》，王造时译，上海：上海书店出版社，2006 年，第 80、95 页。

呈现欧洲中心主义的内在逻辑，也是民族国家成为其思考与叙述的基本单位而宏观世界史学渐行渐远的原因。

进入 20 世纪以后，世界巨变颠覆了欧洲霸权并惊醒了西方人。由于伴随时代巨变出现的历史反思，从社会生活角度看，总是以质疑与现实反差最大的陈旧观念为起点，在研究取向上，总是从学术发展史上的最近端切入，所以，"欧洲中心论"便成为西方世界历史学反思的重点。全球史观应运而生。

下面简单梳理一下全球史观在西方的发展。

巴勒克拉夫首先明确提出全球史观，呼唤宏观世界史学的回归。他也是主张把"去欧洲中心"的思想从思辨史学转入叙述史学的第一人。虽然他本人并未撰写贯彻全球史观的世界通史，但他的"公平对待各种文明，承认各自历史贡献"的思想渗透在他的许多著作当中。

斯塔夫里阿诺斯在全球史观方法论上进行了开创性尝试。他提出的"月球立场"和"非国家叙事单位"充分展示了其努力克服"欧洲中心论"的决心，《全球通史》一书因此风行。

以沃勒斯坦为代表的方法论创新走的是另一条路：解构西方文明。沃勒斯坦的"世界体系说"旨在说明，文明不可能单独存在，只能生存于由多种文明组成的体系当中，一种文明的兴衰端赖于体系发生变化，而不仅仅是文明自身的原因。麦克尼尔与本特利则指出，文明不可能"纯粹"，各个文明都是多种文明成分的混合物，且彼此处于不断交流与融合的过程当中，脱离这一过程为文明分类和定性，本身就是荒谬的。彭慕兰的"去欧洲中心"最为直截了当，他说，晚至近代早期，世界中心并不在欧洲，而在中国。

上述各位学者对"欧洲中心论"的有力批判和勾勒的全球史观的发展脉络，给全球史的传播带来了巨大影响，在世界范围内引起了全球史的浪潮。

## 二、全球史的特点

与传统世界史比较，全球史的叙事特点总体来说在于四个字，即"空间转向"，表现在以下三个方面。

第一，从纵向进步观向横向比较观转移。世界上生活着众多人类群体，对不同人类群体进行排列和比对是世界史的基本内容之一，但不同的世界史观念会采取不同的比较方法。在"欧洲中心论"的世界史体系中，比较是纵向的、历时性的，即根据以欧洲经验为标准的历史进步观，把不同人类群体按其发展程度置放于世界史不同发展阶段的不同位置，据此区分引领者与追随者、挑战者与应战者、发展与停滞、先进与落后。而全球史学者的比较是横向的、共时性的，他们通常设定一个时间段，将不同人类群体在若干可比项——政治体制、经济模式、价值观念、科学技术、城市建设、社会阶级及文化教育等方面的表现平行罗列，等值比较，既标识各自特点又列举相似之处，重在展示人类历史经验的共同性、多样性和丰富性，而不妄做价值评判，他们认为诸如西方封建主义比东方专制主义更有利于资本主义发生之类的"定论"纯属无稽之谈。

第二，聚焦点从民族国家向其他空间单位转移。现代史学产生的年代正是社会学学者以民族国家为界从事封闭研究，设置日本社会、法国社会、德国社会等命题的时代，受其影响，现代史学自诞生起，就以民族国家史为首要乃至唯一的关注点。世界史虽冠"世界"之名，但也以民族国家为叙事单位，所以被比喻为"国家史之和"。全球史家则认为，在人类历史长河中，民族国家存在的时间很短暂，人类社会在很长时间里并不是以国家为单位存在的，以国家为单位书写的世界并不是真实的世界史。他们主张世界史以世界为参照对象，书写全球整体的历史，而叙事单位应随不同时期构成世界的主要成分来转移。这些成分通常是指内部经济相对统一的空间，它可以是一个民族国家，但也可以是一个大河流域、一个帝国、一块洋区、东西半球乃至全球（比如全球化史），同时还可以是一个未必有地理区域标记的部族联合体或某种体系。此外，在全球视野下审视的国别史、环境史、移民史、贸易史、旅行史、习俗史及食品史等，也都具有跨国性质。

第三，叙事从单向度向多向度转移。全球史学家认为，世界上任何一个人类群体都不是与世隔绝的，它必然与其他群体发生接触，在接触中或因主动学习对方长处，或因迫于对方压力，自身发展都会得到促进，该地区的政治、经济和文化格局也会发生改变。因此在全球史学家那里，"互动"成为叙事关键词，被视为促进各人类群体社会发展，并使世界从分散逐渐走向一体的推动力。在多向度研究过程中，全球史学者创造了许多新的世界史命题和概念。他们提出"存在互联关系的共同体"概念，研究全球形成的大大小小、变动不已的网络。

总而言之，经过几十年的研究实践，不仅逐渐形成了全球史的独特视角，而且对于世界历史发展有了更加全面的认识。

首先，全球史学开始摒弃以"欧洲中心论"为学术渊源演化而来的以国家为单元的思维模式，开始关注诸如物种（包括农作物、动物等）传播、疾病蔓延、气候变化等超越国界的现象；也开始关注可能只覆盖局部地区，但也可能覆盖整块大陆、整个大洋、半球乃至全球的网络。出于对网络的关注，全球体系研究成为全球史学家的课题。

其次，从学术发生学的角度彻底颠覆"欧洲中心论"。对"欧洲中心论"的批评，在东西方学界都由来已久，但以往的批评大都停留在意识形态层面，全球史学者却从学理上分析了"欧洲中心论"产生的原因及其谬误的根源。他们指出，在世界历史领域造成"欧洲中心论"的原因有两个：一是前面所说的以国家为单元的思维模式，二是"依据结果反推原因"的分析方法。这两个认识论的错误导致欧洲中心论者从欧美国家处于强势地位的现状出发，苦心孤诣地在欧洲国家内部寻找其兴起的原因，在"西方有什么而东方没有什么"的论辩逻辑里纠缠不休，不遗余力地挖掘"欧洲优秀传统"，为其贴上理性、科学、民主、进取精神、宗教伦理等光彩的标签，直至将欧洲树立为全球各国的榜样。全球史学者认为，即使那些主观上有意抵制"欧洲中心论"的学者，事实上也受到"欧洲中心论"的危害，因为他们在研究中会不自觉地以欧洲作为参照，使用那些仅仅适用于欧洲史的概念和定义，在欧洲中心论者设定的语境下描述和探讨非西方世界的历史，结果在学术范式上不仅没有削弱，反而强化了"欧洲中心论"。全球史学者根据全球分析结果指出，所谓"欧洲兴起"只是人类历史长河中一个特定时期的特定产物，从中挖掘"普适性"的"文化特质"只能是制造神话。[①]

再次，全球史学者在以全球背景为分析历史事件新参数的基础上，对许多重大历史事件发生的必然性重新进行分析，得出新的结论。许多从单一方面（比如某个国家）考察仿佛具有必然性的历史事件，在进行多方面的（比如同样参与该事件发生过程的其他国家、影响该事件发生及过程的其他因素）考察后就会发现，如果不是各个方面共同提供条件的话，这种必然性是不存在的。全球史学者提出，在考察一个有若干社会参与其中的历史事件的原因时，要充分考虑其发生的偶然性和特定条件性。他们反对过分草率地得出"必然"之类断语，强调总结历史发展规律的复杂性和艰巨性。

作为一种建构世界通史的新方式，全球史学还处于探索阶段。美国的全球史学者承认，目前全球史学还存在诸多理论缺陷，其中最明显的是对社会内部发展的忽视。虽然全球史学者认识到，无论是对社会自身的发展而言，还是从推动全球发展的角度来看，各社会内部的发展，即内因的作用，都是重要的；但也许是考虑到前人的研究已经比较充分的缘故，他们对这一方面的关注显然不够，因此在分析跨文化互动对各个社会所产生的政治、经济、社会、文化影响时就显得缺乏深度。

## 三、全球史观的借鉴意义

20 世纪 80 年代，作为新中国第一部《世界通史》教材的主编之一吴于廑先生敏锐地指出了过去我国世界史教材以国家为主要叙事单位、过于偏重历史的纵向线性发展等局限，提出世界历史叙事应同时关注纵向（社会形态的发展）与横向（世界从分散走向整体）两条线索。吴先生同时提出，就我国世界历史学发展现状而言，"横向线索"的研究明显不足，弥补这一短板的任务尤其繁重。在这种情况下，打破民族国家界限，侧重互动网络建构的全球史书写无疑为我们提供了可借鉴的资源。

但是全球史带给我们的启示意义和挑战应该远远不止于此。无论从全球

---

① 罗伯特·马克斯：《现代世界的起源：全球的、生态的述说》，夏继果译，北京：商务印书馆，2006 年，第 1 页。

史国际发展的现状来说，还是就当代中国和平崛起，从世界边缘走向中心并应承担起大国责任而言，或从世界面临百年未有之大变局来看，当代的中国世界史学者都必须意识到并必须承担起祖国和时代赋予的光荣而艰巨的使命。对中国的世界历史学来说，这同样是一个"天赐良机"。

首先，全球史的创新有待中国学者去实现。有西方学者自己承认，全球史所追求的文化平等理想，如果仅靠他们自身，不管付出多少努力也无法实现，因为他们为其生活体验、教育经历和话语环境所限，写不出来完全非西方立场的东西，因此全球史本身渴望着"全球化"。迄今在西方较有创新性的全球史杰作往往出自印度史、中国史专家之手，这也从另一角度说明，全球史的发展多么需要非西方史学家的参与。遗憾的是，我国目前还少有全球史力作。这是与中国这一具有悠久史学传统的国度极不相称的，也是与当今中国处于世界舞台中心的大国地位极不相称的。中国的世界史学者应该有突破西方话语体系、重新书写世界史的责任与努力。

其次，中国的全球史是马克思主义的全球史，而正是马克思创立了全球经济一体化是经济发展的自然过程的理论，强调了交往在其中所发挥的重要作用。早期具有全球史视野的大家如布罗代尔、沃勒斯坦、霍布斯鲍姆等人，要么是马克思主义者，要么熟稔马克思主义理论，其原因就在于此。当代中国世界史学者具有深厚的马克思主义理论基础，这是一个先天优势。

在历史教学中，教师要运用全球史观的方法指导学生学习历史知识。

第一，在教学中渗透全球史观。全球史观的建立，要求我们在教学过程中，打破传统史学编纂体例中的国别史框架，从全球视角考察整个人类的历史，内容涵盖世界各个地区，关注不同地区之间的相互交流和影响，重视非西方文明对人类的贡献。选取能体现新史观的书目推荐给学生阅读，比如杰里·本特利和赫伯特·齐格勒所著的《新全球史：文明的传承与交流》，作者提出并实施了"跨文化互动"的概念，强调每一种文化在人类共同体中都是"独立的存在"，强调各种文化之间的交流是一种互动，即相互影响的关系，这就不仅与"西欧中心论"划清了界限，也挑战了主张文明对抗的"文明冲突论"。

第二，按全球史观的观点构建新的世界史知识体系。进入 21 世纪后，全球化进程大大加快。作为对这一进程的反应，历史学家意识到必须追溯人类历史上不同地区和文明之间相互依赖和交流的经验，书写全球化的历史，来帮助人们理解当代的全球化进程以及应对不断涌现的全球性问题。把全球史作为历史进程和研究题材，关注那些跨国和全球性的网络、联系和互动；同时还可以把全球史作为一种视角，考察历史个案得以发生的全球背景和全球性力量对民族国家和地方性事态的塑造。比如，可以让学生阅读和体会两种全球史研究方法：第一，从生态环境与历史事件、社会变迁的关系来解读世界历史中的问题，如艾尔弗雷德·克罗斯比的《哥伦布大交换》和《生态扩张主义》；第二，微观个案的广域性视角，即以宏观视野将研究个案置于广阔的关系情境中，其结果是以小见大，如唐纳德·怀特的《世界与非洲的弹丸之地：冈比亚纽米地区的全球化史》。

第三，用全球史观解读、评价历史事件和历史现象。比如中国的丝绸之路和郑和下西洋研究，就是非常鲜明的全球史关于网络联系的例证。全球史研究还可以变成爱国主义教育的素材，发挥增强民族自豪感的作用。

全球史把整个世界作为书写的单元，重视人与自然的互动，强调世界的整体性，可以培育全球共同体意识，鼓励人们关注整个地球和人类的安全，把对国家的忠诚与全球性关怀和责任意识相协调。不仅如此，全球史讲授的知识还有助于培养应对各种全球性挑战所需要的智慧、远见和判断力。